公立幼稚園教諭・保育士採用試験対策シリーズ

2026年度 専門試験

公立 保育士

中央市・南アルプス市・
甲斐市・韮崎市

協同教育研究会 編

本書には，保育士採用試験を徹底的に分析したうえで，ポイント，演習問題，解説を掲載しています。また，演習問題には，以下のように5段階で難易度を示しています。問題に取り組む際の参考にしてください。

難　易　度
■□□□□　非常にやさしい
■■□□□　やさしい
■■■□□　普通
■■■■□　難しい
■■■■■　非常に難しい

　本書に掲載されている資料や法令文の標記・基準は，2025年2月現在の情報を掲載しています。

まえがき

　本書は，中央市・南アルプス市・甲斐市・韮崎市の公立保育士採用試験を受験する人のために編集されたものである。

　保育士は，0歳から小学校就学までの乳児・幼児に対して，年齢に応じた指導を行うことをその職務とする。具体的には，健康状態のチェック，遊び，絵画，音楽や運動など，心身の発達を伸ばす保育を行うものである。その他には，環境整備(清掃を含む)，園児の行動記録など，仕事の範囲は多岐に渡る。

　保育士試験は，その職務を全うできる有為な人材を，幅広い範囲から登用するために，公務員試験の原則に則り，公開平等の原則によって実施される。すなわち，一定の基準点に達すれば合格する資格試験とは根本的に違い，有資格者であれば，誰にでも門戸が開かれた選抜競争試験である。そのため毎年，多数の人が受験している人気職種である。

　このような保育士という職務の重要性を鑑み，激烈な関門を突破するためには，まず自分の適性・素養を確かめると同時に，試験内容を十分に研究して対策を講じておく必要があろう。

　本書はその必要性に応え，公立保育士採用試験で出題される「専門試験」，「論作文試験」，「面接試験」について，最近の出題傾向を徹底分析した上で，ポイント，問題と解説などを加えたものである。これによって短期間で学習効果が現れ，自信をもって試験に臨むことができよう。

　公立保育士をめざす方々が本書を十分活用され，難関を突破して目標を達成されることを心からお祈りする。

協同教育研究会

＊目次＊

第1章

中央市・南アルプス市・甲斐市・韮崎市の公立保育士

試験概要

令和5年度 中央市職員採用試験案内

中央市役所 総務課 人事担当
〒409-3892
中央市臼井阿原301番地1
電話 055-274-8511（直通）

中央市職員採用試験（令和6年4月1日採用）を次のとおり行います。

1. 試験日時及び場所

区 分	日 時	場 所
第1次試験	令和5年9月17日（日） 受付時間：午前8時30分〜午前8時55分 試験開始時間：午前9時00分 試験終了予定時間：午後1時00分頃	中央市役所 本館 中央市臼井阿原301番地1
第2次試験	令和5年10月23日（月）【予定】	

2. 職種、試験区分、採用予定人員及び職務内容

職 種	試験区分	採用予定人員	職 務 内 容
行 政 1	A	3名程度	市に勤務し、一般行政事務に従事します。
土 木 3	B	1名程度	市に勤務し、土木に関する業務及び一般行政事務に従事します。
社会福祉士	C	1名程度	市に勤務し、社会福祉士に関する業務及び一般行政事務に従事します。
保 健 師	D	1名程度	市に勤務し、保健師に関する業務及び一般行政事務に従事します。
保 育 士	E	1名程度	市に勤務し、保育等に関する業務及び一般行政事務に従事します。

3．受験資格

（1）年齢要件、学力要件等

職種ごとの要件は以下のとおりです。

職　種	受　験　資　格
行　政　1	昭和63年4月2日から平成14年4月1日までに生まれた方で、大学を卒業した方及び卒業見込みの方並びに同程度の学力を有する
土　木　3	平成15年4月2日から平成18年4月1日までに生まれた方で、高等学校を卒業した方及び卒業見込みの方並びに同程度の学力を有する方で、高等学校で土木分野の学科、課程、科目等を修めた方又は令和6年3月31日までに修める見込みの方
社会福祉士	昭和63年4月2日から平成14年4月1日までに生まれた方で、大学を卒業した方及び卒業見込みの方並びに同程度の学力を有する方で、社会福祉士の資格を有する方又は令和6年3月31日までに資格を有することとなる方
保　健　師	昭和63年4月2日から平成14年4月1日までに生まれた方で、大学を卒業した方及び卒業見込みの方並びに同程度の学力を有する方で、保健師の免許を有する方又は令和6年において最初に実施される保健師国家試験により当該免許取得見込みの方
保　育　士	平成5年4月2日から平成16年4月1日までに生まれた方で、短大を卒業した方及び卒業見込みの方並びに同程度の学力を有する方で、保育士の資格を有する方又は令和6年3月31日までに資格を有することとなる方

（2）次のいずれかに該当する者は、受験できません。
　① 日本国籍を有しない者
　② 禁錮以上の刑に処せられ、その執行を終わるまで又はその執行を受けることがなくなるまでの者
　③ 中央市職員として懲戒免職の処分を受け、当該処分の日から2年を経過しない者
　④ 日本国憲法又はその下に成立した政府を暴力で破壊することを主張する政党その他の団体を結成し、又はこれに加入した者

4．試験方法

第1次試験

区　分	試　験　科　目	方　法	内　　容
行　政　1	教　養　試　験	択一式120分	公務員として必要な一般知識、能力について、大学卒業程度で試験を行います。
	事務適性検査	10分	職員としての適応性を正確さ、迅速さ等の作業能力の面から検査を行います。
	性格特性検査	20分	職務及び職場への適応性を一般的な性格面から検査を行います。

土 木 3	専 門 試 験	択一式 90分	土木職として必要な専門知識、能力等について、高校卒業程度で試験を行います。
	事務適性検査	10分	職員としての適応性を正確さ、迅速さ等の作業能力の面から検査を行います。
	性格特性検査	20分	職務及び職場への適応性を一般的な性格面から検査を行います。
社会福祉士	専 門 試 験	択一式 90分	社会福祉士として必要な専門知識、能力等について、試験を行います。
	事務適性検査	10分	職員としての適応性を正確さ、迅速さ等の作業能力の面から検査を行います。
	性格特性検査	20分	職務及び職場への適応性を一般的な性格面から検査を行います。
保 健 師	専 門 試 験	択一式 90分	保健師として必要な専門知識、能力等について、試験を行います。
	事務適性検査	10分	職員としての適応性を正確さ、迅速さ等の作業能力の面から検査を行います。
	性格特性検査	20分	職務及び職場への適応性を一般的な性格面から検査を行います。
保 育 士	専 門 試 験	択一式 90分	保育士として必要な専門知識、能力等について、試験を行います。
	事務適性検査	10分	職員としての適応性を正確さ、迅速さ等の作業能力の面から検査を行います。
	性格特性検査	20分	職務及び職場への適応性を一般的な性格面から検査を行います。

第2次試験（最終試験）

区 分	試 験 科 目	方 法	内　　容
共 通	論 述 試 験	記述式 90分	主として文章による表現力、課題に対する理解力等について試験を行います。
	人 物 試 験	プレゼンテーション 10分程度	人物について、プレゼンテーション形式による試験を行います。
		個人面接 10分程度	人物について、個人面接による試験を行います。

5．受験申込受付期間及び申込手続方法

受付期間	令和5年7月14日（金）から8月4日（金）午後5時まで 受付期間中は、インターネットを利用して24時間申し込みができますが、最終日の8月4日（金）は午後5時までの受付となりますのでご注意ください。
利用者登録	申込手続は、「やまなしくらしねっと電子申請サービス（https://s-kantan.jp/toppage-yamanashi-t/）」により行ってください。利用者登録は必須ではありませんが、電子申請サービスが送信する電子メールを受信できるメールアドレスが必要です。 利用者登録を行う場合は、電子申請サービス内にあるヘルプから「3．2．1　利用者情報登録」を参照のうえ、「利用者登録」画面から登録を行ってください。 折り返し電子メールで利用者IDが交付されますので、電子メールの指示に従ってパスワード等を設定してください。
受験申込	1．「やまなしくらしねっと電子申請サービス」の「申請団体選択」画面にアクセスし、「中央市」を選択してください。次に中央市「手続き申込メニュー」に公開されている手続き一覧から、「職員採用試験受験申込」を選択します。 2．「利用者登録せずに申し込む方はこちら」を選択しますと、メールアドレスの入力が求められますので、受信ができるメールアドレスを入力し、画面の指示に従ってください。既に利用者登録がお済みで利用者IDを取得されている方は「既に利用者登録がお済の方」に利用者ID、パスワードを入力し、ログインボタンを押してください。 3．職員採用試験受験申込書の入力画面が表示されますので、申込データを入力・送信してください。 4．データが到達すると登録したメールアドレスに「申込完了通知メール」が送信されますので、必ず確認してください。 5．処理の状況は、中央市「電子申請サービス」の「申込内容照会メニュー」から「申込完了通知メール」に記載の整理番号とパスワードを入力することで確認することが可能です。
受験票の交付等	受験票は郵送しませんので、次の方法により作成し、試験当日に持参してください。 1．申込書の到達から1週間程度で「受験票」の「予約処理通知メール」を送信します。 2．中央市「電子申請サービス」から「申込内容照会メニュー」を選択し、「申込内容照会」画面が表示されましたら、既に送信されている「申込完了通知メール」に記載の整理番号とパスワードを入力し、詳細を確認してください。 3．「申込内容照会」画面の「返信添付ファイル1」のリンクをクリックすると「受験票」がダウンロードできますので、この受験票をA4横向きで印刷してください。 4．受験票をはがき大に切り、申し込み前6か月以内に撮影した写真（タテ6cm×ヨコ5cm、上半身、脱帽、正面向きのもの）を貼り、試験当日に持参してください。
注意事項	・受験申込方法は、「やまなしくらしねっと電子申請サービス」を利用したインターネットでの申込のみです。窓口や郵送での申込書の配布および受付は行いません。 ・申し込みは、受付期間中にこちらで正常に受信したものに限り受け付けます。機器等の予期せぬトラブルにより期限内に申し込みが完了しなかった場合でも、期限を過ぎた申し込みは受け付けできませんので、お早めに手続きをお願いします。 ・受験票の印刷について、プリンターが自宅に無い方についての個別対応は行いません。この場合はコンビニエンスストア等のプリントサービスを利用するなどして、各自で印刷をお願いします。

6. 合格発表

(1) 第1次試験合格者は、市の掲示板及びホームページに掲示するとともに合格者本人に通知します。
発表期日は試験日当日にお知らせしますが、10月上旬を予定しています。
(2) 第2次試験合格者は、市の掲示板及びホームページに掲示するとともに合格者本人に通知します。
発表期日は試験日当日にお知らせしますが、11月上旬を予定しています。

7. 試験結果の本人提供

採用試験の結果については、個人情報の保護に関する法律第69条第2項第1号の規定により、受検者本人の求めにより提供することができます。なお、電話、郵送等による提供依頼はできませんので、受験者本人であることを明らかにする書類(運転免許証、学生証等)を持参の上、受験者本人が直接提供場所へおいでください。

試　験	提供依頼できる者	提供内容	提供期間	提供場所
第1次試験	不合格者	自身の総合得点及び順位	各試験の合格発表日から1月間	中央市役所総務課
第2次試験	受験者			

8. 合格から採用まで

第2次試験の合格者は、試験職種ごとに採用候補者名簿に登載され、市長において採用が決定されます。
なお、採用候補者名簿の有効期間は、原則として1年です。
資格・免許を必要とする試験職種では、所定の期日までに資格・免許を取得できない者は、採用候補者名簿に登載されても採用される資格を失います。
また、採用候補者に犯罪や虚偽申告などの問題行動が確認された場合や大規模災害等により市に大きな被害が出て採用者の受け入れが困難となった場合などは、採用候補者名簿に登載されても採用が取り消される場合があります。

9. 注意事項

(1) 受付期間終了後の職種の変更は認めません。
(2) 試験当日の受付時間に遅れた者は受験できません。ただし、公共交通機関の不通、遅れによる遅刻の場合は受験を認める場合がありますが、試験時間の延長措置は行いません。
(3) 受験票は必ず写真を貼って第1次試験当日に持参してください。受験票を忘れた場合や受験票に写真のない場合は、受験できません。
(4) 試験当日に使用する筆記用具等について、ボールペンなど書き直しのできないものは使用できません。また、消しゴムも砂消しなど紙を破損するおそれのあるものについても使用できません。
(5) 携帯電話、スマートフォン等の試験時間中の使用については、時計代わりの使用も含め一切認めません。
(6) マスクの着用については個人の判断に委ねますが、状況に応じて着用を指示する場合がありますので、携帯をお願いします。

第 3 期　中央市
子ども・子育て支援事業計画
～親がこどもがいきいきプラン～
（案）

【令和 7 年度～令和 11 年度】

令和 7 年 3 月

中央市

第1章 計画の概要

1 計画の背景

　国は、令和5年4月にこども家庭庁を発足するとともに、こども施策に対する基本的な考え方を明らかにし、こども施策を総合的に推進するため「こども基本法[1]」を施行し、同年12月には「こども大綱」が閣議決定されました。こども大綱では、全てのこども・若者が身体的・精神的・社会的に幸せな状態（ウェルビーイング）で生活を送ることができる「こどもまんなか社会」の実現を目指していくこととしています。

　本市では、「子ども・子育て支援法」に基づき、平成27年3月に「中央市子ども・子育て支援事業計画 ～親が子どもがいきいきプラン～」を、令和2年3月に「第2期中央市子ども・子育て支援事業計画 ～親が子どもがいきいきプラン～」を策定し、子ども・子育て支援の各種施策・事業を展開してきました。

　令和4年4月に、玉穂支所内に中央市子育て支援センターを開設しました。就学前のこどもを連れて気軽に立ち寄れる環境整備のほか、子育て中の親子の交流の促進や子育てに関する相談の実施など安心してこどもを生み育てる環境を用意することで、親とこどもの健やかな育ちを支援することを目的としています。開設以来多くの方にご利用いただき、市の特徴とも言える施設のひとつとなっています。

　このほか、令和6年4月に子育て世代包括支援センターと子ども家庭総合支援拠点の機能を集約し「こども家庭センター」をこども健康部内に設置し、妊産婦や子育て世帯などに対して一体的な相談支援を行うための体制を整備しています。

　また、子育て世帯の負担軽減のため、子ども医療費助成の対象を高校生年代まで拡充したことやすべての児童の保育料の無料化の実施など、子育て世帯への支援の充実も図ってきました。

　このたび、「第2期中央市子ども・子育て支援事業計画 ～親が子どもがいきいきプラン～」の計画期間が令和6年度をもって満了となることから、計画の評価・見直しを行い、こども大綱も踏まえたうえで、新たに「第3期中央市子ども・子育て支援事業計画 ～親がこどもがいきいきプラン～」を策定し、子ども・子育て支援施策を総合的に推進していきます。

---

[1] 本計画内において「こども基本法」の基本理念にならい「こども」表記に統一して使用しています。なお、法律名、計画名、団体名などの特定の字句や各種データなど過去に「子ども」や「子供」等の字句を使用しているものは、そのままの表記を使用しています。

2 計画の目的

本計画は、本市における子ども・子育て支援サービスの需要量の見込みや提供方策等をきめ細かく計画するとともに、「次世代育成支援」の基本的な考え方を踏まえ、市民や教育・保育従事者、地域、行政が協働で取り組んでいく施策・事業の方向を明らかにするために策定しました。

3 計画の名称

計画の名称は前計画を継承し、「第3期中央市子ども・子育て支援事業計画～親がこどもがいきいきプラン～」としました。

4 計画の位置づけ

本計画は子ども・子育て支援法第61条[1]に基づき、本市の最上位計画である「第2次中央市長期総合計画」に示された市の基本理念を踏まえ、市の子育てに関わる各種計画との整合性を図った上で策定しました。

なお、子どもの貧困対策の推進に関する法律（令和6年に「こどもの貧困の解消に向けた対策の推進に関する法律」に改正）に基づく市町村計画「中央市第2次子どもの貧困対策推進計画」については、令和5年3月に改定したところであり、個別の計画として推進します。

---

[1] 子ども・子育て支援法第61条　市町村は、基本指針に即して、5年を1期とする教育・保育及び地域子ども・子育て支援事業の提供体制の確保その他この法律に基づく業務の円滑な実施に関する計画（以下「市町村子ども・子育て支援事業計画」という。）を定めるものとする。

5 計画の期間

　本計画の計画期間は、子ども・子育て支援法第 61 条第 1 項により、5 年ごとに策定することが義務づけられているため、令和 7 年度から令和 1 1 年度とします。

　なお、最上位計画である第 2 次中央市長期総合計画や、中央市デジタル田園都市構想総合戦略、また、関係性の強い中央市教育振興基本計画や中央市子どもの貧困対策推進計画などの期間は次のとおりです。各関連計画が本計画の期間中に終了するため、関連計画の見直しに伴い、本計画も適宜見直す可能性があります。

	R4	R5	R6	R7	R8	R9	R10	R11
第2次中央市長期総合計画								
中央市デジタル田園都市構想総合戦略								
中央市第3次地域福祉計画								
第2次中央市教育振興基本計画								
中央市第2次子どもの貧困対策推進計画								
第4次中央市健康増進計画								
中央市母子保健計画								
本計画（第3期中央市子ども・子育て支援事業計画）								

第4章 計画方針

1 基本的な考え方

　子ども・子育て支援事業計画は、保護者が子育てについての第一義的責任を有するという基本的認識のもとに、家庭、学校、地域、職場などの構成員が個々の役割を果たすとともに相互に連携して子育て支援を行うという基本理念に基づいて策定します。この計画に沿って教育・保育及び地域子ども・子育て支援事業の提供体制を整備し、これらの事業を円滑に実施するとともに、次世代育成対策の各種事業についても見直しを行いながら、総合的に施策を推進していきます。さらに、近年の核家族化や地域とのつながりの希薄化により、子育て世帯が身近な人からの支援が受けにくくなるなか、物価高騰により経済的負担も重くなってきています。多様化し、高まる子育て支援のニーズや社会情勢の変化に対応することで、こどもを生み育てやすい市を目指していきます。

2 総合目標

「親がこどもがいきいきと活動し、笑顔ですごせるまち 中央市」

　前期計画を踏襲し、すべての人が子育てに関わり、こどもの健全育成と、子育て中やこれからこどもをもつことを希望する家庭で、安心してこどもを生み育てることのできる環境づくりを推進することにより、親がこどもがいきいきと活動し、笑顔ですごせるまちづくりの実現に努めます。

3 施策の体系

　本市では、子ども・子育て支援給付事業及び地域子ども・子育て支援事業を推進し、適切な量の確保に努めるとともに、前期計画を踏襲し、次のような体系に基づいて子ども・子育て支援の各施策を推進していきます。

総合目標

「親がこどもがいきいきと活動し、笑顔ですごせるまち 中央市」

基本目標	施策
1 多様なニーズに対応した子育て支援	親と子の心身の健やかな成長のための支援の充実
	教育・保育環境の充実による仕事と家庭の両立の推進
2 豊かな健康づくりの推進	母子の健康づくりや相談体制の充実
	思春期保健対策の充実
	食育の推進
3 こどもと親の教育環境の整備	生きる力を育む学校教育の推進と家庭の養育機能の向上
	こどもを取り巻く有害環境への対策と生涯スポーツの推進
4 支援が必要な家庭へのやさしい環境づくり	子育てに困難を抱える家庭等への対応などきめ細やかな取り組みの推進
	ひとり親家庭等の自立支援の推進
5 こどもにやさしい安全なまちづくり	こどもにとって安心・安全なまちづくりの推進

4 計画の進捗状況の確認及び評価

　　計画の進捗状況については、毎年度実績値や各施策の実施状況を確認し、子ども・子育て会議で報告します。また、見込み量と実績値の乖離がみられた場合には、随時見直しを行います。

「第3期　中央市 子ども・子育て支援事業計画～親がこどもがいきいきプラン～（案）」より抜粋

令和6年度
南アルプス市職員採用試験案内

南アルプス市役所　総務部　人事課
〒400-0395　山梨県南アルプス市小笠原376
Tel　055-282-6084　　Fax　055-282-1112
https://www.city.minami-alps.yamanashi.jp/

※企業職・消防職Ⅱ（高卒区分）、社会福祉士採用試験については令和6年9月22日（日）に実施予定です。

1　試験職種及び採用予定人員等

試験職種	採用予定人員	職　務　内　容
事　務　職	10名程度	市に勤務し、一般行政事務に従事する。
消 防 職 Ⅰ（救急救命士を含む）	3名程度	市の消防本部に勤務し、消防業務に従事する。
土 木 技 師 Ⅰ	若干名	市に勤務し、土木に関する専門的・技術的な業務等に従事する。
保　育　士	若干名	市に勤務し、児童保育に関する業務等に従事する。
保　健　師	若干名	市に勤務し、健康・福祉に関する業務等に従事する。
建 築 技 師	若干名	市に勤務し、専門的・技術的な業務等に従事する。

2　受験資格

(1)　年齢要件及び学力・資格要件

試験職種	年　齢　要　件	学　力　・　資　格　要　件
事　務　職土 木 技 師 Ⅰ	平成4年4月2日から平成15年4月1日までに生まれた者	・学校教育法による大学（短期大学を除く）を卒業した者若しくは令和7年3月までに卒業見込みの者又はこれと同等以上の資格を有する者・普通自動車運転免許を有する者又は採用時までに取得見込みである者（土木技師Ⅰのみ）
消 防 職 Ⅰ（救急救命士を含む）	平成1年4月2日から平成15年4月1日までに生まれた者	・学校教育法による大学（短期大学を除く）を卒業した者若しくは令和7年3月までに卒業見込みの者又はこれと同等以上の資格を有する者・準中型自動車運転免許を有する者又は採用時までに取得見込みである者
保　育　士	平成1年4月2日から平成17年4月1日までに生まれた者	・児童福祉法により保育士に登録している者又は令和7年3月までに登録見込みの者

保　健　師	平成１年４月２日から平成１５年４月１日までに生まれた者	・保健師免許を有する者又は令和７年３月までに取得見込みの者 ・普通自動車運転免許を有する者又は採用時までに取得見込みである者
建築技師	昭和４９年４月２日から平成７年４月１日までに生まれた者	・建築士法により免許された一級建築士で、民間企業等での施工管理等の職務経験が直近７年中（平成２９年６月１日から令和６年５月３１日まで）５年以上ある（申込時に職務履歴書、最終合格発表後に職歴証明書等の提出） ・普通自動車運転免許を有する者又は採用時までに取得見込みである者

（2）住所要件

試験職種	内　　　　容
事　務　職 消　防　職 I （救急救命士を含む）	令和６年４月１日現在、南アルプス市内に住所（住民登録）を有する者又は採用時に南アルプス市に居住（住民登録）が可能な者

（3）身体要件（**消防職 I（救急救命士を含む）のみ**）

内容	◎身体基準 　（男性）身長　おおむね 160 ｃｍ以上・体重　おおむね 52 ｋｇ以上 　（女性）身長　おおむね 155 ｃｍ以上・体重　おおむね 45 ｋｇ以上 　（共通）胸囲　身長のおおむね２分の１以上・聴力　左右とも正常であること。 　視力　両眼の視力 0.7 以上（矯正視力を含む。）で色覚は、職務遂行上支障がないこと。 ◎その他 　・体質が健全で、四肢関節に異常がなく、諸機能が正常であること。 　・精神状態及び神経系統に異常のないこと。 　・言語明瞭であり、十分発声ができること。 　・呼吸器疾患、内臓疾患又は皮膚疾患がないこと。 　・全身諸器官の機能減退のないこと。

（4）欠格事項

ア　日本の国籍を有しない者
イ　禁錮以上の刑に処せられ、その執行を終わるまで又はその執行を受けることがなくなるまでの者
ウ　南アルプス市職員として懲戒免職の処分を受け、当該処分の日から２年を経過しない者
エ　日本国憲法又はその下に成立した政府を暴力で破壊することを主張する政党その他の団体を結成し、又はこれに加入した者

3 受付期間

令和6年5月1日(水)から5月31日(金)まで
〔インターネットによる受付のみ 〕

　　上記期間中は、24時間受付けますが、5月31日(金)は午後5時15分までに正常に
受信したものに限り受付けます。

4 試験日時及び場所

試験職種	区 分	日　時	場　所
第1次試験	事　務　職 土木技師Ⅰ 消　防　職　Ⅰ (救急救命士を含む) 建　築　技　師	令和6年7月14日(日) 受付開始時間　　　　午前8時30分 試験開始時間　　　　午前9時00分 終了予定時間 (事務職・土木技師Ⅰ)午後3時30分 (消防職Ⅰ)　　　午前12時00分 (建築技師)　　　午前11時30分	桃源文化会館 南アルプス市 飯野2971 (電話) 055-284-3411
	保　育　士 保　健　師	令和6年7月14日(日) 受付開始時間　　　　午後0時00分 試験開始時間　　　　午後0時30分 終了予定時間　　　　午後3時25分	
第2次試験 ※第1次試験合格者のみ対象	全　職　種	令和6年8月10日(土) 論述試験	第1次試験合格者のみ通知します
	事　務　職	令和6年8月11日(日) 集団面接試験	第1次試験合格者のみ通知します
	消　防　職　Ⅰ (救急救命士を含む)	令和6年8月中旬の2日間 個別面接試験・体力検査	第1次試験合格者のみ通知します
	土木技師Ⅰ 建　築　技　師 保　育　士 保　健　師	令和6年8月中旬の1日間 個別面接試験	第1次試験合格者のみ通知します
第3次試験 ※第2次試験合格者のみ対象	事　務　職	令和6年9月8日(日) 個別面接試験	第2次試験合格者のみ通知します

※変更等の情報は、随時、市のホームページ「人事課」サイトに掲載しますので、
　随時最新の情報を確認し、**試験前日に最終確認**をお願いします。
※市ホームページ「人事課」サイトアドレス
　https://www.city.minami-alps.yamanashi.jp/soshiki/soumu-bu/jinji/

5 試験の方法

(1) 第1次試験

試験職種	試験科目	方 法	出 題 分 野
事 務 職 消 防 職 Ⅰ (救急救命士を含む) 土 木 技 師 Ⅰ	教 養 試 験	択一式 120分	時事、社会・人文、自然に関する一般知識並びに文章理解、判断・数的推理、資料解釈に関する能力を問う試験
事 務 職 土 木 技 師 Ⅰ 保 育 士 保 健 師	事務適性検査	10分	職員としての適応性を正確さ、迅速さ等の作業能力面からみる検査
事 務 職 土 木 技 師 Ⅰ 保 育 士 保 健 師	職場適応性 検 査	20分	公務員としての職業生活への適応性について、職務への対応や対人関係面での性格特性をみる検査
消 防 職 Ⅰ (救急救命士を含む)	消防適性検査	20分	消防職員としての適応性を性格的な面からみる検査
事 務 職	専 門 試 験 (行 政)	択一式 120分	憲法、行政法、民法、経済理論、経済政策・経済事情、財政学・金融論、社会政策、政治学・行政学、国際関係、社会学・教育学
土 木 技 師 Ⅰ	専 門 試 験 (土 木)	択一式 120分	数学・物理、応用力学、水理学、土質工学、測量、土木計画（都市計画を含む。）、材料・施工（大学卒程度）
保 育 士	専 門 試 験 (保 育 士)	択一式 90分	社会福祉、子ども家庭福祉（社会的養護を含む。）、保育の心理学、保育原理・保育内容、子どもの保健、障害児保育について
保 健 師	専 門 試 験 (保 健 師)	択一式 90分	公衆衛生看護学、疫学、保健統計学、保健医療福祉行政論
建 築 技 師	職務基礎力試験 (職務能力試験)	択一式 60分	論理的に思考する力、文章を正確に理解する力、統計等の資料を分析する力、国内外の社会情勢への理解等を確認するための基礎的な出題
	職務適応性検査	20分	社会人の職務、職場への適応性を性格傾向の面から検証する検査

※事務職及び土木技師については、事務適性検査終了後、約1時間の昼休憩を設けます。試験会場内での飲食も可能ですので、必要な方は昼食を持参してください。

(2) 第2次試験（第1次試験合格者のみ対象）

試験職種区分	試験科目	方　法	内　　　　容
全　職　種	論　述　試　験	記述式 ９０分	主として文章による表現力、課題に対する理解力等についての試験
事　務　職	集団面接試験	約４５分	５〜７人をグループとしての面接試験
消防職Ⅰ （救急救命士を含む）	身　体　検　査	身体検査 証明書	職務遂行に必要な身体要件を有するかどうか医療機関の証明書による検査
	体　力　検　査	往復持久走 ほか	職務遂行上必要な体力についての検査
消防職Ⅰ （救急救命士を含む） 土木技師Ⅰ 保　育　士 保　健　師 建築技師	個別面接試験	約２０分	人柄、性格、態度、意欲等についての試験

(3) 第3次試験（第2次試験合格者のみ対象）

試験職種 区分	試験科目	方　法	内　　　　容
事　務　職	個別面接試験	約２０分	人柄、性格、態度、意欲等についての試験

受験申込手続

6　インターネットによる申込

(1)　利用者登録

申込手続は、「やまなしくらしねっと電子申請サービス」により行っていただきます。
(https://apply.e-tumo.jp/pref-yamanashi-u/offer/offerList_initDisplay)
利用者登録は必須ではありませんが、電子申請サービスが送信する電子メールを受信
できるメールアドレスが必要です。利用者登録を行う場合は、電子申請サービス内にあるヘルプから「3.2.1 利用者情報登録」を参照のうえ、「利用者登録」画面から登録を行ってください。折り返し電子メールで利用者IDが交付されますので、電子メールの指示に従ってパスワード等を設定してください。なお、ご使用のパソコンやインターネット環境によっては利用できない場合がありますので、詳しくは「やまなしくらしねっと電子申請サービス」にアクセスして確認してください。

(2)　受験申込

ア　「やまなしくらしねっと電子申請サービス」の「申請団体選択」画面にアクセスし、「南アルプス市」を選択してください。次に南アルプス市「手続き申込メニュー」に公開されている手続き一覧から、「職員採用試験受験申込」を選択します。「利用者登録せずに申し

込む方はこちら」を選択しますと、メールアドレスの入力が求められますので、受信ができるメールアドレスを入力し、画面の指示に従ってください。既に利用者登録がお済みで利用者IDを取得されている方は「既に利用者登録がお済の方」に利用者ID、パスワードを入力し、ログインボタンを押してください。職員採用試験受験申込書の入力画面が表示されますので、申込データを入力・送信してください。

イ　データが到達すると登録したメールアドレスに「申込完了通知メール」が送信されますので、必ず確認してください。

ウ　処理の状況は、南アルプス市「電子申請サービス」の「申込内容照会メニュー」から「申込完了通知メール」に記載の整理番号とパスワードを入力することで確認することが可能です。

（注）　申込は、受付期間中に正常に到達したものに限り受付けます。予期せぬ機器停止や通信障害などが発生した場合には、受付できませんが、この場合のトラブルについては、一切責任を負いかねますので、十分注意してください。

（3）　受付期間
　　令和6年5月1日（水）午前8時30分　〜　5月31日（金）午後5時15分
　　　上記期間中は、24時間受付けますが、5月31日（金）は午後5時15分までに正常に受信したものに限り受付けます。

（4）　受験票の交付等
　　受験票は郵送しませんので、次の方法により作成し、プリンタで印刷をし、試験当日に必ず持参してください。

ア　6月末日までに「受験票」の「予約処理通知メール」を送信します。

イ　南アルプス市「電子申請サービス」から「申込内容照会メニュー」を選択し、「申込内容照会」画面が表示されましたら、既に送信されている「申込完了通知メール」に記載の整理番号とパスワードを入力し、詳細を確認してください。

ウ　「申込内容照会」画面の「返信添付ファイル1」のリンクをクリックすると「受験票」がダウンロードできますので、この受験票をA4横向きで印刷してください。

エ　受験票をはがき大に切り、申込前6箇月以内に撮影した写真（タテ6cm、ヨコ5cm、上半身、脱帽、正面向きのもの）を貼り、試験当日必ず持参してください。

オ　受験票に写真が貼っていない場合は、受験することができません。

7　合格者の発表
（1）　第1次試験合格者の発表
　　　第1次試験合格者の発表は、市役所掲示場及び南アルプス市ホームページにおいて受験番号で発表します。なお、第1次試験合格者には合格通知と第2次試験案内を行います。
　　　（電話での問い合わせは、受け付けません。）
　　　第1次試験の発表期日は、7月25日（木）午前10時を予定しています。

（2）　第2次試験合格者の発表（事務職のみ）
　　　第2次試験合格者の発表等は、第1次試験合格者の発表等と同様です。
　　　発表期日は、8月下旬を予定しています。

(3) 最終合格者の発表

最終合格者の発表等は、第1次試験合格者の発表等と同様です。

発表期日は、9月中旬を予定しています。

(4) 採用試験の得点開示

採用試験の**得点等については、口頭請求により受験者本人に開示します。**なお、電話での開示請求はできませんので、受験者本人であることを明らかにする書類（学生証、免許証、身分証明書等）を持参の上、受験者本人が直接開示場所においでください。いかなる代理者も認めません。

試　　験	開示請求できる者	開 示 期 間	開 示 場 所
各試験	不合格者	合格発表から1箇月間※1	南アルプス市役所総務部人事課

※1　午前8時30分から午後5時15分まで（土・日曜日及び祝祭日を除く。）

8　合格から採用まで

最終合格者を南アルプス市職員として採用する場合は、市長から採用決定通知が送付されます。

資格を必要とする試験職種は、指定日までに資格を取得しなければ、採用される資格を失います。

9　注意事項

(1) 受付後の職種及び試験区分の変更は認めません。

(2) 試験当日、受付時間に遅れた者は受験できません。

(3) 試験当日は、受験票、鉛筆（HB）、消しゴム、鉛筆削りを必ず持参してください。

(4) 携帯電話の試験中の使用は認めません。（時計代わりの使用も不可）

(5) ゴミは、各自で持ち帰ってください。

(6) 南アルプス市役所では10月31日までクールビズ（軽装）を実施しています。第1次試験については、スーツ上着・ネクタイ着用の必要はありません。

(7) 申込後に受験を辞退する場合は、会場設営の都合上、**必ず7月5日（金）までに連絡**してください。（**無断欠席は厳に慎んでください。**）

南アルプス市の自治体情報

南アルプス市こども計画

【素案】

令和7年○月

第1章　計画策定の概要

1　計画策定の趣旨

　国は、仕事と子育ての両立支援など、こどもを生み育てやすい環境づくりに向けた対策の検討を始めて以来、平成 15 年に制定された「次世代育成支援対策推進法」に基づく取り組みをはじめ、平成 24 年に制定された「子ども・子育て3法」に基づく「市町村子ども・子育て支援事業計画」の策定の義務づけなど、様々な取組を展開してきました。さらに、平成 27 年に施行された「子ども・子育て支援新制度」では、「子どもの最善の利益」が実現される社会を目指すことを基本に、こどもの幼児期の学校教育・保育を一体的に提供し、地域の子ども・子育て支援を充実させることが求められました。

　しかしながら、少子化の進行や人口減少に歯止めがかかっていない状況は、全国的な課題となっていることに加え、児童虐待相談や不登校の件数が過去最多になるなど、こども・若者を取り巻く状況は深刻なものとなっています。

　こうした中で、こども施策を社会全体で総合的かつ強力に推進していくための包括的な基本法とする「こども基本法」が、令和 5 年 4 月に施行されました。同年 12 月 22 日には、同法に基づき「こども大綱」が閣議決定され、すべてのこども・若者が身体的・精神的・社会的に幸福な生活を送ることができる「こどもまんなか社会」の実現に向けて、自治体こども計画を策定することの必要性が示されました。

　これまで、本市では「子ども・子育て支援事業計画」として、「第2期南アルプス市子ども・子育て支援事業計画」を策定し、こども・子育て施策の推進をしてきましたが、当計画が令和6年度末をもって終期を迎えることから、令和7年度を始期とする、子ども・子育て支援事業計画などを内包する「南アルプス市こども計画」を策定し、こども・若者と子育て当事者が身体的・精神的・社会的に幸福な生活を送ることができる社会を実現していくことを目指します。

2 計画の位置づけ

　本計画は、「こども基本法」第 10 条第2項に定める「市町村こども計画」であり、本市におけるこども施策に関する事項を定める計画です。また、本計画は、「こども基本法」第 10 条第5項に定められているように、次のこども施策に関連する計画を含むものとして、策定しています。

- 「子ども・若者育成支援推進法」第9条第2項に定める「市町村子ども・若者計画」
- 「こどもの貧困の解消に向けた対策の推進に関する法律」第 10 条第2項に定める「市町村計画」
- 「子ども・子育て支援法」第 61 条第1項に定める「市町村子ども・子育て支援事業計画」
- 「次世代育成支援対策推進法」第8条第1項に定める「地域行動計画」
- 「母子保健計画策定指針」を踏まえた「母子保健計画」

　本市の総合計画や各種関連計画の体系は次のとおりです。

　本計画は、上位計画である「南アルプス市総合計画」や、その他関連計画とも整合を図り、より効率的、効果的に事業を推進していきます。

3 計画の期間

本計画は、令和7（2025）年度から令和11（2029）年度までの5年間を対象期間とします。

令和5年度(2023)	令和6年度(2024)	令和7年度(2025)	令和8年度(2026)	令和9年度(2027)	令和10年度(2028)	令和11年度(2029)	令和12年度(2030)	令和13年度(2031)

南アルプス市こども計画
（令和7年度〜令和11年度）

南アルプス市子ども・
子育て支援事業計画
第1期（H27〜H31）
第2期（R2〜R6）

評価・振り返り

次期計画

なお、当該期間中に法制度の変更や社会経済情勢の著しい変化等が生じた場合は、適宜、「南アルプス市子ども・子育て会議」で協議し、必要に応じて計画を見直すものとします。

≪本計画書における「子ども」の表記について≫

国においては、「令和4（2022）年9月15日付内閣官房副長官補付こども家庭庁設立準備室事務連絡「こども」表記の推奨について（依頼）」の通り、特別な場合を除き、平仮名表記の 「こども」が用いられています。

なお、特別な場合とは以下の通りです。

① 法令に根拠がある語を用いる場合

　　例：公職選挙法における「子供」、子ども・子育て支援法における「子ども」

② 固有名詞を用いる場合

　　例：既存の予算事業名や組織名

③ 他の語との関係で「こども」表記以外の語を用いる必要がある場合

　　例：子供期・現役期・高齢期のライフサイクル

第3章　計画の基本的な考え方

1　基本理念

　子ども・子育て支援法の基本理念や本市第3次総合計画、さらにはニーズ調査等の分析を踏まえ、次のとおり基本理念を設定します。

> ## 「こどもまんなか、夢や希望が描けるまち」の実現

2　計画の基本的視点

　本市では、こども大綱で掲げられた「こどもまんなか社会の実現」を目指すとともに、計画の基本理念である「こどもまんなか、夢や希望が描けるまち」を実現するため、次の視点をもって計画を実施します。

（1）こどもの視点

　こどもや若者の意見を尊重し、みんなが自分らしく成長できるようライフステージに応じて途切れなく必要な支援を提供します。

（2）保護者の視点

　子育て世帯が安心してゆったりと子育てができ、だれもが子育てがしやすく、新たにこどもを授かりたいと思えるよう支援を行います。

（3）地域社会の視点

　すべてのこどもや若者、子育て当事者みんなが自分らしく暮らすことができるよう、行政のみならず、地域や社会が一体となった支援を推進します。

3 基本目標

　本市の基本理念の実現に向けて、各種子育て支援施策を推進していくため、以下のとおり3つの基本目標を掲げます。

基本目標1　こどもや若者が自分らしく成長でき、本市に愛着を持って、将来にわたり住み続けたいと思えるようなまちづくりを推進します

　基本施策①　青少年健全育成の推進

　基本施策②　交流と定住促進

基本目標2　こどもと保護者が安心して幸せに過ごせるよう、ライフステージごとに必要な支援を推進します

　基本施策①　保育環境の充実

　基本施策②　子育て支援の充実

　基本施策③　母子保健の充実

基本目標3　こどもや若者が生まれ育った環境に関係なく、安心して生活できるための支援を推進します

　基本施策①　福祉総合相談体制の充実

　基本施策②　こども家庭相談体制の充実

4 体系図

基本理念	基本的な視点	基本目標

「こどもまんなか、夢や希望が描けるまち」の実現

1 こどもの視点

2 保護者の視点

3 地域社会の視点

子ども・若者計画部分、地域行動計画部分

1 こどもや若者が自分らしく成長でき、本市に愛着を持って、将来にわたり住み続けたいと思えるようなまちづくりを推進します

成果目標：「こどもまんなか社会の実現に向かっていると思う人の割合」

子ども・子育て支援事業計画部分、母子保健計画部分

2 こどもと保護者が安心して幸せに過ごせるよう、ライフステージごとに必要な支援を推進します

成果目標：「結婚、妊娠、こども・子育てに温かい社会の実現に向かっていると思う人の割合」

こどもの貧困解消に向けた対策推進計画部分

3 こどもや若者が生まれ育った環境に関係なく、安心して生活できるための支援を推進します

成果目標：「社会生活や日常生活を円滑に送ることができている」と思うこども・若者の割合」

第6章　計画の推進体制

　本計画の関連分野は、児童福祉だけでなく教育や生涯学習、健康増進、まちづくりなど多岐にわたります。したがって、関係機関・各種団体・地域等との連携を密にして取り組むとともに、国・県や他市町村とも連携しながら、本計画の推進に努めます。

（1）　計画の評価・点検

　本計画の各事業は、市の行政評価システムにより進捗管理します。年度毎に計画（Plan）に基づいて実施した施策・事務事業（Do）を評価（Check）し、それに基づき事業を見直し改善（Action）する「PDCA サイクル」の考え方を用います。

　それにより、新たな課題の検討やそれに基づく計画の見直しなど、その時々の社会情勢やニーズの変化などに応じて柔軟に対応することとします。

　また、子ども・子育て支援法の規定に基づき設置した子ども・子育て会議により、計画全体の進捗状況や成果を定期的に協議し、事業の見直しに反映していきます。

（2）　子ども・子育て支援に係わる人材の確保・育成

　更なる充実が求められている子ども・子育て支援の分野では、様々な事業を推進するにあたり、それぞれの分野で専門職の確保は本市においても重要な課題ととらえています。また、その専門性や資質の向上も、複雑・多様化する課題の解決には欠かせないものであり、人材の確保同様に重要となっています。

　さらに、こうした課題の解決には、専門職だけではなく、地域の協力も重要です。本市の子ども・子育て支援も様々な地域の力により支えられていることから、更なる担い手の育成・確保にも取り組む必要があると考えます。

　したがって計画の推進にあたっては、地域と市とが包括的に支援を推進できるよう、人材の確保・育成に取り組み、さらなる支援の充実を進めていきます。

「南アルプス市こども計画【素案】」より抜粋

令和6年度甲斐市職員採用試験案内

甲斐市総務部人事課
〒400-0192 甲斐市篠原 2610 番地
電話 055-278-1674 （直通）

1 試験職種及び採用予定人員等

試験職種	試験区分	採用予定人員	職務内容
行政 I	A	15人程度	一般行政事務に従事します。
行政 II	B		
土木 I	C	若干名	土木に関する業務及び一般行政事務に従事します。
土木 II	D		
建築	E	若干名	建築に関する業務及び一般行政事務に従事します。
保育士	F	3人程度	保育等に関する業務及び一般行政事務に従事します。
保健師	G	3人程度	保健等に関する業務及び一般行政事務に従事します。
司書	H	若干名	司書に関する業務及び一般行政事務に従事します。
社会福祉士	I	若干名	社会福祉士に関する業務及び一般行政事務に従事します。
管理栄養士	J	若干名	栄養指導等に関する業務及び一般行政事務に従事します。

2 受験資格

（1）学力・年齢・資格要件

試験職種	試験区分	年齢要件	学力・資格要件
行政 I	A	昭和 62 年 4 月 2 日から平成 15 年 4 月 1 日までに生まれた人	大学卒業程度の学力を有する人
行政 II	B	平成 15 年 4 月 2 日から平成 19 年 4 月 1 日までに生まれた人	高校卒業程度の学力を有する人
土木 I	C	昭和 55 年 4 月 2 日から平成 15 年 4 月 1 日までに生まれた人	大学卒業程度の学力を有する人で、高等学校以上の土木専門課程を卒業又は令和 7 年 3 月 31 日までに卒業見込みの人
土木 II	D	平成 15 年 4 月 2 日から平成 19 年 4 月 1 日までに生まれた人	高校卒業程度の学力を有する人で、高等学校以上の土木専門課程を卒業又は令和 7 年 3 月 31 日までに卒業見込みの人
建築	E	昭和 55 年 4 月 2 日から平成 12 年 4 月 1 日までに生まれた人	1 級建築士の資格を有する人
保育士	F	昭和 55 年 4 月 2 日から平成 17 年 4 月 1 日までに生まれた人	保育士の資格を有する人又は令和 7 年 3 月 31 日までに資格取得見込みの人
保健師	G	昭和 55 年 4 月 2 日から平成 15 年 4 月 1 日までに生まれた人	保健師の免許を有する人又は令和 7 年において最初に実施される保健師国家試験により当該免許取得見込みの人
司書	H	昭和 55 年 4 月 2 日から平成 17 年 4 月 1 日までに生まれた人	司書の資格を有する人又は令和 7 年 3 月 31 日までに資格取得見込みの人
社会福祉士	I	昭和 55 年 4 月 2 日から平成 15 年 4 月 1 日までに生まれた人	社会福祉士の資格を有する人又は令和 7 年 3 月 31 日までに資格取得見込みの人
管理栄養士	J	昭和 55 年 4 月 2 日から平成 15 年 4 月 1 日までに生まれた人	管理栄養士の免許を有する人又は令和 7 年において最初に実施される管理栄養士国家試験により当該免許取得見込みの人

（2）欠格事項

　　　　次のいずれかに該当する人は、受験できません。

　　　ア　日本国籍を有しない人

　　　イ　地方公務員法第16条に該当する人

　　　　・　禁錮以上の刑に処せられ、その執行を終わるまで又はその執行を受けることがなくなるまでの人

　　　　・　甲斐市職員として懲戒免職の処分を受け、当該処分の日から2年を経過しない人

　　　　・　日本国憲法又はその下に成立した政府を暴力で破壊することを主張する政党その他の団体を結成し、又はこれに加入した人

（3）その他

　　　・　試験職種（G）以外は、採用時以降、甲斐市内に居住することが可能な人に限ります。

　　　・　試験職種（G）以外は、採用時に甲斐市消防団への入団研修を2年間行います。

3　試験日時等

区　　　分	日　　　時	備　　　考
第1次試験 （A～J）	令和6年9月22日（日） ・受付開始時間　午前9時15分 ・試験開始時間　午前9時45分	甲斐市竜王北部公民館 甲斐市篠原2610番地
第2次試験 （A～J）	令和6年10月下旬	第1次試験合格者のみ通知します。

4　合格者の発表

区　　　分	発　表　予　定　日	備　　　考
第1次試験合格者 （A～J）	令和6年10月中旬（予定）	甲斐市役所（竜王庁舎本館）入口、甲斐市ウェブサイトに合格者の受験番号を掲示するとともに、合格者には書面で通知します。※電話でのお問い合わせには応じておりません。
最終合格者	令和6年11月中旬（予定）	

5 試験方法

区 分			方 法	内 容	配点
第1次試験	行政 I A	教養試験（大卒程度）	択一式 120分	時事、社会・人文、自然に関する一般知識並びに文章理解、判断・数的推理、資料解釈	70%
	行政 II B	教養試験（高卒程度）	択一式 120分	時事、社会・人文に関する一般知識並びに文章理解、判断・数的推理、資料解釈	
	土木 I C	教養試験（大卒程度）	択一式 120分	時事、社会・人文、自然に関する一般知識並びに文章理解、判断・数的推理、資料解釈	
	土木 II D	教養試験（高卒程度）	択一式 120分	時事、社会・人文に関する一般知識並びに文章理解、判断・数的推理、資料解釈	
	建築 E	教養試験（大卒程度）	択一式 120分	時事、社会・人文、自然に関する一般知識並びに文章理解、判断・数的推理、資料解釈	
	保育士 F	教養試験（短大卒程度）	択一式 120分	時事、社会・人文、自然に関する一般知識並びに文章理解、判断・数的推理、資料解釈	
	保健師 G	教養試験（大卒程度）	択一式 120分	時事、社会・人文、自然に関する一般知識並びに文章理解、判断・数的推理、資料解釈	
	司書 H	教養試験（短大卒程度）	択一式 120分	時事、社会・人文、自然に関する一般知識並びに文章理解、判断・数的推理、資料解釈	
	社会福祉士 I	教養試験（大卒程度）	択一式 120分	時事、社会・人文、自然に関する一般知識並びに文章理解、判断・数的推理、資料解釈	
	管理栄養士 J	教養試験（短大卒程度）	択一式 120分	時事、社会・人文、自然に関する一般知識並びに文章理解、判断・数的推理、資料解釈	
	全職種	事務適性検査	10分	事務職員としての適応性を正確さ、迅速さ等の作業能力の面からみます。	30%
	全職種	職場適応性検査	20分	公務員としての職業生活への適応性について、職務への対応や対人関係面での性格特性をみます（2次試験で実施する面接の際の参考とします）。	－

	行政Ⅰ	資格等加点	-	※甲斐市が指定する資格等を有する方に対して、教養試験の点数に所定の点数を加点します。 ①情報処理に関する資格…15点 ②社会教育主事に関する資格…5点	-
第2次試験	A～J共通	論述試験	記述式 90分	主として文章による表現力、課題に対する理解力等をみます。	50%
		人物試験	個人面接 30分	自己表現力、質問回答力、競争力、積極性、社会性、信頼感、経験学習力、自己統制などをみます。	50%
資　格　調　査				受験資格の有無、申込書記載事項の真否等について調査を行います。	

※加点の対象となる資格等（対象職種：行政Ⅰ）

①情報処理に関する資格

　基本情報技術者試験（独立行政法人情報処理推進機構）合格者又はそれと同等以上の試験に合格した者

②社会教育主事に関する資格

　社会教育法第9条の4に規定される資格を有する者又は同法第9条の5に規定される講習を修了した者

6　試験結果の提供

　採用試験の結果については、受験者本人に係る情報のみ提供を受けることができます。なお、電話、はがき等による提供はできませんので、受験者本人であることを明らかにする書類（運転免許証、学生証等）を持参の上、受験者本人が直接、提供場所へお越しください。

試験区分	提供を受けることができる者	提供内容	提供期間	提供場所
第1次試験	不合格者	教養試験、事務適性検査の得点、合計得点及び順位	各試験の合格発表日から1月間	甲斐市役所人事課
第2次試験	受験者	上記に加えて論述・人物試験の得点、合計得点及び順位		

7　受験申込手続

　試験申込書の記載事項に不備がある場合は、提出書類をお返しすることがあります。

　このために生じた申し込みの遅延などについては一切責任を負いませんので、手続きには十分注意してください。

　また、資格等による加点を希望する場合は、受付期間内（**令和6年7月29日〜8月16日**）に、資格を証明する書類（写）を甲斐市人事課の窓口に提出してください。なお、提出の方法については、持参、郵送又は電子メール（jinji@city.kai.yamanashi.jp）のいずれかの方法とします。採用試験当日に資格を証明する書類の確認をさせていただきますので、忘れずに原本を持参してください。

　・情報処理に関する資格（合格証明書など）
　・社会教育主事に関する資格（大学等の卒業証明書、教育職員普通免許状、在職証明書、単位修得証明書、社会教育主事講習修了証書など）

（1）持参又は郵送で申し込む場合

申込書の請求	**申込書の交付場所** 　甲斐市役所竜王庁舎本館3階人事課、敷島・双葉庁舎1階市民地域課 **郵送による請求** 　封筒の表面に「採用試験申込請求」と朱書きし、140円切手を貼付した返信用封筒（角型2号（A4判大））を同封して、「申込先」（甲斐市役所人事課）に請求してください。
申　込　方　法	申込書及び受験票（**必ず63円切手を貼ること。**）に必要事項を記入し、甲斐市役所人事課に持参するか、郵送してください。なお、郵送で申し込む場合は、封筒の表に「職員採用試験受験」と朱書きし、**必ず書留郵便として**ください。
申　　込　　先	甲斐市役所　人事課（竜王庁舎本館3階） 〒400-0192　甲斐市篠原2610番地 ℡055-278-1674（直通）
受　付　期　間	・**令和6年7月29日（月）〜8月16日（金）**　受付時間は、午前8時30分から午後5時15分まで。土曜日、日曜日及び祝日を除く。 ・郵送の場合は、**令和6年7月29日（月）〜8月16日（金）**までの消印があるものに限り有効となります。
受験票の交付	・受験票は、**8月26日（月）**に郵便で発送します。 　受験票が到着しない場合は、申込先までお問い合わせください。 ・受験票が到着したら、第1次試験日前6月以内に撮影した写真（縦4.5〜6cm×横3.5〜5cm、上半身、脱帽正面向き）を受験票に貼り、第1次試験当日必ず持参してください。 ・**受験票に写真を貼っていない場合は受験できません。**

（2）インターネットで申し込む場合

利用者登録	「やまなしくらしねっと電子申請サービス」（https://s-kantan.jp/toppage-yamanashi-t/）により、申込手続を行っていただきます。利用者登録は必須ではありませんが、電子申請サービスが送信する電子メールを受信できるメールアドレスが必要です。利用者登録を行う場合は、電子申請サービス内にあるヘルプから「3.2.1 利用者情報登録」を参照のうえ、「利用者登録」画面から登録を行ってください。折り返し電子メールで利用者IDが交付されますので、電子メールの指示に従ってパスワード等を設定してください。 なお、ご使用のパソコンやインターネット環境によっては、利用できない場合がありますので、詳しくは「やまなしくらしねっと電子申請サービス」にアクセスして確認してください。
申込方法	ア 「やまなしくらしねっと電子申請サービス」の「申請団体選択」画面にアクセスし、「甲斐市」を選択してください。次に甲斐市「手続き申込メニュー」に公開されている手続き一覧から、「職員採用試験受験申込」を選択します。「利用者登録せずに申し込む方はこちら」を選択しますと、メールアドレスの入力が求められますので、受信ができるメールアドレスを入力し、画面の指示に従ってください。既に利用者登録がお済みで利用者IDを取得されている方は「既に利用者登録がお済の方」に利用者ID、パスワードを入力し、ログインボタンを押してください。職員採用試験受験申込書の入力画面が表示されますので、申込データを入力・送信してください。 イ データが到達すると登録したメールアドレスに「申込完了通知メール」が送信されますので、必ず確認してください。 ウ 処理の状況は、甲斐市「電子申請サービス」の「申込内容照会メニュー」から「申込完了通知メール」に記載の整理番号とパスワードを入力することで確認することが可能です。 （注） 申込は、受付期間中に正常に到達したものに限り受付けます。予期せぬ機器停止や通信障害などが発生した場合には、受付できませんが、この場合のトラブルについては、一切責任を負いかねますので、十分注意してください。 また、プリンタがない場合には「受験票」の印刷ができませんので、インターネットでは申し込まず、持参又は郵送での手続きを行ってください。 **【申込書に入力する際の留意事項】** ※ 「試験職種」は、行政Ⅰ、行政Ⅱ、土木Ⅰ、土木Ⅱ、建築、保育士、保健師、司書、社会福祉士、管理栄養士を入力してください。 ※ 「試験区分」は、A、B、C、D、E、F、G、H、I、Jを入力してください。
受付期間	・令和6年7月29日（月）午前0時00分～8月16日（金）午後5時15分 ・上記期間中は、24時間受付けますが、**8月16日（金）は、午後5時15分までに**正常に受信したものに限り受付けます。

受験票の交付	受験票は郵送しませんので、次の方法により作成し、試験当日に必ず持参してください。 ア 受付後、9月5日（木）までに「受験票」の「予約処理通知メール」を送信します。 イ 甲斐市「電子申請サービス」から「申込内容照会メニュー」を選択し、「申込内容照会」画面が表示されましたら、既に送信されている「申込完了通知メール」に記載の整理番号とパスワードを入力し、詳細を確認してください。 ウ 「申込内容照会」画面の「返信添付ファイル1」のリンクをクリックすると「受験票」がダウンロードできますので、この受験票を**A4横向きで印刷**してください。（上下左右19.05mmの余白設定を推奨します。） エ 受験票をはがき大に切り、申し込み前6か月以内に撮影した写真（タテ4.5〜6cm、ヨコ3.5〜5cm、上半身、脱帽、正面向きのもの）を貼り、試験当日必ず持参してください。 **受験票に写真を貼っていない場合は受験できません。**

8 給 与

初任給の一例は次のとおりです。

試 験 職 種	初 任 給 の 額	
行政I、土木I、建築、社会福祉士	大学卒	196,200円
保健師	大学卒	230,800円
保育士、司書、管理栄養士	短大卒	179,100円
行政II、土木II	高校卒	166,600円

　学歴その他採用前の経歴により、一定の基準で調整されます。（この金額は、令和6年4月1日のもので、給与改定等により変更になる場合があります。）このほか、通勤手当、住居手当、扶養手当、期末・勤勉手当等が支給要件に応じて支給されます。

9 採 用

　最終合格者は、令和7年4月1日採用予定です。

甲斐市の自治体情報

第2期 甲斐市 子ども・子育て支援 事業計画

令和2〜6年度

概要版
2020.3

甲斐市

計画策定の概要

計画策定の背景

　現在、わが国では「少子化」、「子育て家庭の孤立化」、「待機児童」が問題となっています。このような状況下において、国や地域をあげて、子どもや子育て家庭を支援する新しい環境を整える必要があります。

　平成24年に可決された子ども・子育て関連3法（子ども・子育て支援法、認定こども園法の一部改正法、子ども・子育て支援法及び認定こども園法の一部改正法の施行に伴う関係法律の整備等に関する法律）に基づく子ども・子育て支援新制度が、平成27年4月から施行され、本市においても、「甲斐市子ども・子育て支援事業計画」を平成27年3月に策定し、地域の実情に応じた子ども・子育て支援の充実及び子育て家庭の支援等に努めて参りました。

　この度、計画期間が令和元年度を以て満了することから、前計画の評価・見直しを行うとともに、国の改定指針も踏まえて、新たに「第2期甲斐市子ども・子育て支援事業計画」を策定いたしました。

計画の位置づけ

　本計画は、上位計画である甲斐市総合計画ならびに第2次甲斐市創甲斐教育推進大綱をはじめとする甲斐市の諸計画と整合性を取りながら推進していきます。

計画期間

　本計画は、令和2年度を初年度として、令和6年度までの5年間を計画期間とします。

　また、5年の計画期間中であっても、計画に定めた量の見込みと実績に乖離が見られるなどの場合は、必要に応じて一部見直しを行います。

H27	H28	H29	H30	R1	R2	R3	R4	R5	R6
第1期計画					第2期計画（本計画）				

統計データから見る本市の状況

総人口

出典：各年3月末現在における住民基本台帳に基づく人口

本市の近年における人口は、ほぼ右肩上がりの推移となっています。平成24年度には、74,025人でしたが平成31年度では、75,467人と1,442人の増加となっています。

0歳から11歳児数

出典：各年3月末現在における住民基本台帳に基づく人口

本市の0～11歳児数は減少傾向にあります。0～5歳児は平成22年度には4,574人でしたが、平成31年度では4,182人と392人の減少となっています。

また、6～11歳児は平成22年度には4,494人でしたが、平成31年度では4,302人と192人の減少となっています。

合計特殊出生率

出典：甲斐市、人口動態統計年報

本市の合計特殊出生率※は上昇傾向にあり、常に山梨県や全国の水準を上回っています。

※合計特殊出生率

15～49歳までの女性の年齢別出生率（それぞれの1歳ごとの年齢の女性数に占める、その年齢の女性が産んだ子どもの数の割合）を合計したもので、一人の女性が一生の間に生む子どもの平均数に相当します。

41

ニーズ調査結果について

　ニーズ調査は、本計画で確保を図るべき、教育・保育、地域子ども・子育て支援事業の「量の見込み」を算出するにあたって、市民の教育・保育、子育て支援に関する「現在の利用状況」や「今後の利用希望」などを把握することを目的として実施した調査です。

 幼児期を対象とした教育・保育事業等の利用希望

　幼児期を対象とした教育・保育事業等の利用希望は「保育所（園）」が最も多く、以下「認定こども園」、「幼稚園」と続いています。

 小学生を対象とした放課後を過ごさせたい場所

　放課後を過ごさせたいと思う場所は「放課後児童クラブ（学童保育）」が最も多く、以下「自宅」、「習い事」と続いています。

統計・ニーズ調査結果からみえる本市の課題

●女性の働き方の変化に沿った支援体制が求められています
●すべての子育て家庭に向けた支援を地域ぐるみで行うことが求められています
●様々な教育ニーズの高まりに応える体制が求められています
●日々の生活や経済面、施設面において、安心・安全な子育て環境が求められています

計画の基本方針

第2期甲斐市子ども・子育て支援事業計画基本理念

> ## 子どもが　親が　地域が育つまち

　「甲斐市子ども・子育て支援事業計画」において「子どもが　親が　地域が育つまち」を基本理念として、教育・保育事業や、地域子ども・子育て支援事業の確実な実施を通して、子ども・子育ての支援を行っています。

　女性の就労状況の変化や、幼児教育に対するニーズの高まりなどの社会情勢の変化を捉え、今後5年間において、子どもや保護者にとって子育てのしやすい環境を維持・継続していくため「第2期甲斐市子ども・子育て支援事業計画」でも引き続き、上記基本理念のもと、取り組みを推進していきます。

基本理念	基本目標	施策の方向性
子どもが　親が　地域が育つまち	子ども・子育て世代のニーズに沿った切れ目のない支援提供の実現	子ども・子育て支援給付 及び 地域子ども・子育て支援事業の推進
		親と子の健やかな成長に向けた支援
	子ども・子育て世代の育ちを支える地域社会の実現	すべての子育て家庭への支援
		支援を必要とする子どもへの支援
	「創甲斐教育」の考えに立った充実した教育環境の実現	幼児教育・学校教育環境の整備
		次代の親を育てる地域社会の教育力の向上
	安心して出産・子育てができるまちづくり・しくみづくりの実現	安心して子育てできるまちづくり
		経済的な支援
		妊娠・出産・子育て期の切れ目のない支援（ネウボラ推進事業）

※ネウボラ推進事業に関する詳細はP7に掲載しています。

ニーズ推計と確保の状況

教育・保育利用における認定区分

認定区分	保育の必要性	利用施設	対象年齢
1号認定	低い	幼稚園や認定こども園	満3歳以上
2号認定	高い	保育所（園）や認定こども園	満3歳以上
3号認定	高い	保育所（園）や認定こども園	満3歳未満

1・2号認定の量の見込み

1号認定・2号認定の量の見込みは、令和2年度、令和3年度と増加していきますが、令和4年度以降は減少に転じます。

（単位：人）

指標 ＼ 年度	R1 実績	R2	R3	R4	R5	R6
		ニーズ量（量の見込み）				
3～5歳人口	2,092	2,135	2,144	2,051	1,999	1,951
1号認定	649	661	664	635	619	604
2号認定（幼児教育）	1,415	93	92	89	87	85
2号認定（保育）		1,352	1,359	1,300	1,266	1,236
1号・2号認定合計 ①	2,064	2,106	2,115	2,024	1,972	1,925
①の内訳 市内	1,566	1,598	1,605	1,535	1,496	1,460
市外	498	508	510	489	476	465
施設未利用者	28	29	29	27	27	26
確保量（市内保育施設受入れ可能数）	1,753	1,753	1,753	1,753	1,753	1,753

3号認定の量の見込み

計画期間における3号認定の量の見込みは、令和4年度に一旦増加しますが、対象人口の減少に伴って、全体的には減少傾向となります。

（単位：人）

指標 ＼ 年度	R1 実績	R2	R3	R4	R5	R6
		量の見込み				
0～2歳人口	2,090	2,036	1,987	2,010	1,984	1,959
3号認定 ①	1,025	999	974	986	973	961
①の内訳 市内	843	821	801	811	800	790
市外	182	178	173	175	173	171
施設未利用者	1,065	1,037	1,013	1,024	1,011	998
確保量（市内保育施設受入れ可能数）	880	893	893	893	893	893

地域子ども・子育て支援事業

　核家族化や地域とのつながりの希薄化等の影響で、祖父母や地域の人たちのサポートが受けにくい状況が生まれています。また、自分が生まれ育った地域以外での子育ても増加しており、子育てをする父母の孤立化が進んでいます。

　このような状況において、子育ての不安や負担を解消し、子育て世帯を支援するため、本市では次ページのような地域子ども・子育て支援事業の実施及び実施の検討を行っています。

	事業名		R2年度	R3年度	R4年度	R5年度	R6年度
1	延長保育事業	量の見込み(人)	548	545	539	532	523
		確保量(人)	575	575	575	575	575
2	放課後児童健全育成事業 (放課後児童クラブ) 低学年	量の見込み(人)	1,063	1,038	1,040	1,055	1,067
		確保量(人)	1,100	1,100	1,100	1,100	1,100
	放課後児童健全育成事業 (放課後児童クラブ) 高学年	量の見込み(人)	335	333	326	319	312
		確保量(人)	340	340	340	340	340
3	子育て短期支援事業 (ショートステイ)	量の見込み(人日)	15	14	14	14	14
		確保量(人日)	26	26	26	26	26
4	地域子育て支援拠点事業	量の見込み(人回)	23,655	23,187	22,819	22,518	22,206
		確保量(人回)	24,300	24,300	24,300	24,300	24,300
	一時預かり事業 (幼稚園型)	量の見込み(人回)	746	753	746	736	724
		確保量(人回)	785	785	785	785	785
5	一時預かり事業 (その他)	量の見込み(人回)	3,290	3,323	3,290	3,223	3,190
		確保量(人回)	3,400	3,400	3,400	3,400	3,400
6	病児・病後児保育事業	量の見込み(人日)	423	421	416	410	404
		確保量(人日)	480	480	480	480	480
7	子育て援助活動支援事業 (ファミリー・サポート・センター)	量の見込み(人日)	1,377	1,357	1,343	1,338	1,330
		確保量(人日)	1,380	1,380	1,380	1,380	1,380
8	利用者支援事業	量の見込み(箇所)	3	3	3	3	3
		量の見込み(箇所)	3	3	3	3	3
9	妊婦一般健康診査費助成事業	量の見込み(人)	1,119	1,105	1,088	1,070	1,055
		確保量(人)	1,490	1,490	1,490	1,490	1,490
10	乳児家庭全戸訪問事業	量の見込み(人)	688	680	671	661	652
		確保量(人)	700	700	700	700	700
11	養育支援訪問事業	量の見込み(人)	96	95	94	93	92
		確保量(人)	130	130	130	130	130

計画の推進体制

甲斐市版ネウボラ事業

甲斐市版ネウボラ事業（妊娠・出産・子育て期の切れ目のない支援の体系）概要

甲斐市子育て世代包括支援センター
「子育て健康部　健康増進課」

連絡調整

連絡調整

「山梨大学と包括
連携協定」締結

女医派遣

甲斐市版ネウボラ事業
推進協議会

子育て支援センター

・地域子育て支援拠点事業

市が誘致
女性医師

産婦人科

保育園・こども園・幼稚園

産婦
健診

産後うつ
対策

母子保健事業

妊娠中　　　　　　　　　　就学

乳幼児健診、各種教室等
産後ケア事業

随時　電話相談・所内相談
訪問指導・養育支援家庭訪問事業

・一時預かり事業
・病児・病後児保育事業

児童館

・遊び場、交流の場の提供

日帰り型産後ケア事業
・集団事業
・個別事業

ファミリー・
サポート・
センター

住民組織
・愛育会
・食生活改善推進員会

関係機関とのネットワークの構築

いのちの大切さを学ぶ事業

児童
相談所

子育てひろば

・子育て支援事業

小学校
中学校

市内開業医等
関係医療機関

保健所

・子育て相談事業

計画の点検及び評価

　本計画に基づく個別の事業の進捗状況や計画全体の成果については、「甲斐市子ども・子育て会議」において「教育・保育事業について、認定区分ごとの利用人数や施設の整備状況等の確認」及び「地域子ども・子育て支援事業について、事業の利用状況や整備状況等の確認」を実施していきます。計画の点検、評価においては、P（Plan）D（Do）C（Check）A（Act）のサイクルを回して、さらなる改善につながるよう留意していきます。

第2期甲斐市子ども・子育て支援事業計画
〈概要版〉

令和2年3月発行
発行：甲斐市 子育て健康部 子育て支援課
〒400-0192 山梨県甲斐市篠原2610番地
TEL055-278-1692　FAX055-276-2113

「第2期甲斐市子ども・子育て支援計画〈概要版〉」より

令和5年度

韮 崎 市 職 員 採 用 試 験 案 内

令和5年6月26日
韮　崎　市

韮崎市職員採用試験（令和6年4月1日採用）を次のとおり行います

第 1 次 試 験	令和5年9月17日（日）
受 付 期 間	令和5年7月11日（火）～令和5年8月3日（木） （インターネットによる受付期間も同じです。）

※　<u>新型コロナウイルス感染症等の影響により、試験日程等を変更する場合があります。</u>
<u>市ホームページにて公表しますので、最新情報をご確認ください。</u>

1．試験の種類・試験区分、採用予定人員及び職務概要

試 験 職 種	試験区分	予定人員	職務概要
行政（一 般 事 務）	大学卒業程度	若干名	各機関において、一般行政事務に従事します。
行政（一 般 事 務）【社会人枠】	大学卒業程度	若干名	
行政（ 土　　木 ）	高校卒業程度	2名程度	道路、上下水道等の建設・改修工事の設計・施工管理、都市計画の策定等の業務に従事します。
行政（ 土　木 ）【社会人枠】	高校卒業程度	若干名	
行政（ 建　　築 ）	大学卒業程度	若干名	市有施設の設計・施工管理、建築指導等の業務に従事します。
行政（ 建　築 ）【社会人枠】	大学卒業程度	若干名	
行政（学芸員〈文化財〉）	大学卒業程度	若干名	埋蔵文化財発掘調査等の業務、及び行政事務に従事します。
行政（ 社会福祉士 ）	大学卒業程度	若干名	各機関において、福祉（相談）等の業務や行政事務に従事します。
行政（保　育　士）	高校卒業程度	3名程度	保育園等において、保育業務等に従事します。

医療（臨床検査技師）	高校卒業程度	若干名	市立病院において、臨床検査技師としての専門業務に従事します。
医療（ 保健師 ）	大学卒業程度	2名程度	母子・老人保健、健康づくり等の業務や行政事務に従事します。
医療（ 看護師 ）	高校卒業程度	10名程度	市立病院において、夜間勤務を含む看護師の業務に従事します。

※　令和6年4月1日以降に資格免許取得見込みの方は、同日以降の採用になる場合があります。

2．受験資格

(1)　住所要件
　　　　行政（一般事務）については、採用後に韮崎市内に居住できる者とする。（社会人枠は除く。）

(2)　年齢及び資格等の要件

試 験 職 種	要件・資格・免許等
行政 （一般事務）	次の要件を満たす者 ① 平成5年4月2日以降に生まれた者 ② 学校教育法による大学を卒業又は令和6年3月までに卒業する見込みの者
行政 （一般事務） 【社会人枠】	次の要件を満たす者 ① 昭和53年4月2日から平成10年4月1日までに生まれた者 ② 大学卒業程度以上の学力を有する者
行政 （土木）	次の要件を満たす者 ① 平成5年4月2日以降に生まれた者 ② 土木施工管理技士の資格を有している者、又は学校教育法による大学の土木専門課程若しくは高等専門学校を卒業又は令和6年3月までに卒業する見込みの者
行政 （土木） 【社会人枠】	次の要件を満たす者 ① 昭和53年4月2日以降に生まれた者 ② 土木施工管理技士の資格を有している者、又は学校教育法による土木専門課程を卒業若しくは高等専門学校を卒業した者
行政 （建築）	次の要件を満たす者 ① 平成5年4月2日以降に生まれた者 ② 建築士の資格を有している者、又は学校教育法による大学の建築専門課程を卒業又は令和6年3月までに卒業する見込みの者
行政 （建築） 【社会人枠】	次の要件を満たす者 ① 昭和53年4月2日以降に生まれた者 ② 建築士の資格を有している者、又は学校教育法による建築専門課程を卒業している者

行政 （学芸員 〈文化財〉）	次の要件を満たす者 ① 昭和63年4月2日以降に生まれた者 ② 学校教育法による大学で考古学・日本史学・民俗学・建築史学を専攻し、卒業又は令和6年3月までに卒業する見込みの者 ③ 博物館法第5条第1項の規定による学芸員資格を有する者又は又は令和6年3月までに取得見込みの者 ④ 普通自動車運転免許証取得者
行政 （社会福祉士）	次の要件を満たす者 ① 昭和63年4月2日以降に生まれた者 ② 社会福祉士の資格を有している者、又は令和6年3月までに当該資格を取得する見込みの者
行政 （保育士）	次の要件を満たす者 ① 昭和53年4月2日以降に生まれた者 ② 保育士の資格を有している者、又は令和6年3月までに当該資格を取得する見込みの者
医療 （臨床検査技師）	次の要件を満たす者 ① 平成5年4月2日以降に生まれた者 ② 臨床検査技師の免許を有している者、又は令和6年において最初に実施される国家試験により当該免許を取得する見込みの者
医療 （保健師）	次の要件を満たす者 ① 昭和63年4月2日以降に生まれた者 ② 保健師の免許を有している者、又は令和6年において最初に実施される国家試験により当該免許を取得する見込みの者
医療 （看護師）	看護師の免許を有している者、又は令和6年において最初に実施される国家試験により当該免許を取得する見込みの者

(3) 受験できない者
　① 日本国籍を有しない者（医療職を除く。）
　② 地方公務員法第16条に該当する者（次のいずれかに該当する者）
　　＊ 禁錮以上の刑に処せられ、その執行を終わるまで又はその執行を受けることがなくなるまでの者
　　＊ 韮崎市職員として懲戒免職の処分を受け、当該処分の日から2年を経過しない者
　　＊ 日本国憲法又はその下に成立した政府を暴力で破壊することを主張する政党その他団体を結成し、又はこれに加入した者

3. 試験日及び試験会場

区　分	試　験　日	試験会場
第1次試験	令和5年　9月17日（日） 受付時間　午前8時30分から午前8時50分 受付場所　韮崎市役所1階ロビー	韮崎市役所
第2次試験	令和5年10月15日（日） 臨床検査技師及び看護師は令和5年10月19日（木）	
第3次試験	令和5年11月中旬頃	

※　臨床検査技師・看護師については、第3次試験は実施いたしません。

49

4．試験方法

【第1次試験】

(1) 試験職種「一般事務・建築」

試 験 種 目	試験時間	内　　容
教 養 試 験	120分	公務員として必要な一般的知識及び知能について、択一式による筆記試験を行います。
専 門 試 験	120分	採用職種に応じた専門的知識及び能力等について、択一式による筆記試験を行います。
小 論 文	90分	主として文章による表現力、構成力、課題に対する理解力等について、記述式の試験を行います。
性 格 特 性 検 査	20分	公務員として職務遂行に必要な素質や職場への適応性などについて検査を行います。
職 場 適 応 性 検 査	20分	

(2) 試験職種「学芸員〈文化財〉」

試 験 種 目	試験時間	内　　容
教 養 試 験	120分	公務員として必要な一般的知識及び知能について、択一式による筆記試験を行います。
専 門 試 験	120分	採用職種に応じた専門的知識及び能力等について、択一式、及び記述式による筆記試験並びに遺物の実測等の実技試験を行います。（実技試験については、特に定規等持参していただくものはありません。）
小 論 文	90分	主として文章による表現力、構成力、課題に対する理解力等について、記述式の試験を行います。
性 格 特 性 検 査	20分	公務員として職務遂行に必要な素質や職場への適応性などについて検査を行います。
職 場 適 応 性 検 査	20分	

(3) 試験職種「社会福祉士・保育士・保健師」

試 験 種 目	試験時間	内　　容
教 養 試 験	120分	公務員として必要な一般的知識及び知能について、択一式による筆記試験を行います。
専 門 試 験	90分	採用職種に応じた専門的知識及び能力等について、択一式による筆記試験を行います。
小 論 文	90分	主として文章による表現力、構成力、課題に対する理解力等について、記述式の試験を行います。
性 格 特 性 検 査	20分	公務員として職務遂行に必要な素質や職場への適応性などについて検査を行います。
職 場 適 応 性 検 査	20分	

(4) 試験職種「土木・臨床検査技師・看護師」

試 験 種 目	試験時間	内　　　容
教　養　試　験	１２０分	公務員として必要な一般的知識及び知能について、択一式による筆記試験を行います。
小　　論　　文	９０分	主として文章による表現力、構成力、課題に対する理解力等について、記述式の試験を行います。
性 格 特 性 検 査	２０分	公務員として職務遂行に必要な素質や職場への適応性などについて検査を行います。
職 場 適 応 性 検 査	２０分	

(5) 試験職種「一般事務（社会人枠）・土木（社会人枠）・建築（社会人枠）」

試 験 種 目	試験時間	内　　　容
社 会 人 基 礎 試 験	１１０分	職務を遂行する上で必要となる基礎的な知的能力と適応性について、択一式による筆記試験を行います。
小　　論　　文	９０分	主として文章による表現力、構成力、課題に対する理解力等について、記述式の試験を行います。
性 格 特 性 検 査	２０分	公務員として職務遂行に必要な素質などについて検査を行います。

(6) 持参するもの
　　受験票、筆記具、消しゴム、鉛筆削り、昼食
　　　（筆記具は芯先の丸いBの鉛筆を必ず使用すること。）

【第２次試験】
(1)「一般事務・土木・建築・学芸員・社会福祉士・保育士・保健師」
　　●面接試験
　　公務員として職務遂行に必要な資質及び適正を有するかどうかについて、集団討議による検査を行います。

(2)「一般事務（社会人枠）・土木（社会人枠）・建築（社会人枠）」
　　●面接試験
　　公務員として職務遂行に必要な資質及び社会人としての経験、能力等について、個人面接による検査を行います。

(3)「臨床検査技師・看護師」
　　●面接試験
　　社会性、貢献度、指導性等について個人面接による検査を行います。

【第３次試験】
　　「一般事務（社会人枠含む）・土木（社会人枠含む）・建築（社会人枠含む）・学芸員・社会福祉士・保育士・保健師」
　　●面接試験
　　社会忹、貢献度、指導性等について個人面接による検査を行います。

5．教養試験・専門試験出題分野

試験職種		出　題　分　野
教　養　試　験		時事、社会・人文、自然に関する一般知識並びに文章理解、判断・数的推理、資料解釈に関する一般知能
専門試験	一　般　事　務	政治学、行政学、憲法、行政法、民法、経済学、財政学、社会政策、国際関係
	建　　　築	数学・物理、構造力学、材料学、環境原論、建築史、建築構造、建築計画（都市計画、建築法規を含む。）、建築設備、建築施工
	学　芸　員〈文化財〉	文化財保護行政論、考古学、日本史学、民俗学、建築史学
	社会福祉士	社会福祉概論（社会保障及び介護含む。）、社会学概論、心理学概論
	保　育　士	社会福祉、子ども家庭福祉（社会的養護を含む。）、保育の心理学、保育原理、保育内容、子どもの保健・障害児保育
	保　健　師	公衆衛生看護学、疫学、保健統計学、保健医療福祉行政論

6．合格者の発表

　　第1次・2次・3次試験の合否については、受験者全員に直接通知を郵送いたします。
　　なお、合否通知発送後、合格者の受験番号を韮崎市ホームページに掲載いたしますが、電話でのお問い合わせには応じません。(http://www.city.nirasaki.lg.jp/)
　※最終合格者発表：令和5年11月下旬以降（予定）

7．試験結果の開示

　　採用試験の結果は、次により受験者本人に限り口頭で開示請求することができます。
　　なお、電話、郵便等による請求では開示できませんので、受験者本人であることを明らかにする書類（学生証・運転免許証等）を持参の上、受験者本人が直接開示場所へおいでください。

開示請求できる者	開示内容	開示期間	開示場所
不合格者	自身の得点及び順位	試験結果発表から2週間	秘書人事課

8．給与等

区分	職　種	学　歴	月　額	備　　考
初任給	一 般 事 務 建　　　築 学 芸 員 社 会 福 祉 士	大 学 卒	１８５，２００円	＊初任給は、学歴その他採用前の経歴等により変わる場合があります。 ＊この金額は令和５年４月１日現在のものであり、今後給与改定により変更になる場合があります。
	土　　　木	大 学 卒	１８５，２００円	
		短大３卒	１６７，１００円	
	社会人枠 （一般事務・土木・ 建築）	大 学 卒	２０４，２００円※1	
	保 育 士	短大２卒	１６７，１００円	
	臨床検査技師	大 学 卒	１９７，８００円	
		短大３卒	１８７，７００円	
	保 健 師	大 学 卒	２１８，６００円	
	看 護 師	大 学 卒	２１８，６００円	
		短大３卒	２１３，２００円	
		短大２卒	２０４，９００円	
諸手当	給与条例により通勤手当、住居手当、扶養手当、期末勤勉手当等を支給します。			

※1 社会人枠の初任給は、大学卒で職歴を３年換算した場合における額を例示したものです。実際の初任給は、職歴や学歴に応じて決定されます。

韮崎市こども計画

令和 7 年 3 月

韮崎市

第1章　計画の策定にあたって

第1節　計画策定の背景と趣旨

　わが国では、少子化と人口減少に歯止めがかからない中、令和3年12月に「こども政策の新たな推進体制に関する基本方針」において、こども政策を強力に推進し、少子化の防止と一人ひとりのWell-being（ウェルビーイング）を高め、社会の持続的発展を確保するよう、常に子ども・若者の最善の利益を考え、その取組みと政策を社会の真ん中に据える＝「こどもまんなか社会」の実現を目指して、こども家庭庁を創設することが閣議決定されました。

　また、令和4年6月には、子どもや若者に関する取組みを進めていく上での包括的な基本法となる「こども基本法」が成立し、令和5年4月の同法施行にあわせて、こども施策の司令塔となる「こども家庭庁」が発足するとともに、同年12月に閣議決定された「こども大綱」では、これまで別々に策定・推進されていた「少子化社会対策基本法」、「子ども・若者育成支援推進法」及び「子どもの貧困対策の推進に関する法律」に基づく3つの大綱を統合し、こども施策に関する基本的な方針や重要事項が統一的に定められています。

　そのような社会情勢の中において、本市では、平成27年4月の子ども・子育て支援新制度の開始以後、妊産婦への相談支援、就学前教育・保育の充実、多様な保育サービスの提供、地域ぐるみの子育て支援など、「韮崎市子ども・子育て支援事業計画」に基づき、切れ目のない子育て支援の充実に取り組んできたところであり、令和5年9月には国の「こどもたちのために何がもっともよいことかを常に考え、こどもたちが健やかで幸せに成長できるような社会を実現する」という「こどもまんなか宣言」の趣旨に賛同し、「こどもまんなか応援サポーター」として宣言を行いました。

　今般、「韮崎市第2期子ども・子育て支援事業計画」が令和6年度末をもって終期を迎えることから、それらの取組みをさらに深化させ、子どもの権利の尊重、子ども・若者及び子育て世帯に関する施策を総合的かつ継続的に推進するよう、国の「こども大綱」や山梨県が策定する「都道府県こども計画」を勘案する中で、子どもにやさしいまちづくりを行うための「韮崎市子どもの権利に関する条例」の制定とあわせて、既存の各法令に基づく市町村計画と一体的な計画として「韮崎市こども計画」を策定しました。

第 2 節　計画の位置づけ

　こども基本法第 10 条（都道府県こども計画等）において、市町村は、こども大綱・都道府県こども計画を勘案して「市町村こども計画」を作成することに努めることとされています。

　市町村こども計画は、既存の各法令に基づく以下の市町村計画と一体のものとして作成することができるとされています。

　本計画は、子ども・子育て支援法第 61 条に基づく「子ども・子育て支援事業計画」、次世代育成支援対策推進法第 8 条に基づく「次世代育成支援行動計画」、こどもの貧困の解消に向けた対策の推進に関する法律第 10 条に基づく「こどもの貧困の解消に向けた対策計画」、母子及び父子並びに寡婦福祉法第 12 条に基づく「ひとり親家庭自立促進計画」、子ども・若者育成支援推進法第 9 条に基づく「子ども・若者計画」として位置づけます。

　また、上位計画である「韮崎市第 7 次総合計画」及び「韮崎市地域福祉計画」やその他の各種関連計画との整合性を図りながら、市のあらゆる分野でこども施策を展開していくための指針として策定しています。

第3節　計画の期間

本計画の期間は、令和7年度から令和11年度までの5か年とし、計画最終年度である令和11年度に達成状況の確認と見直しを行うほか、国や山梨県の施策の動向、社会経済情勢の変化等を見極めながら、必要に応じて計画を見直します。

令和5年度 (2023)	令和6年度 (2024)	令和7年度 (2025)	令和8年度 (2026)	令和9年度 (2027)	令和10年度 (2028)	令和11年度 (2029)	令和12年度 (2030)	令和13年度 (2031)
現行計画の期間 →		第1期韮崎市こども計画 （本計画）						
						評価・次期 計画策定 →	次期こども計画 （令和12年度〜 令和16年度）	

第4節　SDGsへの取組みについて

本計画の上位計画である「韮崎市第7次総合計画」において、平成27年に国連サミットで採択されたSDGs(持続可能な開発目標)を推進するとしていることから、本計画においても、計画と主に関連がある以下の項目を踏まえた施策の推進を図ることとします。

第3章　計画の基本理念及び基本目標

第1節　基本理念

　韮崎市では、こども施策を推進するにあたり、子どもの権利を尊重し、全ての子どもが平等に自己を表現でき、参加する機会を保障することを目指して、家族・学校・地域などが連携し、子どもたちの意見や思いに耳を傾け、その意見が施策に反映される仕組みを構築するため、その拠り所となる「韮崎市子どもの権利に関する条例」を定めました。

　地域全体がこの「韮崎市子どもの権利に関する条例」の精神に基づき、子どもを中心に考え、子どもたちが心身ともに健やかに、自分らしく生き、学び、遊び、地域の一員としてまちづくりに関われるよう、健康や教育、福祉など多岐にわたる支援を通じて、その成長をみんなで支えることは、未来に向けて、誰もが子どもを生み育てることについて希望を持ち、子どもや若者が成長する喜びや生きがいを実感することができる社会づくりを進めることでもあり、地域の持続可能な発展につながる重要な取組みであります。

　そこで、市民が将来にわたって幸せな状態（ウェルビーイング）で生活を送ることができるよう、令和5年9月に本市が行った「こどもまんなか応援サポーター」宣言の3つの柱「1　子どもの命と生活を守る取組みの強化」「2　子どもと社会の関わりを深める機会の創出」「3　子どもの成長を支える子育てサポートの充実」を基本的視点としながら、子ども・若者の最善の利益を実現する社会を目指し、以下の基本理念を掲げます。

基本理念

地域（チーム）で取り組む　こどもまんなか　にらさき

～すべての子ども・若者が輝く社会へ～

第2節　基本目標

基本理念の実現に向けてこども施策を推進していくため、以下の5つの基本目標を掲げます。

1．子どもの権利を守り、健やかな育ちを支える

子どもは、自立した個人として成長する過程においても、生まれながらに権利の主体であることから、多様な人格を持った個として尊重するとともに、その権利を保障し全ての子どもが心身ともに健やかに成長できるよう、最善の利益を図る必要があります。

子どもの権利について「韮崎市子どもの権利に関する条例」の啓発により広く市民に周知し、地域社会全体で共有を図るとともに、虐待、いじめ、体罰・不適切な指導、暴力、経済的搾取、性犯罪や性暴力などの権利の侵害から子どもたちを守るような施策を推進します。

2．子ども・若者の声に耳を傾け、社会参加を支援する

子ども・若者が地域社会や市の関連施策について必要な情報や知識を得られる機会を充実させ、それぞれの年齢等に応じて参画することができる力を育むとともに、生活の場や政策決定の場において、子ども・若者が安心して意見表明できる機会を保障することが重要です。

自分たちが表明した意見や考えが政策や社会に反映される好循環をつくることで、子ども・若者の社会参加と自立が後押しできるよう、声を上げにくい当事者にも丁寧に耳を傾け、一人ひとりが希望と意欲に応じて未来を切り拓ける社会を目指します。

3．子どもを安心して産み、育てられる環境を整備する

子どもの成長の過程において、家庭などの置かれた環境に依存することなく、乳幼児期から学童期、思春期、青年期から大人になるそれぞれの段階で、教育・保育、保健、医療、療育、福祉など様々な支援を切れ目なく提供していく必要があります。

そのことから、子育て当事者が経済的不安や孤立を感じることなく、自己肯定感とゆとりを持って子どもに向き合えるよう、出産前を含めたライフステージを通じて、関係機関・団体が連携し、社会全体で切れ目なく支える取組みを推進していきます。

4. 支援が必要な子ども・若者や家庭に、寄り添いサポートする

貧困・ヤングケアラー・ひとり親・発達に課題がある・障がい・外国にルーツを持つ家庭など、支援が必要な子ども・若者やその家族が抱える課題は複合的であることが多いため、関係機関が連携し当事者に寄り添いながら、重層的に支援することが重要です。

「こども家庭センター」を中心に、全ての子ども・若者を対象とした予防的支援から、特に困難な状況にある子ども・若者やその家族には、プッシュ型のアプローチによる情報提供や支援など、ニーズに応じたきめ細かい支援の提供を図ります。

5. 子ども・若者を地域で支え、まちづくりを未来につなげる

若い世代の生活と経済的基盤の安定が図れるよう、若者の視点に立って結婚・出産・子育てといったライフイベントと仕事の両立を支援し、男女ともに将来に希望を持って家事や子育てに参画できる環境を整備することが重要です。

また、家族の在り方や家族を取り巻く環境が多様化する中で、個々の価値観や考え方を尊重しながら、これから結婚や妊娠を希望する方への支援も行い、社会全体で子ども・若者や子育ての問題に関心を持ち、家族が大切にされる社会意識を醸成していきます。

第3節　計画の体系

基本理念

地域で取り組む　こどもまんなか　にらさき
〜すべての子ども・若者が輝く社会へ〜

基本目標

施策の方向性

1　子どもの権利を守り、健やかな育ちを支える
- （1）子どもの権利の周知啓発
- （2）子どもの権利の保護

2　子ども・若者の声に耳を傾け、社会参加を支援する
- （1）意見表明と参加の促進
- （2）子育て当事者の意見反映

3　子どもを安心して産み、育てられる環境を整備する
- （1）妊娠期からの切れ目のない支援
- （2）教育・保育環境の充実
- （3）子育て世帯への経済的支援
- （4）仕事と子育ての両立支援

4　支援が必要な子ども・若者や家庭に、寄り添いサポートする
- （1）生活困窮世帯への支援
- （2）ひとり親家庭への支援
- （3）障がいや発達に課題のある子ども・若者への支援
- （4）その他の特別な支援

5　子ども・若者を地域で支え、まちづくりを未来につなげる
- （1）子ども・若者の居場所づくり
- （2）若者の交流・移住定住の支援
- （3）地域の子育てネットワーク

第4節　進捗を測る指標

1. 子どもの権利を守り、健やかな育ちを支える

　　子どもが権利の主体であることが、当事者や一般市民にも広く浸透するよう、「韮崎市子どもの権利に関する条例」の普及啓発に取り組むとともに、児童虐待やいじめなどの権利侵害に関し、子どもの立場に立った相談や支援が行われるよう環境整備を進めます。

【成果指標と目標値】

成果指標	現状値 （令和6年度）	目標値 （令和11年度）
子どもの権利を「知っている」と回答した子ども・若者の割合	小・中学生：31.5% 高校生・若者：39.1%	小・中学生：50.0% 高校生・若者：50.0%
子どもの悩みに関する支援窓口や相談先を「知っている」と回答した子ども・若者の割合	小・中学生：28.5% 高校生・若者：31.1%	小・中学生：50.0% 高校生・若者：50.0%

2. 子ども・若者の声に耳を傾け、社会参加を支援する

　　こども施策を推進するにあたり、当事者である子ども・若者や子育て家庭の意見を聴き、その声を施策に反映させる取組みを進めるとともに、子ども・若者が意見表明できる機会についても拡充を図ります。

【成果指標と目標値】

成果指標	現状値 （令和6年度）	目標値 （令和11年度）
市に対して、自分の意見や思いを伝えたいと思った割合 （「そう思う」「ややそう思う」を合わせた割合）	高校生・若者：44.0%	高校生・若者：55.0%

3. 子どもを安心して産み、育てられる環境を整備する

　　安心して妊娠・出産・育児を行うことができるよう、妊娠期からの切れ目のない支援と気軽に相談できる体制づくりを進め、経済的負担の軽減、子育て世帯における多様な働き方の推進、子育て関連施設の環境整備に取り組みます。

【成果指標と目標値】

成果指標	現状値 （令和 6 年度）	目標値 （令和 11 年度）
子育て環境や支援について満足度が低い と思った人の割合 （「低い」「やや低い」を合わせた割合）	20.1%	15.0%

4. 支援が必要な子ども・若者や家庭に、寄り添いサポートする

全ての妊産婦・子育て世帯・子どもを対象として、一体的かつ包括的に相談支援等を行う「こども家庭センター」を設置し、特別な支援を要する一人ひとりの状況に応じて関係機関が連携を行い、継続的な支援に取り組みます。

【成果指標と目標値】

成果指標	現状値 （令和 6 年度）	目標値 （令和 11 年度）
「困ったときに助けてくれる人がいる」と 思う子ども・若者の割合	高校生・若者：93.9%	現状維持
貧困の状態にある保護者のうち、子育てに 関する相談について「頼れる人がいる」と 回答した方の割合	84.0%	90.0%

5. 子ども・若者を地域で支え、まちづくりを未来につなげる

子どもが安心して過ごせる居場所の更なる充実を図るとともに、若者の交流や移住定住を支援し、地域の中で子育て家庭を支えていく団体の活動支援等を通じて、子育て支援のネットワーク強化を図ります。

【成果指標と目標値】

成果指標	現状値 （令和 6 年度）	目標値 （令和 11 年度）
「自分の将来について明るい希望を持っ ている」と思う子ども・若者の割合 （「希望がある」「どちらかといえば希望がある」を合わ せた割合）	68.6%	75.0%

第5節　推進体制

1．計画の推進体制

　　本計画は、子ども・若者や子育て家庭を対象に、「韮崎市子どもの権利に関する条例」の理念及び基本的考え方に沿ったこども施策を展開するための指針となるものです。計画推進に当たっては、教育・保健・福祉関連の部門を中心に全庁的な連携を図り取り組む必要があります。

　　また、地域の保護者や学校、専門機関、民間企業・団体など多様なステークホルダーが連携を行い、地域全体で子ども・若者の幸福な成長を支える意識の醸成を図りながら、関連施策を進めていきます。

2．意見聴取及び反映

　　本計画の推進に当たっては、「韮崎市子ども・子育て会議」の委員をはじめ、当事者である子ども・若者や子育て家庭から意見を聴く中で、施策に反映されるよう努めます。

　　また、事務事業の実施に当たっては、可能な限り子ども・若者が参加する機会を設け、市政への参加促進を図ります。

3．評価・検証

　　本計画の推進を図るため、「韮崎市子ども・子育て会議」を本計画の進捗状況について継続的に検証する場と定め、ＰＤＣＡサイクルに基づく点検・評価・分析・改善を行うものとします。また、社会経済情勢の変化によっては、計画期間中でも必要な見直しを行い、市ホームページ等で市民にわかりやすく公表します。

「韮崎市こども計画」より抜粋

第2章

専門試験
社会福祉

1. 社会福祉の意義

▶ 社会福祉とは何か

　日本国憲法第25条には,「すべて国民は,健康で文化的な最低限度の生活を営む権利を有する」とある。この基本的人権は,すべての国民に保障される「侵すことのできない永久の権利」にして,「現在及び将来の国民に与へられる」(第11条)ものである。

▶ 社会福祉の基本理念

　社会福祉は,全ての国民に対して,下記の各種の基本理念を実現する。

〈リハビリテーション〉

　全ての障害者に対して,人間たるにふさわしい状態を回復することである。私たちは,障害があっても,その人らしい生き方が実現できるよう,生活全般にわたって,つまり機能障害や能力障害の可能な限りの回復と同時に,社会的不利の回復を権利として保障しなければならない。

〈ノーマライゼーション〉

　全ての障害者に対して,健常者と同様に普通の生活条件・様式・環境を提供する社会を実現していくこと,誰もがごく当たり前に日常生活を送れることを目指す。

〈メインストリーミング〉

　アメリカにおける障害者福祉の理念として,特に1950年代の教育現場で起こった障害があるために教育の「本流」(mainstream)からはずされることがあってはならないとする考え方である。つまり,「心身に障害のある子どもを可能な限り制約の少ない環境の中で障害のない子どもと共に教育しようという動き」である。

〈自立生活運動〉

　重度の障害者が主体となって,1970年代に展開された障害者の新しい体系的な自立論であり,社会的影響力をもった思想でもある。新しい自立観は,自立困難とされた重度の障害者までもその主たる対象として含み得るような

体系的な自立概念を提起した。

〈インクルージョン〉

　障害者(障害児を含む)，つまり特別なニーズをもつ人びとの教育を実現するために必要とされる基本理念。障害者のみならず，特別な教育的ニーズをもつ人びとをも「包含」できるような学校を創設し，そうした学校を含む社会のあり方の基本理念となっているのがインクルージョンである。

〈QOL(quality of life)〉

　生活の質ともいう。自分らしい生活や人生の満足感を高めることであり，より良い生活に焦点をあてた考え方のこと。

〈ウェルビーイング〉

　「個人の権利を保障し，自己実現を目指し，理想的な目標として掲げる福祉」を意味する。「ウェルフェア」が救貧的・慈恵的・恩恵的な思想を背景とし，社会的弱者への制度や援助観を指すのに使用されるのに対して，「ウェルビーイング」は，QOLの豊かさを示す概念としてウェルフェアよりも充実している。

2. 社会福祉の制度と法体系

　社会福祉関連法規は多数ある。ここでは代表的なものだけに限定して取り上げるが，法改正には常に目を配り，またその他の福祉関連法規についても概念や用語をよく理解しておきたい。

〈社会福祉法〉

　日本の社会福祉の目的・理念・原則と対象者別の各社会福祉関連法に規定されている福祉サービスに共通する基本的事項を規定した法律。従来の行政主導により措置の対象者及び内容を判断し，保護・救済を行ってきた仕組みとしての措置制度を一部改正し，社会福祉を利用者本位の制度として確立するため，福祉サービスの利用者の利益を保護し，地域福祉を推進することを可能にする目的を有する。1951年に社会福祉事業法として制定され，2000年に名称改正された。

〈生活保護法〉

日本国憲法第25条の生存権の理念に基づいて，国が生活困窮者に対して，その困窮度に応じた必要な保護を行ない，健康で文化的な最低限度の生活維持を保障するとともに，その自立を助長することを目的とした法律。1950年制定。

〈児童福祉法〉

児童の健全育成と福祉の増進を図ることを目的とする法律。1947年制定。その後，法改正により，「全て国民」から「全て児童」に主語が書き換えられた。改正第1条では，「全て児童は，児童の権利に関する条約の精神にのっとり，適切に養育されること，その生活を保障されること，愛され，保護されること，その心身の健やかな成長及び発達並びにその自立が図られることその他の福祉を等しく保護される権利を有する。」と示され，児童の権利として保障されることになった。

〈母子及び父子並びに寡婦福祉法〉

母子家庭の福祉を図るため，母子福祉法として1964年7月に公布・施行された。その後は法改正を行い，母子家庭に加えて，配偶者のない女子(寡婦)に対しても，そして現在では父子家庭にまで福祉の措置を講じるため，現行の名称に改められた。

〈介護保険法〉

要支援や要介護状態の者のために，保健医療サービスや福祉サービスの給付を目的とした法律。1997年12月に制定，2000年4月に施行された。

〈身体障害者福祉法〉

身体障害者の自立と社会経済への参加を促進することを目的とした法律。1949年制定。わが国の法律の名称として初めて「障害者福祉」を用いたのが同法であった。

〈知的障害者福祉法〉

知的障害者の自立と社会経済への参加を促進することを目的とした法律。1960年に精神薄弱者福祉法として公布，1998年名称変更。

〈障害者総合支援法〉

障害者の日常生活及び社会生活を総合的に支援するための法律。2005年，障害者自立支援法として制定。2012年に改正・改題。2013年度から難病のある人も同法の対象に含められた。

〈その他の重要な福祉関連法規〉

日本赤十字社法，民生委員法，子ども・子育て支援法，児童虐待の防止等に関する法律，いじめ防止対策推進法，老人福祉法，高齢者の医療の確保に関する法律，障害者基本法，障害を理由とする差別の解消の推進に関する法律，発達障害者支援法，身体障害者補助犬法などがある。

3. 社会保障の制度

社会保障制度とは，「社会保険」，「社会福祉」，「公的扶助」，「保健医療・公衆衛生」からなり，国民の生活を生涯にわたって支えるものである。

〈社会保険〉

国民が病気，けが，出産，死亡，老齢，障害，失業など生活の困窮をもたらすいろいろな事故に遭遇した場合に一定の給付を行い，その生活の安定を図ることを目的とした強制加入の保険制度。病気やけがをした場合に誰もが安心して医療にかかることのできる医療保険，老齢・障害・死亡等に伴う稼働所得の減少を補填し，高齢者，障害者及び遺族の生活を所得面から保障する年金制度，加齢に伴い要介護状態となった者を社会全体で支える介護保険のことである。なお，広義の社会保険は，健康保険，介護保険，厚生年金保険，雇用保険，労災保険の5種類を指すが，狭義では健康保険，厚生年金保険，介護保険の3種類の総称として使われる。

〈社会福祉〉

生活上の障害や困難を克服したり，緩和・予防することを社会的責任において援助し，社会構成員としての自立的な生活の回復をはかり，維持し，さらには向上させることを目的とした制度・政策・実践などの諸活動の総体。

〈公的扶助〉

生活に困窮する国民に対して，最低限度の生活を保障し自立を助けようとする制度。

〈保健医療・公衆衛生〉

公衆衛生は，日本国憲法第25条第1項の生存権(健康で文化的な最低限度の生活を営む権利)を保障するために，同条第2項で規定されている生存権保障の柱の一つである。公衆衛生は個人だけではなく，集団及び社会全体を対象に，①直接国民に健康診断，予防接種，保健指導，特定の疾患の治療の援助，②保健医療従事者の教育体制の整備，保健医療機関の整備，③薬事行政，④食品衛生，⑤上下水道やごみ処理などの生活環境整備，⑥労働衛生，学校衛生，衛生統計など，健康の維持増進に関する活動分野は多岐にわたる。

4. 社会福祉の専門職・従事者

福祉業務に従事する国家資格や専門職の中で代表的なものを掲載する。なお，国家資格は名称独占(資格を持っている人だけがその名称を名乗ることができる)であることに注意したい。

〈社会福祉士〉

専門的知識及び技術をもって，身体上もしくは精神上の障害があること，または環境上の理由により日常生活を営むのに支障がある者の福祉に関する相談に応じ，助言，指導，福祉サービスを提供する者，または医師その他の保健医療サービスを提供する者その他の関係者との連絡及び調整その他の援助を行うことを業とする専門職。国家資格。

〈介護福祉士〉

専門的知識及び技術をもって，身体上または精神上の障害があることにより日常生活を営むのに支障がある者につき心身の状況に応じた介護を行い，並びにその者及びその介護者に対して介護に関する指導を行うことを業とする専門職。国家資格。

〈精神保健福祉士〉

専門的知識及び技術をもって，精神科病院その他の医療施設において精神障害の医療を受け，若しくは精神障害者の社会復帰の促進を図ることを目的とする施設を利用している者の地域相談支援の利用に関する相談その他の社会復帰に関する相談又は精神障害者及び精神保健に関する課題を抱える者の精神保健に関する相談に応じ，助言，指導，日常生活への適応のために必要な訓練その他の援助を行うことを業とする専門職。国家資格。

〈介護支援専門員(ケアマネージャー)〉

　要介護者や要支援者の相談や心身の状況に応じるとともに，サービス(訪問介護，デイサービスなど)を受けられるようにケアプラン(介護サービス等の提供についての計画)の作成や市町村・サービス事業者・施設等との連絡調整を行う専門職。また，要介護者や要支援者が自立した日常生活を営むのに必要な援助に関する専門的知識・技術を有するものとして介護支援専門員証の交付を受けた者。

5. 援助技術

　社会福祉の援助活動を「ソーシャルワーク(相談援助)」と総称することができる。専門職としての社会福祉援助者には責任をもって職務を遂行するための専門性が求められる。この専門性は，福祉倫理，専門知識，専門技術から構成される。人間のウェルビーイングの増進を目指し，社会変革を進め，人間関係における問題解決を図り，人びとのエンパワメントと解放を促進する。人権と社会正義の原理がソーシャルワークの基本である。

〈バイステックの7原則〉

　バイステックの提唱したケースワークの7原則である。①個別化，②受容，③意図的な感情表出，④統制された情緒的関与，⑤非審判的態度，⑥利用者の自己決定，⑦秘密保持

〈コノプカのソーシャルグループワーク理論〉

　コノプカによれば，ソーシャルグループワークとはソーシャルワークの一つの方法であり，意図的なグループ経験を通じて，個人の社会的に機能する力を高め，また個人，集団，地域社会の諸問題により効果的に対処しうるよう人びとを援助するものである。

〈ロスのコミュニティ・オーガニゼーション理論〉

　ロスは，コミュニティ・オーガニゼーションの実践において，地域住民の共通の問題を発見し，住民が参加して計画的にその対策を図るプロセスを強調した。加えて，具体的に達成すべきタスク・ゴール(課題目標)とともに，住民参加の自己決定や協力的活動，そしてコミュニティの問題解決能力を向上させるプロセス・ゴール(過程目標)の設定を論及した。

6. 利用者保護制度

〈第三者評価制度〉

　社会福祉事業者の提供するサービスの質について，当事者以外の公正・中立な第三者機関が専門的かつ客観的な立場から評価する制度。法的根拠：社会福祉法第78条。

〈苦情解決制度〉

　福祉サービスの利用者がより快適なサービスを受けられるようにするため，利用者からの苦情を適切に解決する制度。法的根拠：社会福祉法第82条。

〈運営適正化委員会〉

　福祉サービス利用者の苦情などを適切に解決し，利用者の権利を擁護する目的のために設置されている組織。法的根拠：社会福祉法第83条。

Q 演習問題

1 日本の社会福祉の歴史に関する記述として適切なものを，次の①〜⑤から1つ選びなさい。 (難易度■■■□□)

① 日本における慈善救済の始まりは，光明皇后が四天王寺に建てたと伝承されている四箇院であるといわれている。

② 国民すべてを対象とした国による救済としての社会福祉は，1874(明治7)年に制定された恤救規則に始まる。

③ 1929(昭和4)年，恤救規則を補強するため，恤救規則に代わり救護法が制定され，社会福祉はさらに充実したものとなった。

④ 1946(昭和21)年，GHQから出された「社会救済に関する覚書」によって，現行の生活保護法が制定された。

⑤ 1961(昭和36)年，国民健康保険が完全普及し，国民年金法が施行されたことにより，国民皆保険・皆年金が実現した。

2 次のア〜オのうち，社会福祉法に関する記述として正しいものの組み合わせを，あとの①〜⑤から1つ選びなさい。 (難易度■■■■□)

ア 1951(昭和26)年に公布された社会福祉事業法を，2000(平成12)年に改正・改称したものである。

イ 社会福祉法の成立を受けて，2000(平成12)年，介護保険法が成立，施行された。

ウ 社会福祉法は社会福祉基礎構造改革の一環として成立した。

エ 社会福祉法における社会福祉事業とは，第1種社会福祉事業及び第2種社会福祉事業をいう。

オ 赤い羽根共同募金は，社会福祉法の共同募金の規定に基づいて，都道府県が行っている事業である。

① ア，イ，ウ ② ア，オ ③ ア，ウ，エ
④ イ，ウ ⑤ イ，エ，オ

3 社会福祉援助技術に関する記述として正しいものを，次の①〜⑤から1つ選びなさい。 (難易度■■■□□)

① 社会福祉援助技術のうち，集団援助技術(グループワーク)は間接援助技術である。

② 社会福祉援助技術のうち，個別援助技術(ケースワーク)は直接援助技術である。

③ 社会福祉援助技術のうち，地域援助技術(コミュニティワーク)は関連援助技術である。

④ 社会福祉援助技術のうち，ケアマネジメントは直接援助技術である。

⑤ 社会福祉援助技術のうち，社会福祉調査法(ソーシャルワーク・リサーチ)は関連援助技術である。

4 次のア〜オの社会福祉に関する専門職のうち，国家資格であり，かつ名称独占資格であるものの組み合わせとして正しいものを，あとの①〜⑤から1つ選びなさい。　　　　　　　　　　　(難易度■■□□□)

ア　社会福祉士　　イ　社会福祉主事　　ウ　児童福祉司
エ　介護福祉士　　オ　保育士

① ア，イ，ウ　　② ア，ウ，オ　　③ ア，エ，オ
④ イ，ウ，エ　　⑤ イ，ウ，オ

5 社会福祉の基礎的理念に関する記述として適切なものを，次の①〜⑤から1つ選びなさい。　　　　　　　　　　　(難易度■■■□□)

① 日本国憲法第25条では，個人の尊重と国民の幸福追求権等について規定している。

② 国民の生存権保障のための国の責務は憲法では規定されていない。

③ ウェルビーイングとは，個人の権利や自己実現が保障され，身体的，精神的，社会的に良好な状態のことをさす。

④ ナショナルミニマムとは，一人の市民としての生活という視点から捉えた最低限度の生活のことである。

⑤ シビルミニマムとは，国家の政策的判断において保障される国民の最低限度の生活のことである。

6 社会福祉の対象と主体に関する記述として適切なものを，次の①〜⑤から1つ選びなさい。　　　　　　　　　　　(難易度■■■□□)

① 社会福祉の援助の対象者は健康で文化的な最低限度の生活に欠く者と憲法に規定されている。

② わが国において社会福祉の対象の拡大にともない，福祉サービスの利

　　用料は応能負担から応益負担へと変わりつつある。
③　社会福祉の対象は，普遍主義から選別主義へと変わってきた。
④　国や地方公共団体は社会福祉の実践主体とされている。
⑤　社会福祉法人や社会福祉の専門職は，社会福祉の運動主体とされている。

7　次のア〜エは，イギリスの社会福祉の歴史に関する記述である。年代の古いものから順に並べた場合に正しいものを，あとの①〜⑤から1つ選びなさい。　　　　　　　　　　　　　　　　（難易度■■■■□）

ア　ベヴァリッジを委員長とした「社会保険および関連サービスに関する委員会」が国民の生活安定を確保するためのベヴァリッジ報告を提案した。

イ　慈善事業を地域単位で組織化しようとした慈善組織化協会運動によって，慈善事業が社会事業に変化する契機となった。

ウ　生活困窮者に対する救済を目的としてエリザベス救貧法が定められた。

エ　イギリスの医療制度である国民保健サービスとコミュニティケアとよばれる在宅福祉サービスの総合的な調整を図ることを目的に，国民保健サービス及びコミュニティケア法が定められた。

①　ア−イ−ウ−エ　　②　ア−ウ−イ−エ　　③　ウ−ア−イ−エ
④　ウ−イ−ア−エ　　⑤　ウ−イ−エ−ア

8　次のア〜エのうち，日本の社会福祉にかかわった人物に関する記述として正しいものの組み合わせを，あとの①〜⑤から1つ選びなさい。
　　　　　　　　　　　　　　　　（難易度■■□□□）

ア　石井十次──日本の「知的障害者教育・福祉の父」と呼ばれる。

イ　留岡幸助──非行少年のための感化教育施設を開設した。

ウ　野口幽香──貧困児童のための幼稚園という名称で保育所を開設した。

エ　石井亮一──岡山に日本最初の孤児院を創設した。

①　ア，イ　　②　イ，ウ　　③　ウ，エ　　④　ア，エ
⑤　イ，エ

9　社会福祉基礎構造改革の目的として適切でないものを，次の①〜⑤から1つ選びなさい。　　　　　　　　　　　　　（難易度■■□□□）

①　利用者の立場に立った社会福祉制度の構築
②　サービスの質の向上

③ 社会福祉事業の拡充と活性化

④ 地域福祉の推進

⑤ 介護保険法の成立

⑩ 福祉事務所に関する記述として適切なものを，次の①～⑤から1つ選び なさい。 (難易度■■■□□)

① 都道府県福祉事務所は，福祉六法を所管している。

② 町村福祉事務所の設置は，義務ではなく任意である。

③ 福祉事務所には，社会福祉士の配置が義務である。

④ 福祉事務所の所員は，職務上援護を要する者の家庭を訪問しなければ ならない。

⑤ 福祉事務所は，保健医療に関する事務はしてはならない。

⑪ 次は「全国保育士会倫理綱領」の一部である。空欄(A)～(C)に 当てはまる語句の組み合わせとして正しいものを，あとの①～⑤から1つ 選びなさい。 (難易度■■■□□)

　私たちは，子どもが現在(いま)を幸せに生活し，未来(あす)を生きる力を 育てる保育の仕事に誇りと責任をもって，自らの(A)の向上に努め，一 人ひとりの子どもを心から尊重し，次のことを行います。

　私たちは，子どもの育ちを支えます。

　私たちは，(B)の子育てを支えます。

　私たちは，子どもと子育てに(C)をつくります。

① A－人間性と専門性　　B－親　　　　C－やさしい社会

② A－倫理観と技術　　　B－保護者　　C－安心できる社会

③ A－倫理観と技術　　　B－親　　　　C－安心できる社会

④ A－人間性と専門性　　B－保護者　　C－やさしい社会

⑤ A－人間性と専門性　　B－親　　　　C－安心できる社会

⑫ 社会福祉従事者とその根拠法令として誤っているものを，次の①～⑤か ら1つ選びなさい。 (難易度■■□□□)

① 保育士　――――――　児童福祉法

② 婦人相談員　―――　売春防止法

③ 介護福祉士　―――　社会福祉士及び介護福祉士法

④　介護支援専門員　―　介護保険法

⑤　児童福祉司　―――　社会福祉法

⑬ 社会福祉援助技術を展開した人物とその記述として適切でないものを，次の①〜⑤から1つ選びなさい。　(難易度■■■■□)

①　ホリス　――――　システム論的アプローチを提唱

②　ハミルトン　―――　診断主義個別援助技術の理論を体系化

③　リッチモンド　――　友愛訪問員の活動をケースワークとして理論的に体系化

④　パールマン　―――　問題解決アプローチを提唱

⑤　アダムス　――――　ケースワークの要素として4つのPを提唱

⑭ 集団援助技術に関する記述として適切なものを，次の①〜⑤から1つ選びなさい。　(難易度■■■■□)

①　集団援助技術は，利用者と支援者とが面接を通じて利用者の立場から環境を調整する。

②　集団援助技術の働きかけは，大きな集団を対象とする。

③　集団援助技術では，メンバーの相互作用は援助の媒体にはならない。

④　集団援助技術は，地域の診断，組織化，連絡調整等を行い，住民を援助する。

⑤　集団援助技術は，集団の持つ諸特性を活用して構成員個々の成長や発達を図る。

⑮ 間接援助技術として適切でないものを，次の①〜⑤から1つ選びなさい。　(難易度■■■■□)

①　ソーシャルアクション

②　ソーシャルアドミニストレーション

③　ソーシャルワーク・リサーチ

④　ケアマネジメント

⑤　ソーシャルプランニング

⑯ 少子高齢社会に関する記述として適切なものを，次の①〜⑤から1つ選びなさい。　(難易度■■■□□)

① 合計特殊出生率とは，一世帯における子どもの平均数である。

② 65歳以上の高齢者人口が7％を超えた社会は「高齢社会」とされる。

③ 晩婚化は出生数減少の一因とされる。

④ 働く女性の晩産化は，少子化の原因には該当しない。

⑤ 育児の心理的負担は，主観的な理由のため少子化の原因とはならない。

⑰ 次は少子化社会対策基本法第2条(施策の基本理念)の一部である。空欄（ A ）～（ C ）に当てはまる語句の組み合わせとして正しいものを，あとの①～⑤から1つ選びなさい。　　　　　　　　　　(難易度■■■□□)

　　少子化に対処するための施策は，（ A ）が子育てについての第一義的（ B ）を有するとの認識の下に，国民の意識の変化，生活様式の多様化等に十分留意しつつ，（ C ）の形成とあいまって，家庭や子育てに夢を持ち，かつ，次代の社会を担う子どもを安心して生み，育てることができる環境を整備することを旨として講ぜられなければならない。

① A－父母と家族　　　　　B－権利　　C－持続可能な社会

② A－父母その他の保護者　B－義務　　C－男女共同参画社会

③ A－父母と家族　　　　　B－義務　　C－持続可能な社会

④ A－父母その他の保護者　B－責任　　C－持続可能な社会

⑤ A－父母その他の保護者　B－責任　　C－男女共同参画社会

解答・解説

1 ⑤

解説

① 光明皇后ではなく，聖徳太子。四箇院とは敬田院，施薬院，療病院，悲田院の4つの施設で，このうち悲田院が今日の社会福祉施設である。ただし，聖徳太子の悲田院は伝承で，記録上最古は723年，皇太子妃時代の光明皇后が建てたものである。

② 恤救規則は国民の相互扶助が基本で，国による救済の対象は「無告ノ窮民」すなわちどこにも頼るところのない人々に限定されていた。

③ 恤救規則では対応できなくなったため，救護法が制定されたが，働く力のある困窮者は対象とされない制限扶助主義がとられた。

④ 1946(昭和21)年の生活保護法(旧生活保護法)は不十分な点があったため，1950(昭和25)年，現行法が制定された。

⑤ 正しい。しかし，今後は医療も年金も制度改革が必至である。

2 ③

解説

ア 社会福祉法は日本の社会福祉事業に共通する基本事項を定めており，他の社会福祉に関する法律にも影響を与えることから，改正，改称した。

イ 誤り。社会福祉法の成立と介護保険法は直接的な関係はない。介護保険法の成立は1997(平成9)年，施行が2000(平成12)年。

ウ 少子高齢社会の進展や核家族化による家族機能の低下など，社会状況の変化に対応するため，社会福祉基礎構造改革が実施された。従来の措置制度から，サービス利用者が契約する制度となったことから，権利擁護制度も設けられた。

エ 社会福祉法第2条に規定されている。

オ 誤り。「赤い羽根」として知られる共同募金を行うのは，都道府県ではなく共同募金会である。規定は社会福祉法第113条第2項，第3項による。

3 ②

解説

① 集団援助技術(グループワーク)は直接援助技術。社会福祉援助技術は，直接援助技術，間接援助技術，関連援助技術に分けられる。集団援助技術は，グループでの討議などを通して問題解決を目指す技術。

② 正しい。個別援助技術(ケースワーク)は利用者(クライアント)とケースワーカーが面接を行うことで，利用者が抱えている問題を解決していく技術。

③ 地域援助技術(コミュニティワーク)は間接援助技術。地域援助技術は，地域社会で共通する福祉課題の解決を目指す技術。

④ ケアマネジメントは関連援助技術。ケアマネジメントとは，利用者と多様な社会資源を結びつける技術。

⑤ 社会福祉調査法(ソーシャルワーク・リサーチ)は間接援助技術で，いわゆる社会調査の1つ。

4 ③
解説

ア 社会福祉士及び介護福祉士法を根拠法令とする国家資格で，名称独占資格。なお，名称独占資格とはその資格を有しない者はその名称を使用できないというもので，業務を行うことはできる。業務も禁止されているのは，医師などの業務独占資格。

イ 社会福祉主事は国家資格ではなく，行政の社会福祉の業務を行うための任用資格である。根拠法令は社会福祉法。

ウ 児童福祉司は児童相談所に置かなければならない職員で，国家資格ではないが，社会福祉主事の資格より専門的かつ高度なものと言われている。

エ 社会福祉士及び介護福祉士法を根拠法令とする国家資格で，名称独占資格。

オ 児童福祉法を根拠法令とする国家資格で，名称独占資格。

5 ③
解説

① 個人の尊重と国民の幸福追求権等は，日本国憲法第13条において規定している。

② 日本国憲法第25条では国民の生存権とその保障のための国の努力義務について規定している。第25条は法律用語として「社会福祉」を初めて用いている点で重要である。

③ 正しい。福祉とは，従来は貧困者に対する救済(ウェルフェア)を意味していたが，近年では，個人の権利や自己実現が保障され，身体的，精神的，社会的に良好な状態(ウェルビーイング)が福祉の思想として考え

られている。

④　ナショナルミニマムとは，国家の政策的判断において保障される国民の最低限度の生活のこと。今日の社会福祉の制度や政策は，ナショナルミニマムの保障を基本としている。

⑤　シビルミニマムとは，一人の市民としての生活という視点から捉えた最低限度の生活のこと。

6　②
解説

①　日本国憲法では社会福祉の援助の対象者は具体的には規定されていない。歴史的には，障害者等の限定された者から社会福祉ニーズのある国民全体へと社会福祉の援助の対象者は拡大してきている。

②　正しい。日本においては，福祉サービスの利用料は，介護保険のように応能負担から応益負担へと変化する傾向が認められる。

③　社会福祉の対象は，世界的にも選別主義から普遍主義へと変わってきている。

④　国や地方公共団体は社会福祉の政策主体として社会福祉政策の形成を担う。社会福祉政策の具体的な行動を担う社会福祉の実践主体は，行政，社会福祉法人，専門職等である。

⑤　社会福祉の運動主体は地域住民等のことであり，制度の改変や改革を求めて，社会福祉政策主体に対し問題提起や各種提案を行う。

7　④
解説

　イギリスでは，1601年に世界初の救貧法であるエリザベス救貧法が，1834年に改正救貧法が制定された。両者ともに貧困を怠惰の結果として捉えたため，厳しい制限主義であった。1870年代前後から，慈善組織化協会運動，セツルメント活動，貧困調査等が行われ，貧困の原因が，資本主義社会の構造的な問題であることを明らかにした。世界的大恐慌の1920年代には，イギリスは深刻な失業者の増大に陥り，1934年に失業法が制定され，1601年以来の救貧法は実質的に廃止になった。第二次世界大戦中の1942年，ベヴァリッジ報告が公表され，戦後にはその提言を基に社会保険を軸とした世界的に模範となる社会保障体制が確立された。1970年代後半の経済的危機の時代より，福祉見直し論が唱えられ，1980年代の保守党のサッ

チャー政権下では社会福祉政策は大きく転換した。1990年代にはグリフィス報告を受けて，国民保健サービス及びコミュニティケア法が成立してコミュニティケア改革が行われた。

8 ②
解説

ア　石井十次(1865〜1914)は，1887年，岡山に日本最初の孤児院を創立し，1910年には宮崎県に孤児院を移転し孤児の労働による自立を指導した。大阪のスラム街にも保育所や夜間学校を開設した。

イ　留岡幸助(1864〜1934)は，感化院(現在の児童自立支援施設)教育を実践した日本の社会福祉の先駆者。1899年，東京に非行少年のための感化教育施設を開設した。

ウ　野口幽香(1866〜1950)は，1900年に森島美根とともに日本最初の貧民のための保育所二葉幼稚園を創設し，1922年に母子寮を付設した。

エ　石井亮一(1867〜1937)は，後の滝乃川学園となる日本最初の知的障害児の教育・福祉施設を創設し，日本の「知的障害児教育・福祉の父」と呼ばれる社会事業家である。

9 ⑤
解説

社会福祉基礎構造改革とは，2000年に「社会福祉の増進のための社会福祉事業法等の一部を改正する等の法律」として成立した福祉分野の法改正を指す。同法の成立前に，児童福祉法の改正(1997年)による新しい保育所利用手続の導入(行政との契約方式)や介護保険法の成立(1997年)が行われているため⑤は誤り。社会福祉基礎構造改革により，社会福祉事業法は社会福祉法へと改められ，また社会福祉各法における措置制度の多くが利用者による契約制度に変えられ，また利用者保護制度(「地域福祉権利擁護事業」「苦情解決システム」)が整えられ，福祉サービスの質の向上のための規定も改正に盛り込まれた。また社会福祉事業活性化のための社会福祉法人設立要件の見直しや，都道府県・市町村が主体となり住民参加のもとで地域福祉計画を作成することを明文化し，地域福祉の推進を企図した。

10 ②
解説

①　1993(平成5)年4月に老人及び身体障害者福祉分野で，2003年(平成15

年)4月には知的障害者福祉分野で，それぞれ施設入所措置事務等が都道府県から市町村へ移譲されたため，都道府県福祉事務所は従来の福祉六法から福祉三法(生活保護法，児童福祉法，母子及び父子並びに寡婦福祉法)を所管することになった。

② 適切である。都道府県及び市(特別区を含む)は設置が義務付けられ，町村は任意で設置することが可能。

③ 福祉事務所には社会福祉士の配置が義務ではなく，社会福祉法第15条において指導監督を行う所員と現業を行う所員は，社会福祉主事でなければならない，と規定されている。

④ 福祉事務所の現業を行う所員は，所の長の指揮監督を受けて，援護，育成又は更生の措置を要する者等の家庭を訪問し，又は訪問しないで，これらの者に面接し，本人の資産，環境等を調査し，保護その他の措置の必要性の有無及びその種類を判断し，本人に対し生活指導を行う等の事務を司る。

⑤ 指導監督を行う所員及び現業を行う所員は，職務の遂行に支障がない場合に，他の社会福祉又は保健医療に関する事務を行うことを妨げない。

⑪ ④

解説

Aには「人間性と専門性」，Bには「保護者」，Cには「やさしい社会」が当てはまる。保育士の倫理については「保育所保育指針」(平成29年3月告示)において，保育士は倫理観に裏付けられた専門的知識，技術及び判断をもって，子どもを保育する，と明記されていることから，高い専門性と人間性が求められ，子どもの育ちや子育てに対する社会的支援の担い手として，保育士の責務は重要になっている。2003(平成15)年に全国保育士会によって発表された「全国保育士会倫理綱領」は保育士の倫理についての行動規範であり，子どもの最善の利益の尊重，利用者の代弁，地域の子育て支援，チームワークと自己評価等が記されている。

⑫ ⑤

解説

① 正しい。保育士は以前は保母や保父の名称であったが，1999(平成11)年4月の児童福祉法施行令の改正により「保育士」という名称に変更された。

② 正しい。婦人相談員は，売春防止法第35条により，社会的信望があって熱意と識見を持っている者から都道府県知事又は市長が委嘱し，要保護女子等の発見・相談・指導等を行う。

③ 正しい。介護福祉士は，社会福祉士及び介護福祉士法に基づく名称独占の国家資格。

④ 正しい。介護支援専門員は，ケアマネジャー(略称「ケアマネ」)とも呼ばれ，介護保険法に規定された専門職で，居宅介護支援事業所や介護保険施設に必置とされ，介護サービス計画(ケアプラン)の立案を担う。

⑤ 誤り。児童福祉司は，児童福祉法に規定されている児童相談所に任用され，児童の福祉に関する事務を担当する者である。

⑬ ⑤

解説

① 適切。ホリス(1907〜87)は「状況の中の人」という視点から心理社会的アプローチを提唱した。

② 適切。ハミルトン(1892〜1967)はアメリカの社会福祉研究者であり，『ケースワークの理論と実際』を著した。診断主義による個別援助技術の理論を体系化し，その確立と発展に大きく貢献した。

③ 適切。リッチモンド(1861〜1928)は，ケースワークという言葉を用い，個別援助技術の過程を，情報の収集・調査，社会診断，社会治療の3つに分け，個別援助技術を専門的・科学的なものへと発展させた。「ケースワークの母」と称される。

④ 適切。パールマン(1905〜2004)は問題解決アプローチの提唱者として知られる。4つのPである，Person(利用者)・Problem(問題)・Place(施設・機関)・Process(過程)を提唱し，問題(Problem)を抱えた利用者(Person)に対し面接や指導を行う施設・機関(Place)が必要とし，ワーカーとクライエントが問題解決の過程(Process)を展開するとした。

⑤ 適切ではない。4つのPはパールマンの学説。アダムス(1860〜1935)はアメリカのソーシャルワークの先駆者。世界最大規模のセツルメントハウスとなったハルハウスをシカゴに設立した。1931年，ノーベル平和賞を受賞する。

⑤

解説

① 利用者と支援者とが面接を通じて利用者の立場から環境を調整し，また社会福祉諸サービスの提供により利用者自身の対処能力を支援することで課題の解決を図ることは個別援助技術である。

② 集団援助技術は，主に小集団を対象として行う。利用者と支援者とが参加する小さなグループ活動の展開を通じて，対象となる人々の課題解決を支援することが特徴。

③ 集団援助技術では，メンバーの相互作用，プログラム，社会資源が援助の媒体となり，個々のメンバーの成長と社会的な目標の達成に貢献する。

④ 地域の診断や組織化，福祉資源の開発，連絡調整等は住民の地域福祉活動を援助するコミュニティ・ワーク(地域援助技術)である。

⑤ 適切。集団援助技術とは，グループ内活動を通じ，集団の持つ諸特性を活用することで，グループ構成員の変容や成長を図る。

15 ④

解説

① 適切。ソーシャルアクション(社会活動法)は，世論の喚起，行政対応の促進や立法を目的に，制度の改善や新たな制度・サービスの拡充を行政や議会に働きかけ，社会福祉を推進する組織的活動。

② 適切。ソーシャルアドミニストレーション(社会福祉運営管理)は社会福祉サービスを合理的・効率的に展開する方法。

③ 適切。ソーシャルワーク・リサーチ(社会福祉調査)は社会調査により福祉の実態と問題点を明らかにし，利用者への問題の把握とニーズの発見，援助の評価，援助者への提案を行う。

④ 適切ではない。ケアマネジメントは，関連援助技術とされ，最適な社会福祉サービスを効果的・迅速に提供することを目的とした援助技術。

⑤ 適切。ソーシャルプランニング(社会福祉計画法)は地域社会のノーマライゼーションを目指し社会福祉を増進するための目標や方法等を設定する。

16 ③

解説

① 合計特殊出生率とは，人口動態統計による15歳から49歳までの女性の

　年齢別出産率の合計であり，一人の女性が生涯に生む平均の子どもの数に相当する。この値が人口の置換水準(2.08)を下回ると人口の減少が始まる。日本の2022年の合計特殊出生率は，史上最低を記録した2005年と同じ1.26で過去最低であった。2023年は1.20となり，統計をとり始めて以来最も低くなっている。

② 　国際連合の基準では，高齢者(65歳以上)人口が7％を超えた社会を「高齢化社会」，14％を超えた社会を「高齢社会」と規定している。

③ 　適切。20〜30代の未婚率は1975年から上昇傾向であり，晩婚化が出生数減少の一因として指摘されている。

④ 　働く女性にとっては，仕事と子育てを両立できる環境が十分整っていなかったため晩婚化や晩産化につながり，出生率の動向に影響を与えたとされる。出産・育児と仕事の両立が大きな課題である。

⑤ 　夫婦が希望する子どもの数よりも実際の子どもが少ない理由としては，子育ての費用や教育費の問題が最も多く，そのほかには育児の心理的負担や子どもの育つ社会環境の問題があるとされている。

17 ⑤

解説

　Aには「父母その他の保護者」，Bには「責任」，Cには「男女共同参画社会」が当てはまる。2003年7月に「少子化社会対策基本法」及び「次世代育成支援対策推進法」が制定され，保育関係事業のみならず，若者の自立や働き方の見直し，地域の子育て支援を含めた総合的な取組を進める枠組みが作られた。2004年6月には，少子化社会対策基本法に基づき少子化に対処するために政府が講じるべき指針として「少子化社会対策大綱」が閣議決定され，2004年12月には，大綱の具体的な実施計画として，少子化社会対策会議において，新エンゼルプランに代わる「子ども・子育て応援プラン」を作成し，「若者の自立とたくましい子どもの育ち」「仕事と家庭の両立支援と働き方の見直し」「生命の大切さ，家庭の役割等についての理解」「子育ての新たな支え合いと連帯」の4つの重点課題について取組が進められた。さらに，2007年12月には「子どもと家族を応援する日本」重点戦略が取りまとめられるとともに，「仕事と生活の調和(ワーク・ライフ・バランス)憲章」及び「仕事と生活の調和推進のための行動指針」が，仕事と生活の調和推進官民トップ会議で決定された。2010年1月には「子ども・子育てビジョン」が閣議決定された。2012年は，子ども・子育て関連3法と呼ばれ

る「子ども・子育て支援法」，「認定こども園法の一部改正」，「子ども・子育て支援法及び認定こども園法の一部改正法の施行に伴う関係法律の整備等に関する法律」が成立し，これらに基づく制度を「子ども・子育て支援制度」という。2013年は，「待機児童解消加速化プラン」を策定し，2017年度末までに50万人分の保育の受け皿を確保した。2015年には，「子ども・子育て新制度」が施行され，幼児教育・保育・地域の子ども・子育て支援を総合的に推進することを目的としている。2016年，「ニッポン一億総活躍プラン」が閣議決定され，少子高齢化の問題に対して，日本経済が更なる好循環を形成するために，三本の矢の経済政策を一層強化するとともに，広い意味での経済政策として，子育て支援や社会保障の基盤を強化し，新たな経済社会システムづくりに挑戦するとした。2019年，「幼児教育・保育の無償化」が始まり，3〜5歳までの幼稚園，保育所，認定こども園などを利用する子供たちの利用料が無償化された。なお，0〜2歳の住民税非課税世帯の子供たちも対象とされている。2020年は，第4次少子化社会対策大綱が作成され，「希望出生率1.8」の実現に向け，結婚・子育て世代が将来にわたる展望を描ける環境をつくることや，多様化する子育て家庭の様々なニーズに応えることなどが基本的な考え方である。

第3章

専門試験
子ども家庭福祉

1. 現代社会における子ども家庭福祉の意義

▶ 子ども家庭福祉の理念と概念

　子ども家庭福祉は，社会福祉分野の中でもとくに「子ども」と「家庭」を対象とした福祉を意味している。今日のわが国の子ども家庭福祉は，**ウェルビーイング**という社会福祉の基本理念のもと，**基本的人権の尊重**，**ノーマライゼーション**，**子どもの最善の利益**など，子どもと家庭を取り巻く各種の理念や概念を踏まえた取り組みを目指している。

▶ 現代社会と子ども家庭福祉

〈1.57ショック〉

　1989年に，合計特殊出生率が直近の丙午の年(1966年)の1.58を下回り1.57を記録した際にマスコミ等が中心となって用いた言葉である。その後，合計特殊出生率は下がり続け，2005年には最低の1.26を記録した。2020年は1.34，2021年は1.30，2022年は1.26と低水準の状態が続いていたが，2023年には過去最低の1.20となった。

〈少子化の原因〉

　少子化の原因としては，女性の高学歴化と社会進出による晩婚化，結婚をしない人の増加(非婚化)，夫婦が子どもを産まない選択をするようになったこと(夫婦の出生率の低下)などがある。いずれも，子どもが欲しくても産むことのできない環境の要因が影響しており，単に制度や政策による取り組みだけでなく，民間レベルの取り組みや従来の子育て観の変容など，少子化の原因をめぐる問題には社会全体の取り組みが求められている。

〈家族の規模の縮小〉

　地域社会のつながりが希薄化する中，**核家族化やひとり親世帯**では，かつての三世代家庭のように，子育て経験のある相談相手が身近にいないために，保護者の育児への不安が高い状況を作り出している。

2. 子どもの人権擁護
▶▶ 子どもの人権擁護にかかわる制度
〈第三者評価制度〉

社会福祉法では，福祉事業者が自らのサービスを自己評価することや，提供するサービスの質を当事者(事業者及び利用者)以外の公正・中立な第三者機関が専門的かつ客観的な立場から評価する**第三者評価**を受けることの努力義務を定めている。

〈子どもの権利ノート〉

児童養護施設などに入所する子どもが自身に認められている権利を知り，施設生活の中で自分の権利を主張できることが当たり前であることを理解してもらうために活用されるものとして，「**子どもの権利ノート**」がある。

3. 子ども家庭福祉の制度と実施体系
▶▶ 子ども家庭福祉の制度と法体系
〈児童福祉六法〉

子ども家庭福祉の主要関連法規である

・児童福祉法
・児童手当法
・児童扶養手当法
・特別児童扶養手当法
・母子及び父子並びに寡婦福祉法
・母子保健法

の6つを総称して「**児童福祉六法**」と呼ぶ。児童福祉六法については，それぞれ詳しく学習しておきたい。

〈子ども家庭福祉に関連するその他の法律〉

子ども家庭福祉に関係する法律としては，児童福祉六法の他に，「障害者基本法」「児童買春，児童ポルノに係る行為等の規制及び処罰並びに児童の保護に関する法律」「児童虐待の防止等に関する法律(児童虐待防止法)」「配偶者からの暴力の防止及び被害者の保護等に関する法律(DV防止法)」「発達障害者支援法」「障害者の日常生活及び社会生活を総合的に支援するための法律(障害者総合支援法)」「障害を理由とする差別の解消の推進に関する法律

(障害者差別解消法)」などがある。それぞれの法律と子ども家庭福祉の関連について、十分に学習しておきたい。

▮▶ 子ども家庭福祉の実施体系

〈子ども家庭福祉の行政〉

　子ども家庭福祉の行政は、こども家庭庁、都道府県・指定都市、市町村の3つのレベルで実施されている。

　こども家庭庁は、「こどもまんなか」社会を実現することを目標に掲げている。長官官房、成育局、支援局から構成される。長官官房は、こども政策全体の司令塔として、予算編成や政策の立案、広報活動など庁全体の代表窓口的な役割を果たしている。成育局は、保育所や認定こども園などの教育・保育給付の充実等、全てのこどもが健やかで安全・安心に成長できる環境の実現を目指している。支援局は、児童虐待防止対策、社会的養護、こどもの貧困の解消に向けた支援や障害児支援など、様々な困難を抱えるこどもや家庭に包括的な支援を行う。また、都道府県・指定都市は各地方の広域的にわたる行政施策に関する機能を、市町村は地域住民に密着した行政施策を担っている。

〈子ども家庭福祉の実施機関〉

　子ども家庭福祉の実施機関としては「児童相談所」「福祉事務所」「保健所・保健センター」「児童福祉審議会」などがある。それぞれ詳しく学習しておきたい。

▮▶ 児童福祉施設

　児童福祉施設については、児童福祉法第7条に、「この法律で、児童福祉施設とは、助産施設、乳児院、母子生活支援施設、保育所、幼保連携型認定こども園、児童厚生施設、児童養護施設、障害児入所施設、児童発達支援センター、児童心理治療施設、児童自立支援施設及び児童家庭支援センター及び里親支援センターとする」と規定されている。これら施設については、「児童福祉施設の設備及び運営に関する基準」なども参照して、その機能や役割、設置基準について十分に理解しておきたい。

4. 子ども家庭福祉の現状と課題

▶ 少子化と地域子育て支援

　少子化対策は，核家族化や共働き夫婦の一般化，地域社会の子育て機能の低下等の問題への対応とともに，従来から次のような施策による取り組みが行われている。それぞれについて確認をしておきたい。

- ・エンゼルプラン(1994年)
- ・新エンゼルプラン(1999年)
- ・少子化対策プラスワン(2002年)
- ・少子化社会対策基本法(2003年)
- ・次世代育成支援対策推進法(2003年)
- ・子ども・子育て応援プラン(2004年)
- ・子ども・子育てビジョン(2010年)
- ・子ども・子育て関連3法(2012年)
- ・少子化社会対策大綱～結婚，妊娠，子供・子育てに温かい社会の実現をめざして～閣議決定(2015年)
- ・ニッポン一億人総活躍プラン(2016年)
- ・子育て安心プラン(2017年)
- ・新子育て安心プラン(2020年)

▶ 母子保健と児童の健全育成

〈母子保健〉

　母子保健は，「母性並びに乳幼児に対する保健指導，健康診査，医療その他の措置を講じ，母子の保健の向上を目指すもの」であり，市町村の保健センターなどがサービスを提供している。母子に関する健康診査，保健指導，療養援護等，医療対策や母子保健関連施策の動向について，それぞれ学習しておきたい。

〈児童の健全育成〉

　児童の健全育成のための施設として児童厚生施設(児童館，児童遊園)が，健全育成にかかる取り組みとして放課後児童健全育成事業(放課後児童クラブ)がある。また，文部科学省と厚生労働省では，新・放課後子ども総合プランを策定し，放課後児童クラブと放課後子供教室の一体的な実施等を推進している。

▶️ 児童虐待・DV（ドメスティック・バイオレンス）とその防止

〈児童虐待の動向と種類〉

児童虐待は増加の一途をたどっている。児童虐待をめぐる動向としては，2000年に「児童虐待の防止等に関する法律（児童虐待防止法）」が成立し，児童相談所を中心に虐待への対応の強化が図られている。

児童虐待の分類については，児童虐待防止法第2条に次のように定められている。

身体的虐待	児童の身体に外傷が生じ，又は生じるおそれのある暴行を加えること。
性的虐待	児童にわいせつな行為をすること又は児童をしてわいせつな行為をさせること。
ネグレクト	児童の心身の正常な発達を妨げるような著しい減食又は長時間の放置，保護者以外の同居人による前二号又は次号に掲げる行為と同様の行為の放置その他の保護者としての監護を著しく怠ること。
心理的虐待	児童に対する著しい暴言又は著しく拒絶的な対応，児童が同居する家庭における配偶者に対する暴力，その他の児童に著しい心理的外傷を与える言動を行うこと。

〈ドメスティック・バイオレンス（DV）の動向〉

ドメスティック・バイオレンス（DV）とは「配偶者など親密な関係にある者から振るわれる暴力」のことで，DVの被害は近年高水準で推移している。

〈DVの形態と対応〉

DVの形態について内閣府は，①身体的暴力，②精神的暴力，③性的暴力の3つの形態を示している。近年ではこのほかにも④経済的暴力，⑤社会的暴力（社会的隔離）などの形態がある。

DVの被害にあっている場合，恐怖や不安のため自ら相談できなくなることが少なくない。保育所等においてDVの被害を確認した場合は，福祉事務所，配偶者暴力相談支援センター，警察など関連機関との連携をとり対応することが大切である。

▶ 少年非行等への対応

〈少年法による少年の定義〉

少年法では「少年」を満20歳未満としている(令和4年度から成年年齢が18歳に引き下げられた後も，18，19歳の者は少年の定義に含まれるが「特定少年」の扱いとなり，検察官送致(送検)後の対応が原則20歳以上の者と同様になるなど，17歳以下の者とは異なる取り扱いがなされる)。

〈非行少年の種類〉

- ・犯罪少年：罪を犯した14歳以上20歳未満の少年
- ・触法少年：犯罪に触れる行為をした満14歳未満の少年
- ・虞犯少年：その性格又は環境に照らして，将来，罪を犯し，または刑罰法令に触れる行為をする恐れのある少年

〈家庭裁判所の対応〉

少年の非行に対して家庭裁判所では以下のような判断が行われる。

審判による決定事項	内容
保護処分	・保護観察所による保護観察 ・児童自立支援施設・児童養護施設への送致 ・少年院への送致
児童相談所送致	・「児童福祉法」に基づく支援が相当と判断された場合
試験観察	・処分の決定のために家庭裁判所調査官が適当な期間観察すること
不処分	・保護処分が必要ないと認められた場合

▶ 貧困家庭，外国籍の子どもとその家庭への対応

〈貧困家庭への対応〉

厚生労働省の調査によると，2021年のわが国の子どもの貧困率は11.5％，さらにひとり親家庭の貧困率は44.5％と子どもの貧困が問題となっている。なお，2014年には，「子どもの貧困対策の推進に関する法律」が施行されている。

〈外国籍の子どもへの対応〉

グローバル化が進む今日のわが国では，あらゆる地域で外国人の姿が見ら

れるようになった。こうした中で，保育士にも外国籍の子どもや保護者と身近にかかわる機会が増え，とくに，日本語を母語としない子ども・保護者との意思疎通の問題や，文化や教育方法の違いなどに対応する力が求められている。

▶ 地域における連携・協働とネットワーク

〈要保護児童対策地域協議会〉

2004年の児童福祉法改正により法定化された，要保護児童の適切な保護を図るために，関係機関等により構成される協議会。

〈次世代育成支援対策地域協議会〉

2003年に制定された次世代育成支援対策推進法に基づき，地方公共団体等が「次世代育成支援対策の推進に関し必要な措置についての協議会を組織する」ものである。2015年までの時限立法であったが，2025年3月まで延長されることになった。

Q 演習問題

1 児童福祉施設の中で措置施設でないものを，次の①〜⑤から1つ選びなさい。　　　　　　　　　　　　　　　　　　　　　　　（難易度■■■□□）

① 児童自立支援施設　　② 児童養護施設　　③ 乳児院
④ 児童心理治療施設　　⑤ 児童家庭支援センター

2 次の文は，「児童虐待の防止等に関する法律」の第1条である。（　ア　）〜（　オ　）に当てはまる語句の組み合わせを，あとの①〜⑤から1つ選びなさい。　　　　　　　　　　　　　　　　　　　　　　（難易度■■□□□）

　　この法律は，児童虐待が児童の（　ア　）を著しく侵害し，その心身の成長及び（　イ　）に重大な影響を与えるとともに，我が国における将来の世代の育成にも懸念を及ぼすことにかんがみ，児童に対する虐待の禁止，児童虐待の予防及び（　ウ　）その他の児童虐待の防止に関する国及び地方公共団体の責務，児童虐待を受けた児童の保護及び（　エ　）のための措置等を定めることにより，児童虐待の防止等に関する施策を促進し，もって児童の権利利益の（　オ　）に資することを目的とする。

	ア	イ	ウ	エ	オ
①	人権	発達	通告	自立の支援	監護
②	身体	人格の形成	早期発見	保護者	擁護
③	人権	人格の形成	通告	自立の支援	監護
④	身体	発達	早期発見	保護者	擁護
⑤	人権	人格の形成	早期発見	自立の支援	擁護

3 次は「児童憲章」の一部である。空欄（　A　）〜（　C　）に当てはまる語句を語群から選ぶとき，正しい組み合わせを，あとの①〜⑤から1つ選びなさい。　　　　　　　　　　　　　　　　　　　　（難易度■■□□□）

　　われらは，（　A　）の精神にしたがい，児童に対する正しい観念を確立し，すべての児童の幸福をはかるために，この憲章を定める。
　　児童は，（　B　）として尊ばれる。
　　児童は，社会の一員として重んぜられる。
　　児童は，よい（　C　）の中で育てられる。
〔語群〕
　ア　家庭　　　　イ　人　　　　ウ　児童福祉法

97

エ　環境　　　　オ　国民　　　カ　児童の権利に関する条約

キ　地域社会　　ク　子ども　　ケ　日本国憲法

① A-ウ　　B-ク　　C-キ

② A-カ　　B-イ　　C-ア

③ A-ケ　　B-オ　　C-ア

④ A-ウ　　B-オ　　C-エ

⑤ A-ケ　　B-イ　　C-エ

4 次の法律を年代の古い順に左から並べたものとして正しい組み合わせを，あとの①〜⑤から1つ選びなさい。　　　　　　（難易度■■■■■）

ア　児童手当法　　イ　児童福祉法　　ウ　児童扶養手当法

エ　母子保健法　　オ　特別児童扶養手当等の支給に関する法律

　① ア-ウ-エ-オ-イ

　② ア-エ-ウ-イ-オ

　③ イ-オ-ウ-ア-エ

　④ イ-ウ-オ-エ-ア

　⑤ イ-ウ-ア-エ-オ

5 「児童の権利に関する条約」について，条約の内容として適切でないものを，次の①〜⑤から1つ選びなさい。　　　　　　（難易度■■■□□）

① 18歳未満の人を子どもとする。

② 全ての子どもは人種，皮膚の色，性，言語，宗教，出身，財産，心身の障害などによって差別されない。

③ 国は，18歳未満の子どもを戦争に参加させてはならない。

④ 子どもが身体的にも精神的にも，いかなる暴力や虐待を受けないよう，国が対策をとらなければならない。

⑤ 子どもは無理矢理働かされたり，そのために教育を受けられない仕事や健康を害する仕事をさせられたりしない。

6 子どもの権利の擁護者として「児童の権利に関する条約」の成立に影響を与えた人物を，次の①〜⑤から1つ選びなさい。　　　　（難易度■■■□□）

① 石井十次

② ヤヌシュ・コルチャック

③　留岡幸助
④　トーマス・ジョン・バーナード
⑤　エレン・ケイ

7　次の記述に該当する児童福祉の実施機関を，あとの①〜⑤から1つ選び
なさい。　　　　　　　　　　　　　　　（難易度■■■□□）

　児童及び妊産婦の福祉に関し，家庭その他からの相談に応じ，必要な調
査及び指導を行うこと並びにこれらに付随する業務を行う。
　①　保健所　　②　都道府県　　③　児童相談所　　④　市町村
　⑤　児童福祉審議会

8　次の文は，児童相談所に関わる「児童福祉法」第12条の記述である。
（　　）にあてはまる語句として正しいものを，あとの①〜⑤から1つ選びな
さい。　　　　　　　　　　　　　　　（難易度■■□□□）

　（　　）に，児童相談所を設置しなければならない。
　①　市町村　　②　市町村長　　③　都道府県　　④　都道府県知事
　⑤　保健所

9　「児童福祉法」に規定されている保育士の業務として適切なものを，次の
①〜⑤から1つ選びなさい。　　　　　　　（難易度■■■□□）
①　保育士は，児童の健康相談に応じ又は健康診査を行い，必要に応じ保
　健指導を行う。
②　保育士は，その担当区域内における児童に関し，その担当区域を管轄
　する児童相談所長又は市町村長にその状況を通知し，意見を述べる。
③　保育士は，児童及び妊産婦の福祉の増進を図るための活動を行う。
④　保育士は，児童の保護その他児童の福祉に関する事項について，相談
　に応じる。
⑤　保育士は，児童の保育及び児童の保護者に対する保育に関する指導を
　行う。

10　次の文は，専門職者に関する「児童福祉法」第13条第4項の記述である。
（　　）にあてはまる語句として正しいものを，あとの①〜⑤から1つ選びな
さい。　　　　　　　　　　　　　　　（難易度■■■□□）

(　　)は，児童相談所長の命を受けて，児童の保護その他児童の福祉に関する事項について，相談に応じ，専門的技術に基づいて必要な指導を行う等児童の福祉増進に努める。

① 民生委員　　② 児童委員　　③ 保育士　　④ 社会福祉士
⑤ 児童福祉司

⓫ 次の児童福祉の事業の名称として適切なものを，あとの①～⑤から1つ選びなさい。　　（難易度■■■□□）

保護者の疾病その他の理由により家庭において養育を受けることが一時的に困難となつた児童について，内閣府令で定めるところにより，児童養護施設その他の内閣府令で定める施設に入所させ，又は里親その他の内閣府令で定める者に委託し，当該児童につき必要な保護を行う事業。

① 地域子育て支援拠点事業
② 乳児家庭全戸訪問事業
③ 放課後児童健全育成事業
④ 児童自立生活援助事業
⑤ 子育て短期支援事業

⓬ 2019(令和元)年6月に改正された児童福祉法の「児童相談所の体制強化及び関係機関間の連携強化等」に当てはまらないものを，次の①～⑤から1つ選びなさい。　　（難易度■■■■□）

① 都道府県は，児童相談所が措置決定その他の法律関連業務について，常時弁護士による助言・指導の下で適切かつ円滑に行うため，弁護士の配置又はこれに準ずる措置を行うものとするとともに，児童相談所に医師及び保健師を配置する。
② 児童福祉司の数は，人口，児童虐待相談対応件数等を総合的に勘案して政令で定める基準を標準として都道府県が定めるものとする。
③ 児童虐待を行った保護者について指導措置を行う場合は，児童虐待の再発を防止するため，医学的又は心理学的知見に基づく指導を行うよう努めるものとする。
④ 児童福祉司及びスーパーバイザーの任用要件の見直し，児童心理司の配置基準の法定化により，職員の資質の向上を図る。
⑤ 都道府県は，児童相談所の行う業務の質の評価を行うことにより，そ

の業務の質の向上に努めるものとする。

13 児童福祉施設の設備及び運営に関する基準において，保育士の設置が義務づけられていない施設を，次の①〜⑤から1つ選びなさい。

(難易度■■■□□)

① 障害児入所施設
② 児童養護施設
③ 児童発達支援センター
④ 児童心理治療施設
⑤ 児童厚生施設

14 児童福祉に関して市町村の事務とされていないものを，次の①〜⑤から1つ選びなさい。 (難易度■■■□□)

① 保育の実施
② 要保護児童発見者からの通告受理
③ 障害児福祉手当の支給
④ 補装具の交付
⑤ 保育士試験の実施及び保育士の登録

15 「児童の権利に関する条約」に関する記述として適切なものを，次の①〜⑤から1つ選びなさい。 (難易度■■■□□)

① 1959年11月に国連で採択された。
② 国際的機関が採択した最初の児童権利宣言である。
③ 日本は1994年(平成6年)に批准した。
④ 親は，子に与える教育の種類を選択する優先的権利を有することが規定された。
⑤ 前文で「児童は，人として尊ばれる」「児童は，社会の一員として重んぜられる」「児童は，よい環境の中で育てられる」と示している。

16 次の説明の(　)にあてはまる名称として正しいものを，あとの①〜⑤から1つ選びなさい。 (難易度■■■□□)

待機児童の解消を目指し，女性の就業率の上昇を踏まえた保育の受け皿整備，幼稚園やベビーシッターを含めた地域の子育て資源の活用を進める

ため，（　　）が取りまとめられた。

（　　）では，4年間で約14万人の保育の受け皿を整備するほか，「地域の特性に応じた支援」「魅力向上を通じた保育士の確保」「地域のあらゆる子育て資源の活用」を柱として，各種取組を推進している。

① 次世代育成支援対策推進法

② 新子育て安心プラン

③ 少子化社会対策基本法

④ 新エンゼルプラン

⑤ 緊急保育対策等5か年事業

17 次の文は，児童福祉施設の設備及び運営に関する基準に定められる，認可保育所に関する児童福祉施設最低基準についての記述である。（　A　）～（　D　）にあてはまる数字として正しいものを，あとの①～⑤から1つ選びなさい。　　　　　　　　　　　　（難易度■■■□□）

保育士の数は，乳児おおむね（　A　）人につき1人以上，満1歳以上満（　B　）歳に満たない幼児おおむね6人につき1人以上，満3歳以上満4歳に満たない幼児おおむね（　C　）人につき1人以上，満4歳以上の幼児おおむね（　D　）人につき1人以上とする。ただし，保育所1につき2人を下ることはできない。

① A－2　　B－2　　C－10　　D－20

② A－2　　B－3　　C－10　　D－25

③ A－3　　B－3　　C－15　　D－25

④ A－3　　B－2　　C－15　　D－20

⑤ A－3　　B－3　　C－30　　D－25

18 近年のわが国における少子化の要因として考えにくいものを，次の①～⑤から1つ選びなさい。　　　　　　　　　　　　（難易度■□□□□）

① 婚姻年齢の上昇

② 夫婦の出生力の低下

③ 子育てや教育への経済的負担

④ 非婚傾向の増加

⑤ 労働時間の減少

⑲ 児童の年齢の定義とその根拠法令の組み合わせについて適切でないものを，次の①～⑤から1つ選びなさい。　　　　　　　(難易度■■■□□)

① 18歳未満——母子及び父子並びに寡婦福祉法
② 満15歳に達した日以後の最初の3月31日が終了するまで——労働基準法
③ 18歳に達する日以後の最初の3月31日までの間にある者—児童手当法
④ 満18歳に満たない者——児童福祉法
⑤ 6歳以上13歳未満の者——道路交通法

⑳ 児童生活支援員の任用資格として適切なものを，次の①～⑤から1つ選びなさい。　　　　　　　(難易度■■■□□)

① 保育士の資格を有する者
② 都道府県知事の指定する児童福祉施設の職員を養成する学校その他の養成施設を卒業した者
③ 学校教育法の規定による大学において，社会福祉学，心理学，教育学若しくは社会学を専修する学科又はこれらに相当する課程を修めて卒業した者
④ 3年以上児童福祉事業に従事した者であって，都道府県知事が適当と認めた者
⑤ 医師であって，精神保健に関して学識経験を有する者

㉑ 「子供の貧困対策に関する大綱」が令和元年11月29日に閣議決定された。その中に示されている基本的な方針として誤っているものを，次の①～⑤から1つ選びなさい。　　　　　　　(難易度■■■■□)

① 貧困の連鎖を断ち切り，全ての子供が夢や希望を持てる社会を目指す。
② 親の妊娠・出産期から子供の社会的自立までの切れ目のない支援体制を構築する。
③ 支援が届いていない，又は届きにくい子供・家庭に配慮して対策を推進する。
④ 経済的な支援では，世帯の経済的自立につながる保護者の就労支援を中心に位置付け，金銭等の給付は行わないこととする。
⑤ 地方公共団体による取組の充実を図る。

解答・解説

1 ⑤

解説

① 児童自立支援施設は，不良行為等の理由により生活指導を要する児童に必要な指導を行って自立を支援する。都道府県知事の委任を受けた児童相談所長が入所及び通所措置を行う。

② 児童養護施設は，主に行政から委託された社会福祉法人が運営している公的な措置施設である。

③ 乳児院は，乳児や孤児を養育し，相談その他の援助を行う。乳児の入所措置は，都道府県の知事の委任を受けた児童相談所長が親権者の同意を得て行う。

④ 児童心理治療施設は，家庭環境など環境上の理由により社会生活への適応が困難である児童を，短期間入所又は通所させ，治療及び生活指導を主として行うことを目的とする。また，退所した者について相談その他の援助も行う。平成29年4月1日より，情緒障害児短期治療施設から改称された。

⑤ 児童家庭支援センターは，児童福祉に関する相談支援活動を行う。

2 ⑤

解説

児童虐待事件の増加に伴い，2000年に「児童虐待の防止等に関する法律」が制定された。この法律では，児童虐待を明確に定義し，虐待の防止と早期発見，虐待を受けた子どもの適切な保護などが定められた。また，その後の改正で，国及び地方公共団体の責務の強化，児童虐待にかかわる通告義務の範囲の拡大などの規定が整備された。2007年の改正では，立ち入り調査の強化，保護者に対する面会・通信等の制限の強化がなされた。2017年の改正で，児童の保護に関して司法関与の強化が行われ2019年の改正では，親による体罰も禁止された。

3 ⑤

解説

児童憲章は1951(昭和26)年5月5日に制定された。5月5日はこどもの日(1948〈昭和23〉年の国民の祝日に関する法律で制定)であり，児童憲章制定記念日でもある。制定したのは，当時の厚生省中央児童福祉審議会の提案

に基づき日本国民各層・各界の代表で構成された児童憲章制定会議である。法令ではないものの，一定の公的規範としての性格を有している。引用文は前半部分で，後半は「すべての児童は」で始まる一から十二までの文章が列記されている。児童憲章は，わが国で最初の子どものための権利宣言である。**A**には**ケ**の日本国憲法が当てはまる。**B**には**イ**の人が当てはまる。**C**には，**エ**の環境が当てはまる。

4 ④

ア 児童手当法は1971(昭和46)年に制定され，翌年1月から施行された。2010(平成22)年度から2011(平成23)年度まで「児童手当」に代わり「子ども手当」が支給され，2012(平成24)年度からは改正された児童手当に移行している。

イ 児童福祉法は1947(昭和22)年に制定され，翌年1月から施行された。

ウ 児童扶養手当法は1961(昭和36)年に制定され，翌年1月から施行された。父又は母と生計を同じくしていない児童が育成される家庭に児童扶養手当を支給する。

エ 母子保健法は1965(昭和40)年に制定され，翌年1月から施行された。

オ 特別児童扶養手当等の支給に関する法律は1964(昭和39)年7月2日に制定され，同年9月1日から施行された。心身に障害を持つ児童の保護者に対して支給される。

5 ③

解説

「児童の権利に関する条約」(子どもの権利条約)は，世界的な視野から，児童の人権の尊重，保護の促進を目指し54の条項から成り立っている。その内容は，生きる権利(生存権)，育つ権利(発達権)，保護される権利(虐待・放任・搾取からの保護)，参加する権利(自由に意見を表明したり活動したりする権利)に分類することもできる。なお，①は第1条(子どもの定義)，②は第2条(差別の禁止)，④は第19条(虐待放任からの保護)，⑤は第32条(経済的搾取・有害労働からの保護)に規定されている。

6 ②

① 石井十次(1865〜1914)は社会事業家。日本で最初の孤児院である岡山

孤児院を創設した。

② ヤヌシュ・コルチャック(1878〜1942，本名：ヘンリク・ゴルトシュミット)はポーランドの医師・児童文学作家。孤児救済と子どもの教育に献身。「児童の権利に関する条約」は，コルチャックによる「子どもの権利」のアイディアに基づき，ポーランド政府が提案した。

③ 留岡幸助(1864〜1934)は牧師，社会事業家。感化教育を実施し非行少年の救護に努めた。

④ トーマス・ジョン・バーナード(1845〜1905)はイギリスの社会事業家。1870年にロンドンで孤児院のバーナード・ホームを開設，また里親制度や小寮舎制度に先駆的に取り組んだ。

⑤ エレン・ケイ(1849〜1926)はスウェーデンの女性教育家。著書『児童の世紀』において「教育の最大の秘訣は教育しないことにある」と説き，子どもの自由な創造性を重視した。

7 ④
解説

① 保健所は，相談に関しては，児童福祉法第12条の6第1項第二号において「児童の健康相談に応じ，又は健康診査を行い，必要に応じ，保健指導を行うこと」と規定されている。

②，③ 都道府県は，児童福祉法第11条第1項第二号のロにおいて「専門的な知識及び技術を必要とするものに応ずる」とされている。また同法第12条で都道府県は児童相談所を設置することを規定している。

④ 児童福祉法第10条第1項第三号の規定である。同条第1項第一号では「児童及び妊産婦の福祉に関し，必要な実情の把握に努めること」，同条第1項第二号では「児童及び妊産婦の福祉に関し，必要な情報の提供を行うこと」とされる。

⑤ 児童福祉審議会は，児童・妊産婦等の福祉，母子保健等に関して調査・審議し，行政庁に答申や意見具申を行う。

8 ③
解説

児童相談所は，児童福祉行政の第一線の専門行政機関であり，児童福祉法第12条及び第59条の4により，都道府県・指定都市には義務設置され，市町村は任意設置できると規定されている。2006年から中核市等も設置でき

ることになった。児童相談所の業務は，市町村や家庭からの相談に応じ
て，調査・診断・判定の上で，効果的な援助を行うことであり，児童の一
時保護，児童福祉施設入所，里親等委託等の措置を実施したり，民法上の
業務である，親権者の親権喪失宣告請求，児童の後見人の選任等も行う。
児童福祉司，児童心理司，児童指導員，保育士，医師等の専門職のチーム
によって業務にあたる。

 9 ⑤

解説

① 保健所の業務(第12条の6第1項第二号)。

② 児童福祉司の業務(第14条第2項)。

③ 児童委員の業務(第17条第1項第六号)。

④ 児童福祉司の業務(第13条第4項)。

⑤ 保育士の業務(第18条の4)。児童福祉法第18条の4において，保育士と
は，「第18条の18第1項の登録を受け，保育士の名称を用いて，専門的知
識及び技術をもって，児童の保育及び児童の保護者に対する保育に関す
る指導を行うことを業とする者」と規定されている。2001年の児童福祉
法改正によって名称独占の資格として法制化された。保育所勤務のほか
には，乳児院，児童養護施設，知的障害児施設等の児童福祉施設に配置
されている。

 10 ⑤

解説

　児童福祉法第13条第4項の規定。児童福祉司は，児童の福祉に関して，親
や児童からの相談業務にあたる。任用の要件は，(1)都道府県知事の指定す
る児童福祉司若しくは児童福祉施設の職員を養成する学校その他の施設を
卒業し，又は都道府県知事の指定する講習会の課程を修了した者，(2)学校
教育法に基づく大学又は旧大学令に基づく大学において，心理学，教育学
若しくは社会学を専修する学科又はこれらに相当する課程を修めて卒業し
た者であつて，内閣府令で定める施設において1年以上相談援助業務(児童
その他の者の福祉に関する相談に応じ，助言，指導その他の援助を行う業
務をいう)に従事したもの，(3)医師，(4)社会福祉士，(5)精神保健福祉士，(6)
公認心理士，(7)社会福祉主事として，2年以上相談援助業務に従事した者
であって，内閣総理大臣が定める講習会の課程を修了した者，(8)その他内

閣府令で定めるもの。

 ⑤

解説

　子育て短期支援事業とは，保護者が病気や仕事により家庭で児童の養育が困難な場合や，冠婚葬祭，出張など社会的な事由により一時的に家庭で児童を養育できない場合，また夫等の暴力等により，緊急一時的に保護を必要とする母子等を原則として一週間を限度として児童福祉施設で一時的に養育することで，児童及びその家庭への子育て支援を図る事業。対象の児童福祉施設には，実施施設市町村が指定した児童養護施設，母子生活支援施設，乳児院，里親等があり，利用者の課税状況により負担金が必要となる。児童福祉法第6条の3第3項で規定されている。

 ③

解説

　児童福祉法は昭和22(1947)年に公布され，平成16(2004)年の改正では児童虐待に対応するための措置が盛り込まれた。また，平成28(2016)年に行われた改正では，第1条及び第2条が大幅に改正され，さらに，第1条及び第2条は「児童の福祉を保障するための原理」であり，児童に関する全ての法令の施行に当たって，常に尊重されなければならない，という条文が同法第3条として加えられた。令和元(2019)年の改正では，国，都道府県及び市区町村における体制の強化を進めるための改正が行われた。③は，同じく改正された「児童虐待の防止等に関する法律」に当てはまるものである。

⑬ ⑤

解説

　児童福祉施設の設備及び運営に関する基準とは児童福祉法第45条に基づいて制定された厚生省令で，児童福祉施設の設備・運営に関する最低基準が規定されている。この最低基準が遵守されるよう，行政による監査が実施される(最低基準の遵守は当然のことであり，基準を上回るように努める必要がある)。同基準の第38条において，児童厚生施設には児童の遊びを指導する者の設置が義務化され，児童の遊びを指導する者の任用要件として第38条第2項第二号に保育士があげられているが，社会福祉士等でも可能であるため義務づけられているとまでは言えない。この他には，児童自立支援施設，母子生活支援施設では，保育士の設置が義務づけられていない。

14 ⑤
解説

　保育士試験の実施及び保育士の登録は市町村の事務ではない。保育士となるには，都道府県知事の指定する保育士を養成する学校その他の施設を卒業した者や保育士試験に合格した者が，都道府県の備える保育士登録簿に氏名，生年月日その他厚生省令で定める事項の登録を行う。保育士試験は，都道府県が実施する試験制度であるが，平成16年から都道府県知事が指定する指定試験機関に試験事務を行わせることが可能となった。保育士登録に関しては，都道府県から委託を受けて登録事務処理センターが保育士登録の事務を実施している。

15 ③
解説

① 1959年11月に国連で採択されたのは「児童の最善の利益」を基本理念に掲げた，「児童の権利宣言」である。
② 国際的機関が採択した最初の宣言は，1924年に国際連盟が第5回総会で採択した「児童の権利に関するジュネーヴ宣言」である。
③ 「児童の権利に関する条約」は，国連において1989年11月に採択され，18歳未満の子どもを児童とし，児童の生存・養育・保護，意見表明，良心・思想の自由等の諸権利とその保護を認めている。
④ 1948年12月に国連で採択された「世界人権宣言」第26条のこと。
⑤ 1951年5月5日に制定された「児童憲章」。国と地方自治体が，保護者とともに児童を健やかに育成する責任を負うことを定めた。

16 ②
解説

① 次世代育成支援対策推進法により，101人以上の労働者を雇用する事業主は，従業員の仕事と家庭の両立を図るために必要な雇用環境の整備などについて「一般事業主行動計画」を策定し届けることになった。
② 2020(令和2)年12月に発表された新子育て安心プランは，女性の就業率の上昇を踏まえた保育の受け皿整備，幼稚園やベビーシッターを含めた地域の子育て資源の活用。
③ 2003(平成15)年7月制定された少子化社会対策基本法は，子育て支援のため，雇用環境の整備，保育サービスの充実，地域社会の子育て支援の

強化等を定めた。

④ 新エンゼルプランは2000(平成12)年度から5か年の少子化対策。

⑤ 緊急保育対策等5か年事業は1994(平成6)年のエンゼルプランの一環として策定された。

17 ③

解説

児童福祉施設の設備及び運営に関する基準第33条第2項によると，認可保育所における保育士の数は，乳児が3人に対して保育士が1人以上，1～2歳児が6人に対して保育士が1人以上，3歳児が15人に対して保育士が1人以上，4歳以上児が25人に対して保育士が1人以上とされている。職員はこの保育士の他に嘱託医，調理員を置かなければならない。保育所における保育時間は，1日に8時間が原則とされ，その地方における乳児又は幼児の保護者の労働時間その他家庭の状況等を考慮して，保育所の長がこれを定めるとしている(同法第34条)。

18 ⑤

解説

近年のわが国における少子化の要因としては，婚姻年齢の上昇，夫婦の出生力の低下，子育てや教育への経済的負担，非婚傾向の増加の点が指摘されている。また，その他の要因の1つとしては，30代男性を中心とした育児世代の長時間労働もあげられている。長時間労働によって育児期に子どもに向き合う十分な時間を持つことができず，育児休業制度の利用も少ないため，子育てと就業の両立が困難となっている環境が問題である。この点で，これまでの働き方を見直し，仕事と生活の調和を実現することが重要となっている。

19 ①

解説

① 母子及び父子並びに寡婦福祉法第6条第3項において「この法律において『児童』とは，20歳に満たない者をいう。」と規定されている。

② 労働基準法では，児童は満15歳に達した日以後の最初の3月31日が終了するまでと定義している。

③ 児童手当法では，児童の年齢の定義は，手当の支給を年度途中で切らない考え方に基づいている。

④ 児童福祉法第4条に規定される児童は満18歳未満の者である。

⑤ 道路交通法では児童は6歳以上13歳未満の者と定義されている。

 ①

解説

　児童自立支援施設は，犯罪などの不良行為を行い，または行うおそれがある児童や，生活指導を要する児童を入所・通所させて，必要な指導を行い自立を支援する児童福祉施設。児童福祉施設の設備及び運営に関する基準第83条において，児童生活支援員は，保育士の資格を有する者，社会福祉士の資格を有する者，3年以上児童自立支援事業に従事した者のいずれかに該当する者でなければならないと規定されている。②，③，④は，児童指導員の任用資格の条件の一部であり，⑤は児童自立支援専門員の任用資格の条件の1つである。

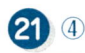 ④

解説

　出題の資料では，「経済的支援に関する施策は，様々な支援を組み合わせてその効果を高めるとともに，必要な世帯への支援の利用を促していく」とされており，経済的支援についても，母子父子寡婦福祉資金貸付金等や養育費の確保に関する支援などが示されている。

第4章

専門試験
保育の心理学

≣ POINT ≣

1. 子どもの発達と理解

　子どもに対してより良い保育を行うためには，目の前の子どもの発達についての見通しをもつことが不可欠である。そのためには，乳幼児期はもちろん老年期までの各発達段階の特徴や課題について理解をしておく必要がある。

　また，発達を取り巻く環境についても把握をし，子どもの理解に役立てていくことが大切である。

▶ 発達

　発達とは，出生から死に至るまでの身体的・精神的機能を変えていく過程である。

　発達の考え方には

成熟優位説(遺伝の影響を重視)──ゲゼル

環境有位説(環境の影響を重視)──ワトソン

相互作用説(遺伝と環境両方の影響を重視)──ジェンセン

がある。代表的な研究者とあわせて覚えておきたい。

▶ 発達理論

〈ピアジェの認知発達段階説〉

　子どもは生まれたときから環境と相互作用しており，環境に対する認識の枠組みが段階的に(質的に)変化していくという説。

第1段階(0〜2歳)を感覚運動期

第2段階(2〜7歳)を前操作期

第3段階(7〜12歳)を具体的操作期

第4段階(12歳〜)を形式的操作期

と分けられる。幼児期に該当する第2段階は表象(イメージ)を用いて頭の中で考えることができるようになるが，論理的思考はまだ難しく，自己中心性(自分と他人の視点を区別できず，自分の視点からしか物事を理解できない性質)が強い時期としている。

〈エリクソンの心理社会的発達段階説〉

　生涯発達の観点で乳児期から老年期までを8つの段階に区分し，各段階の発達課題(心理社会的危機)を乗り越えることが次の課題に向かう力になるとい

う説。各段階に直面する発達課題は次のように整理される。

発達段階	発達課題
乳児期(0〜1歳)	基本的信頼 対 不信
幼児前期(1〜3歳)	自律性 対 恥・疑惑
幼児後期(3〜6歳)	自主性 対 罪悪感
学童期(6〜12歳)	勤勉性 対 劣等感
青年期(12〜22歳)	同一性 対 同一性拡散
成人前期(22〜35歳)	親密性 対 孤立
成人後期(35〜65歳)	生殖性 対 自己陶酔
老年期(65歳〜)	統合性 対 絶望

　そのほかの発達理論として，ヴィゴツキーの発達理論やバルテスの生涯発達理論，また，発達を取り巻く環境についてはブロンフェンブレンナーの生態学的システム理論なども覚えておきたい。

2. 各発達段階の特徴
　ここでは大まかな内容とキーワードのみ記すが，各発達段階の特徴や課題について，実際の子どもの姿や他者との関わりを含めて理解をしておきたい。また，発達の連続性を意識することも大切である。

〈新生児期・乳児期〉
・誕生時の視力は0.02程度，複雑な図形，顔図形への選好注視
・世界中の音韻に対する弁別能力(〜生後6ヶ月)→母語への適応(〜1歳)
・物理的環境との関わり(原始反射→循環反応)，対象の永続性の理解
・他者との関わり(共鳴動作，エントレインメント)
・愛着の形成(安全基地の確立・基本的信頼感の獲得)
・二項関係→三項関係(共同注意)の成立(9ヶ月革命)，社会的参照

〈言語発達の目安〉
泣き・叫喚(1ヶ月)→クーイング(2〜3ヶ月)→過渡的喃語(4ヶ月)→規準喃語(6ヶ月)→会話様喃語(10ヶ月)→初語(1歳)

〈幼児期〉
・自我の芽生えと第一反抗期，基本的生活習慣の獲得
・表象(イメージ)の使用，ふり遊び，見立て遊び，ごっこ遊びの展開

・内的作業モデル(愛着表象)の発達，分離不安の低下と探索活動の活発化
・言葉によるコミュニケーションの確立，内言の発達(ひとり言)
・心の理論の獲得(4〜5歳)，社会的な遊びの発達(パーテンによる分類)

〈学童期・青年期〉
・学校社会への適応(一次的ことば→二次的ことば)，小1プロブレム
・認知発達(前操作期→具体的操作期→形式的操作期)，メタ認知の発達
・仲間集団の形成と発達(ギャングエイジ，チャムグループ→ピアグループ)
・他者視点の取得，自己意識の高まり，社会的比較，9歳(10歳)の壁
・思春期(第二次性徴に伴う心理的変化の時期)，第二反抗期，心理的離乳
・アイデンティティの探索，モラトリアム

〈成人期・老年期〉
・他者やパートナーとの親密性の確立(就職や結婚，子育て)
・社会的役割と責任，ライフスタイルの確立(燃え尽き症候群)
・社会的な役割の変化に伴うアイデンティティの再構成(空の巣症候群)
・身体機能の低下と喪失経験，サクセスフルエイジング

3．現代の子どもを取り巻く環境の理解と家庭支援

　子どもを理解し，適切な援助をするためには，家庭との連携が重要であるが，現代社会は価値観やライフスタイルが多様化し，家庭のあり方は一様ではない。また，子育てをめぐる社会的状況が変化する中で，子育てに悩み，苦しむ家庭も少なくない。保育者は，子どものより良い援助のためにもそうした家庭の理解や支援をしていくことが求められている。

▶ 家族関係や親子関係の理解

　家族関係や親子関係は社会的な文脈の中に埋め込まれていて，ダイナミックに(動的に)変化するものであることをについて，以下のキーワードを押さえておきたい。

・発達の相乗的相互作用モデル，気質と環境の適合の良さ
・養育行動のプロセスモデル(親要因，子ども要因，社会文化的要因)
・システムとしての家族(直線的因果律ではなく，円環的因果律での理解)
・ブロンフェンブレンナーによる生態学的システム理論(マイクロシステム，

メゾシステム，エクソシステム，マクロシステム)

▶▶ 子育て家庭に関する現状や課題

　女性の就業率の高まりにより共働き家庭が増える一方で，いまだ子育ての負担は女性に偏っているのが現状である。子育ては性別ではなく，経験によるところが大きい。また，ヒトという種はそもそも血縁に関わらずさまざまな個体が協力して子育てをする性質をもっている，ということを念頭に家庭の子育て支援をしていく必要がある。ここでは，以下のキーワードをぜひ押さえておきたい。

- ・共働き世帯の増加と性別役割分業の問題，M字カーブ，3歳児神話
- ・少子化に伴う親準備性の不足と孤立した育児→育児不安
- ・マタニティーブルーズと産後うつの特徴と違い
- ・虐待とマルトリートメントについての理解と，保育士としての対応
- ・多様な家族(ひとり親家庭，貧困家庭，ステップファミリー，里親家庭，外国にルーツをもつ家庭)の理解と必要な支援

4. 子どもの発達の理解に基づく保育

　子どもの発達は個人差が大きく，また，子どもが生まれもつ気質や家庭の状況によっても異なる。また，実際の子どもの発達は連続したものであり，理論は参考にはなるが，そのまま当てはまるものではない。さらに，一人ひとりに向き合うだけでなく，子ども同士の関わりを促していくことも保育者の役割である。

　そうした保育の実践には正解と呼べるものはなく，保育者は自らの保育実践を常に振り返り，評価していくことが必要である。そのためには，他の保育者との協働，対話も欠かすことができないだろう。

　ここでは，そうした実際の保育場面における子どもの姿や保育士としての役割を意識したキーワードを記す。

▶▶ 子ども相互の関わり・集団での育ち

- ・集団で過ごすことの意義(観察学習，発達の最近接領域を刺激する存在としての仲間)
- ・いざこざやけんかの意味，自己制御能力(自己主張・自己抑制)の発達，いざこざやけんかへの介入

▶▶ 保育実践とその評価

・保育士の役割(安全基地として，子どもの環境から学びを促す環境設定)
・発達の連続性を意識した援助，小学校との連携と接続
・カリキュラムマネジメント，PDCAサイクル，全体的な計画
・保護者や他の保育者との対話，協働

Q 演習問題

1 発達について述べた記述として不適切なものを，次の①～⑤から1つ選びなさい。 (難易度■■□□□)

① ポルトマンによれば，ヒトは進化の過程で大脳が発達した一方，直立二足歩行によって骨盤の形状が変化し，産道が狭くなったため，未熟な状態で子どもを出産するようになった。

② バルテスによれば，発達は生涯にわたる獲得と喪失のダイナミックな相互作用であり，加齢とともに獲得はなくなり，喪失のみとなる。

③ エリクソンやピアジェは，発達には量的な変化だけでなく，質的な変化があると考え，発達段階を設定している。

④ 発達には遺伝要因と環境要因がともに関わるが，近年，特定の遺伝的傾向をもつ人は，特定の環境にさらされやすいという遺伝・環境間相関を考える必要性も指摘されている。

⑤ ヴィゴツキーは，子どもに対する教授・学習においては，子どもが自力で達成できる水準だけでなく，子どもが他者との共同や，他者からの援助によって達成できる水準を把握する必要性を指摘し，発達の最近接領域という概念を提唱した。

2 アタッチメント(愛着)について述べた記述として適切なものを，次の①～⑤から1つ選びなさい。 (難易度■■■□□)

① ボウルヴィは，子どもが安定したアタッチメントを形成し，心身とも健やかに発達するためには，母親による養育の重要性を主張した。

② アタッチメントとは，不安や恐れなどネガティブな情動を解消するために重要な心理機能である。

③ ハーロウは，ストレンジシチュエーション法により養育者と子どものアタッチメント形成の質の個人差を調べた。

④ アタッチメント形成のタイプが回避型やアンビバレント型であった場合には，その後の心身の発達に深刻な影響がある。

⑤ 初期の養育者とのアタッチメント形成は，その後も内的作業モデルとして心的に機能し，その後の対人関係のすべてを決める。

3 次の0歳児クラスの事例と特に関連が深い用語の組み合わせとしてもっとも適切なものを，あとの①〜⑤から選びなさい。　（難易度■■■□□）

【事例】

　　保育士の膝に座って絵本を読んでいたAちゃんは，絵本の中に描かれたごみ収集車を指さしながら保育士の顔を見上げた。保育士は「ごみ収集車あったね」と応じてから，ついさっき保育所の前にごみ収集車が止まっていたことを思いだし，「ごみ収集車，Aちゃん，さっき見たねえ」と声をかけると，Aちゃんはにっこり笑って絵本に視線を戻した。

【語群】

　　選好注視　　共同注意　　三項関係　　二項関係

　　叙述の指差し　　要求の指差し

① 選好注視，三項関係，叙述の指差し

② 選好注視，二項関係，要求の指差し

③ 共同注意，三項関係，叙述の指差し

④ 共同注意，二項関係，要求の指差し

⑤ 共同注意，三項関係，要求の指差し

4 言葉の発達に関する記述として不適切なものを，次の①〜⑤から1つ選びなさい。　（難易度■■■■□）

① 新生児期は不快を表す泣き声が主であるが，生後2ヶ月頃から機嫌のよい時にクーイングと呼ばれる，「アー」「クー」とのどの奥を鳴らすような音を出すようになる。

② 生後6ヶ月頃には，規準喃語と呼ばれる，「マンマンマン…」のように子音と母音を組み合わせたリズミカルな発声ができるようになる。

③ 生後1歳になるまでには，「バブバブ」のように異なる音を組み合わせ，母語のイントネーションを備えた会話様喃語(ジャーゴン)を発するようになり，その中に特定の意味を伴う語が現れるようになる。

④ 初語が出現して半年ほどは語の獲得速度が遅く，過大汎用(動物はすべて「ワンワン」と呼ぶ)や過大縮小(自分の家の犬だけを「ワンワン」と呼ぶ)といった現象が見られる。

⑤ 多語文が話せるようになると，遊び場面ではひとりごとが増える。ピアジェはこの現象を，コミュニケーション手段として獲得された言葉が，思考の手段としての機能をもつようになる過程で生じるものと考

え，理論化した。

5 排泄の自立に関する記述として不適切なものを，次の①〜⑤から1つ選びなさい。　　　　　　　　　　　　　　　　　　　　　　（難易度■■■□□）

① 排泄の自立には，尿を膀胱に2時間以上ためておけるようになっていること，歩けること，言葉で尿意を知らせることができるようになっていることなど，一人ひとりのレディネスを見極め，無理なく進めることが必要である。

② 排泄の自立に向けては，絵本を読んだり，動物の排泄を観察したり，生活の中で排泄やトイレに対する興味関心をもつところから始め，トイレに行き，次に便器に座るなど，スモール・ステップで進めることが大切である。

③ 保育者が子どもの好きなシールと台紙を用意して，子どもが便器で排泄できたらシールを貼れるようにするのは，子どもの便器での排泄に対する内発的動機づけを高めるための正の強化子である。

④ 他児が自分からトイレに行き，排泄を済ませてすっきりした様子で戻ってくる姿を見ることは，子どもにとって観察学習のモデルになる。

⑤ 排泄の自立の過程において，子どもは自らの主体感や有能感とともに，時には甘え，受容される経験を通して，他者への基本的信頼感を深めていると考えられる。

6 学童期から青年期の発達に関する記述として不適切なものを，次の①〜⑤から1つ選びなさい。　　　　　　　　　　　　　　　　　（難易度■■■□□）

① 学童期は対人関係において友人の比重が高まり，中・高学年の頃にはギャングエイジと呼ばれる同年代，同性からなり，役割分担のはっきりした排他的な仲間集団を形成する。

② 割り算や小数・分数など，具体的に操作しづらい学習が始まることで「9歳の壁」などと呼ばれるように，学習へのつまずきが増えてくる時期である。

③ 第二次性徴など身体的な成熟とともに，心理的変化を経験する思春期は，親からの心理的離乳を試みる時期であり，不安なことにもひとりで立ち向かうことが必要である。

④ 青年期において，友人は親に代わる重要な存在となるが，青年期前期

は同調性が高く，互いの異なる部分を積極的に理解し合うことが難しいため，いじめの問題も起こりやすい。

⑤ メタ認知とは，自らの認知活動を客観的にとらえ，評価したり，修正したりする機能であるが，これは学童期から青年期を通して発達する。

7 成人期から老年期の発達に関する記述として不適切なものを，次の①〜⑤から1つ選びなさい。　（難易度■■■■□）

① エリクソンによれば，成人期の発達課題は「生殖性の獲得」である。これは，親となって自らの子どもを育てることにより人間的に成熟することを意味している。

② 青年期に形成されたアイデンティティは，その後も役割の変化に伴って再び揺れ動き，「自分はどう生きていくか」についての問い直しが起こる。

③ 加齢とともに新しい情報を処理する流動性知能は低下するが，結晶性知能は維持され，経験で培った知識や習慣が日常生活を支えてくれる。

④ 老年期は一般に主観的幸福感が高くなるが，それは，人生が有限であることを理解し，既存の人間関係を深めることで，情動的な満足感を得やすくなるためである。

⑤ ユングは40歳を「人生の正午」ととらえ，40代以降の成人期は，身体的には衰え始めるが，人格的には成熟が進む時期であると考えている。

8 子育てと家族に関する記述として不適切なものを，次の①〜⑤から1つ選びなさい。　（難易度■■□□□）

① 子どもが生まれもつ気質が「扱いにくい」場合，親の子どもに対する関わりが難しく，親としての自信や養育への意欲が失われることで，結果として子どもの問題行動が結実していくという「発達的悪循環」が生じる可能性がある。

② 子どもの問題行動が生じた際には，例えば「母親の愛情が足りないから(原因)子どもが問題行動を起こす(結果)」など直線的因果律で考えがちだが，「子どもが問題行動を起こすから，母親が子どもに愛情を注げない」ともいえ，原因と結果が相互に影響し合っている円環的因果律を用いることが必要である。

③ アロマザリングとは，子育て中の母親の周りにいるさまざまな個体が子育てに関わり，共有するシステムであり，ヒトにおいても見られる行

動だが　今はそのシステムが失われ孤育てになっている現状がある。

④　ファミリーアイデンティティ(FI)とは，自分が家族とみなす範囲のことであり，これは，血縁関係や法的関係，同居の有無によって規定される。

⑤　コペアレンティングとは，子育てに関わる者同士が，子育てに関して互いに支え合い，調整し合う関係のことであり，コペアレンティングが良好でも夫婦関係が良好とは限らない。

9 多様な家庭・配慮の必要な家庭とその支援に関する記述として不適切なものを，次の①〜⑤から1つ選びなさい。　　　　　　(難易度■■■■□)

①　マルトリートメント(不適切な養育)とは，虐待を含め，それが子どものためであるという認識に基づくものであっても，子どもの心やからだを傷つけるような行為すべてを指す。

②　ステップファミリーとは，主に子どもを連れた再婚などで血縁関係のない親子関係やきょうだい関係を含む家庭のことであるが，大人に比べて子どもは適応が早いため，新しい家族を受け入れ，家族としての一体感を感じられるようになるまでほとんど時間を要さない。

③　虐待を受けている子どもが無気力で抑うつ的になってしまうメカニズムは，不快な状況から逃げ出そうとしても逃げ出せない状況に長くいると，そこから逃げ出そうとする努力さえしなくなってしまう学習性無力感が考えられる。

④　近年，外国にルーツをもつ子どもが増えているため，保育者が積極的に異なる文化に関心や学ぶ姿勢をもち，異なる文化的背景をもつ者同士が尊重し合える保育の場を作る必要がある。

⑤　日本では相対的貧困率の高さが問題であり，子どもたちが家庭で得られる経験に家庭の経済状況による格差が生じているため，保育所では家庭で不足した子どもの経験不足を補う役割がある。

10 子どもの心の健康に関わる問題に関する記述として適切なものを，次の①〜⑤から1つ選びなさい。　　　　　　(難易度■■■■■)

①　選択性緘黙とは，他の状況では年齢相当に話せるのに対し，特定の社会状況で一貫して話をすることを自らの意志で拒否する状況が，1ヶ月以上持続している状態をいう。

②　性器いじりは，性器に刺激を与えて身体的快感を得る行為のことであ

るが，習慣化しないように厳しく制止しなくてはいけない。

③　自閉スペクトラム症は社会的なコミュニケーションの難しさがその中核症状であり，対人的交流に対して関心を示すことはない。

④　逆境でも良好な発達や社会適応を達成する人はレジリエンス(精神的回復力)が高いと考えられるが，このレジリエンスは個人のもって生まれたものであり，発達の過程で獲得されることはない。

⑤　乳幼児期は発音が未熟でもあまり気にする必要はないが，周囲の大人が噛む・吹く・吸う・舌を動かすといった遊びや活動を楽しめるような工夫をすることで，子どもの発音の発達を支援することは可能である。

11　次のア～オは，乳幼児期の遊びの形態である。発達のより早い時期に観察されるものを左から順に並べたものとして適切なものを，あとの①～⑤から1つ選びなさい。　　　　　　　　　　　(難易度■■□□□)

ア　協同遊び　　　イ　傍観的行動　　ウ　連合遊び　　エ　並行遊び
オ　ひとり遊び

①　オ－イ－エ－ア－ウ
②　オ－イ－エ－ウ－ア
③　オ－エ－イ－ア－ウ
④　エ－オ－イ－ウ－ア
⑤　エ－イ－ウ－ア－オ

12　環境や環境移行に関する記述として不適切なものを，次の①～⑤から1つ選びなさい。　　　　　　　　　　　　　　　(難易度■■■□□)

①　ブロンフェンブレンナーは，子どもを取り巻く環境を生態学的システムととらえ，マイクロシステム，エクソシステム，マクロシステムの3水準に整理している。

②　生態学的とは「個人と環境の相互作用を想定している」ということであり，弟妹の誕生，入園や入学，卒園や卒業などで子ども自身の立場や役割が変化すると，他のシステムもそれに連動して変化する。

③　環境の変化はたとえ入園や進級のようにポジティブなものでも，生活の見通しがもてないことでストレスとなることを理解し，子どもや保護者と関わることが必要である。

④　弟妹の誕生や就学などの環境変化に際して示す幼児退行(赤ちゃん返

り)は，新しい環境に対する心理的葛藤の現われであり，甘えが受け止められ安心感を得ることで再び自立に向かうことができる。

⑤　子どもが周囲の環境に興味関心をもてるのは情緒が安定しているからであり，保育所における子どもの環境を通した育ちの基盤は，保育者と子どもとのアタッチメント形成であるといえる。

⓭ 就学の援助に関する記述として適切でないものを，次の①～⑤から1つ選びなさい。 (難易度■■■□□)

①　読み書きの習得には音韻意識が必要であるが，これは4歳頃から学童期を通して遊びの中で育まれる。

②　就学に伴い，子どもたちは場を共有していない人でも理解できるような二次的ことばの習得を求められるが，二次的ことばの習得に際しては生活経験と切り離した内容で他者に伝える訓練が必要である。

③　小学校では，幼児期に自発的な遊びを通して育まれてきたことが各教科の学習に円滑に接続され，主体的に学びに向かえるようスタートカリキュラムが行われている。

④　子どもたちは生活や遊びの中で自らの必要感に基づいて，数量の感覚や文字の読み書きを身に付けるため，日常的に保育者が数量や文字を効果的に活用する姿は子どもたちの就学の援助につながる環境設定の1つといえる。

⑤　小学校における交流会は，小学生にとっても幼児と接する経験の中で責任感や表現力が育まれるなど，メリットがあるといえる。

⓮ 養護および教育の一体的展開の観点から，乳児を泣かせないようにと先回りしてお世話することの問題に関する記述として不適切なものを，次の①～⑤から1つ選びなさい。 (難易度■■□□□)

①　泣くことで，自らの欲求を満たすために必要な大人の関わりを引き出す経験が，周囲の大人に対する信頼感の形成につながるから。

②　泣くことは，子どもにとって1つのコミュニケーション手段であり，泣くことで他者に自らの欲求を知らせるための表現力を身に付けられるから。

③　泣くことで，自らの欲求を満たすために必要な大人の関わりを引き出す経験が，自らが行動の主体として環境に影響しうる存在であるという自己肯定感の獲得につながるから。

④ 人生において解消されない不快もあると，身をもって知らせることも必要であるから。

⑤ 自らの不快な状態を自覚することも，今後，自らの不快な状態に対処するために必要であるから。

⑮ 保育士としての心構えに関する記述として不適切なものを，次の①〜⑤から1つ選びなさい。 （難易度■■■■□）

① 平成29年に改訂された保育所保育指針では，保育所は児童福祉施設であると同時に，幼児教育を行う施設であることが明記されている。保育士は子どもたちの遊びの援助を通して教育を行っているという意識が必要である。

② 「学びに向かう力，人間性等」のような非認知能力(社会情動的スキル)を育むためには，大人が指示を出したり知識を与えたりする教育ではなく，子ども自身が主体となって正解のない遊びのような活動の中で試行錯誤する経験が必要である。

③ ピグマリオン効果は，子どもに対するはたらきかけが期待に沿ったものになるというメカニズムであることから，どの子どもにも期待をもって関わることが大切である。

④ 否定をせずに肯定的な態度で保護者の話を傾聴するカウンセリングの技法は，保護者との信頼関係の構築においても有用である。

⑤ 子どもが不安になっている時は，子どもがその不安に注意を向けることのないように，笑顔で励ましたりポジティブなことばかけをしたりすることが大切である。

⑯ いざこざやけんかの発達的意義に関する記述として不適切なものを，次の①〜⑤から1つ選びなさい。 （難易度■■■■■）

① 自分だけでなく，相手にも自我があることに気が付く機会になる。

② 共同生活におけるルールを学ぶ機会になる。

③ 自己抑制を核とした自己制御能力を身に付ける機会になる。

④ 自らの葛藤に折り合いをつけるためにどうしたら良いのかを考える機会になる。

⑤ 適切な自己表現の方法を習得する機会になる。

解答・解説 A

1 ②

解説

① 適切。生理的早産と呼ばれる。

② 適切ではない。生涯にわたって獲得と喪失の両方が生じる。例えば，生後半年頃まで子どもは非母語の子音も聞き分けができるが，1歳頃にはそうした能力は失われることが分かっている。

③ 適切。エリクソンは心理社会的発達段階説，ピアジェは認知発達段階説を提唱した。

④ 適切。例えば，外向性が高い場合は社会的な活動に積極的に参加することでさらに外向性が高まることが考えられる。

⑤ 適切。ヴィゴツキーは子どもの精神発達は社会生活に起源があると考え，他者の存在を重視した。

2 ②

解説

① 母性的養育の重要性を主張したが，母性的養育とは特定の他者による温かな養育を意味しており，母親とは限らない。

② 適切。安定したアタッチメント形成には，子どもの不安を先回りして取り除くのではなく，子どものネガティブな情動の受け止めが重要であることも押さえておきたい。

③ ハーロウはアカゲザルの代理母実験から，養育者の役割としてスキンシップを通して安心感を与えることの重要性を示した人物。ストレンジシチュエーション法を行ったのはエインズワースである。

④ 心身の発達に深刻な影響を及ぼすのは無秩序・無方向型の場合である。回避型やアンビバレント型は不安定型ではあるが，アタッチメント行動が組織化されており，最低限必要な安心感は得られていると考えられている。

⑤ 内的作業モデルはその後の経験で変わる可能性もある。また，近年は，関係ごとに独立した内的作業モデルが形成される可能性も指摘されている。例えば9歳時点の担任教師や仲間との関係性には，乳幼児期の母親とのアタッチメントの質よりも，保育者とのアタッチメントの質が関連していたという研究結果もある。

3 ③

解説

　共同注意とは，他者と同じ対象に注意を向け合うことであり，これによって，「自己−他者−対象」の三項関係を成立させることができる。三項関係によって他者から対象について学べるようになることで，認知発達や言語発達が飛躍的に向上する。共同注意が可能になる時期から「9ヶ月革命」と呼ばれる。なお，選好注視法はファンツによって開発された言語をもたない乳児の興味を測定する方法である。

4 ⑤

解説

① 適切。生後4ヶ月頃には音の高さや強さを変えながら長めに発声し，笑い声も出るようになる。

② 適切。規準喃語は聴覚障害児ではまれにしか見られない。

③ 適切。意味をもつ最初の語を初語と呼ぶ。

④ 適切。一語発話の時期である。1歳半を過ぎて発語が50語を超えるあたりから語彙爆発が訪れる。

⑤ 適切ではない。外言(コミュニケーションのための言葉)と内言(思考のための言葉)を区別して理論化したのはヴィゴツキーである。ピアジェはひとりごとを自己中心性の現われととらえ，自己中心語と呼んだ。

5 ③

解説

① 適切。レディネスはゲゼルの成熟優位説とセットで確認すること。

② 適切。オペラント条件づけによる行動形成である。

③ 適切ではない。正しくは外発的動機づけである。正の強化子はオペラント条件付けの用語であるが，オペラント条件付けは，行為者の外発的動機づけを利用したものといえる。内発的動機づけを高めるためには，例えば，便座で排泄した際に「すっきりしたね！」と子どもの内的状態に言及することで，その行動自体の価値に気づいてもらう方法があるだろう。

④ 適切。観察学習とは自分が直接経験しなくても，他者が行動した結果を観察することで，新たな行動を習得することである。

⑤ 適切。排泄の自立に限らず，基本的生活習慣の獲得全般にいえることである。

6 ③

解説

① 適切。仲間集団に適応する中で，他者の思考や感情，視点を理解する力が発達する。

② 適切。学童期の心理社会的危機は「勤勉性対劣等感」であり，つまずきにより劣等感を感じやすくなるが，挫折し，それを乗り越える経験が，その後の人生の糧になるという理解も重要である。周囲の大人には，子どもがつまずきや困難と向き合えるようサポートすることが求められる。

③ 適切ではない。青年期前期の愛着対象者は友人や恋人というより身近な大人である。不安定な時期ゆえ，反抗的な態度が見られるが，周囲の大人はその発達の過程を理解し，何かあった時の安全基地として機能できるよう，子どもを受容し，見守ることが大切である。

④ 適切。近年はSNSが友人との親密性を確認するために利用されているため，返信しないことで自分が仲間外れにされてしまうのではないかという不安から，SNSの過剰利用も問題となっている。

⑤ 適切。形式的操作もできるようになり，自己や他者を客観的に見ることにより，自己矛盾で葛藤したり，大人に対する反発心をもったりする。

7 ①

解説

① 適切ではない。これは，自らの子どもを育てることだけではなく，組織や地域社会の中で，次の世代を意識し，次の世代のために役割を果たしていくことを意味している。

② 適切。「空の巣症候群」と呼ばれるように，育児に専念していた女性が，子どもの自立に際して自らのアイデンティティが揺らぎ心身の不調を訴えることもある。この時「自分はどう生きていくか」と再び向き合う中でアイデンティティは再体制化されていく。

③ 適切。キャッテルは，一般的知能は過去の経験や学習の影響を強く受けて発達する「結晶性知能」と，文化や教育の影響が少ない「流動性知能」に分けられると提唱した。

④ 適切。社会情動的選択理論による説明である。

⑤ 適切。この人格形成のプロセスは「個性化」と呼ばれる。

8 ④

解説

① 適切。トマスらによる縦断研究で明らかになった気質のタイプも確認しておきたい。気質と環境の相互作用の中で発達は進むため，気質と環境の適合の良さが重要であると指摘されている。

② 適切。家族というシステム(まとまり)はとても複雑で，そこで生じた問題の原因を1つに特定することは難しい。例えばこの事例では，母親が父親のサポートを得られず，子育てをひとりで背負っていることも問題の一端を担っているかもしれない。

③ 適切。父親の育児参加を促すことはもちろん，社会全体で子育てするシステムを整える必要がある。

④ 適切ではない。ある調査によれば，愛情や交流のない配偶者よりも，愛情を込めて育てているペットの方が家族とみなされる場合もあるなど，血縁関係や法的関係，同居の有無で必ずしも規定されるわけではない。家族のとらえ方は一人ひとり異なるという認識が必要である。

⑤ 適切。例えば離婚した夫婦でも，子どもを育てるコペアレンティングの関係は良好に機能するケースもある。

9 ②

解説

① 適切。虐待した保護者が「しつけ」を理由とすることもあるが，「子どもにとって心身ともに健康，安全で情緒の安定した生活が少しでも脅かされれば，それは虐待」という子ども側に立った判断をすべきと考えられている。

② 適切ではない。ステップファミリーが一体感を確立するにはおよそ5〜7年かかると指摘されている。実際にコミュニケーションを重ねて適切な距離感(子どもが安心・安全を感じられる距離感)を形成する必要があり，大人だけでなく子どもにも多大な労力，努力が求められる。

③ 適切。どう頑張っても保護者に愛してもらえない経験は，子どもの自己肯定感や自尊心の低下をもたらす。保育者としては子ども自身の言動を受け止め，子どもの安全基地となること，「あなたは大切な存在なのだ」と根気強く伝えていくことが大切である。

④ 適切。外国にルーツをもつ家庭に限らず多様な家庭がある中で，保育

者は自分がもつ価値観を大切にしながらも，他者の価値観を否定せず受け止め，子どもの保育の必要に応じて折り合いをつけていく柔軟な姿勢が求められている。

⑤　適切。日本では生存の維持に困難が生じる絶対的貧困の状態にある子どもは少ない一方，標準的な生活水準が維持できない相対的貧困の状態にある子どもは多くなっている。そうした家庭の保護者は仕事で忙しく，子どもに十分に手をかけられていないことも多いため，保育者は子どもとの一対一の関わりの中で愛着形成をはかりながら，基本的生活習慣の獲得を丁寧にサポートしていくことなどが求められる。

❿ ⑤

解説

①　選択性緘黙は自分の意志で話さないことを選択しているという誤解を生じやすいために，当事者，保護者や支援者の間では「場面緘黙」を用いることが多い。実際には，子どもにとって話したいのに話せない状況であることに留意したい。

②　不安や葛藤を落ち着けるための行為であるとすれば，大人がびっくりして叱ることはかえって子どもの行為を助長するので，スキンシップをとるなどできる限り別のところで欲求不満が解消できるようにしていく。

③　自閉スペクトラム症で社会的コミュニケーションが難しい理由は「心の理論」が活用できず，他者の行動の背後にある心の世界を推測することが難しいからである。したがって，他者との接触を積極的に図ろうとするケースもあるが，他者の心的状態を配慮したものではないため，コミュニケーションの観点で違和感が生じることがある。

④　レジリエンスは，ストレスの影響の受けやすさの個人差を説明する概念。もともと備わる気質的な要素と，ソーシャルサポートの状況，他者との関係の中で育まれる社会的スキルもレジリエンスを構成する大切な要素である。

⑤　適切。発音は構音とも呼ばれ，およそ6歳頃完成する。風車を強く早く吹く，笛をゆっくり優しく吹く，食事をゆっくりよく噛んで食べる，棒付きキャンディーをぺろぺろなめるといったことが口や舌を動かす練習になる。また，発音の間違いを指摘したり，笑ったりして，子どもの自尊心を傷つけることがないように気を付けたい。

11 ②

解説

　これらの遊びは，パーテンが子どもの社会的参加に注目して自由遊びを観察，分類したものである。特に同じもので遊んでいるが相互のやりとりのない並行遊び，物の貸し借りや会話などやりとりのある連合遊び，明確なルールや目標があり，それにしたがって役割分担をする協同遊びの違いを整理しておきたい。また，4・5歳児クラスになると友だちと遊ぶ姿が多くなる一方で，自分のやりたいことに没頭し，ひとり遊びをする姿も見られる。ひとり遊びは決してレベルが低いものではないという点に留意したい。保育者は子どもの「自分の世界」も「友だちとの世界」も大事に，一人ひとりの成長に寄り添う姿勢が必要である。

12 ①

解説

① 　適切ではない。環境には子どもが直接関わる環境であるマイクロシステム(親，保育者など)同士の関係であるメゾシステム(すなわち家庭と園の連携)の水準が含まれる。

② 　適切。クロノシステムと呼ばれる。

③ 　適切。新入園児は，保護者が必ず迎えにきてくれること，園生活の見通しがもてるようになることで，徐々に不安が低減する。まずは不安を受容することが必要。

④ 　適切。アタッチメントの概念についても再度押さえておきたい。

⑤ 　適切。保育士は，子どもたちの環境を通した学びを支える重要な環境のひとつである。

13 ②

解説

① 　適切。「うさぎ」と聞いて文字にするためには「う」と「さ」と「ぎ」に音韻を分解し，1音ずつ抽出する力が必要である。

② 　適切ではない。文脈を共有しない人にことばだけで伝えることは負担が高いため，「伝えたい」と思える充実した生活経験の方が求められるといえる。

③ 　適切。保育所側で行われるのはアプローチカリキュラム。小学校との交流活動や，協同的な活動・話し合いなどの保育内容を工夫する形で行

われている。

④　適切。小学校教育の先取りが求められているわけではない。

⑤　適切。保幼小連携において互恵性(双方に意味のある関係であること)はポイントの1つである。

14 ④

解説

④　最終的に自らの不快が取り除かれるという体験が，子どもにとって周囲に対する基本的信頼を獲得するためには重要である。

15 ⑤

解説

①　適切。幼児教育を行う施設として幼稚園，子ども園と「育みたい資質・能力」と「幼児期の終わりまでに育ってほしい姿(10の姿)」が共有された。

②　適切。非認知能力(社会情動的スキル)には好奇心や集中力，自己制御能力や自己肯定感などが含まれる。

③　適切。ピグマリオン効果とは，期待をするとその通りに子どもが伸びるというものである。

④　適切。受容と共感を基本とするカウンセリングの技法は，保育や保護者支援においても有用である。

⑤　適切ではない。ネガティブな気持ちをないものにせず，それを当たり前と受容してから「先生が一緒にいるよ」「大丈夫だよ」など情動調整する方が感情制御の発達を促すことができる。

16 ③

解説

③　自己制御能力は自己抑制を核としたものではなく，自己主張と自己抑制の2側面からなり，そのバランスをとる力といえる。自己主張も社会生活においては重要であり，双方の主張をしっかりと受け止めるようにしたい。

第5章

専門試験
子どもの保健

1. 子どもの保健の意義

▶ 子どもの保健の意義

　子どもの命を護り，子どもの発育(成長・発達)を見守り，健康を保持増進させることは，保育士の大切な役割である。子どもの保健では，

　子どもの体のしくみや疾病の正しい知識を身につけ，疾病の早期発見・早期対応および疾病予防の他，子どもの事故予防や救急対応だけではなく，子育て支援や地域連携

について活用していかなければならない。

▶ 健康の定義

　「健康」は，WHO(世界保健機構)によると，以下のように定義されている。

「健康とは，病気でないとか弱っていないということではなく，肉体的にも精神的にも，社会的にもすべてが満たされた状態である。」

　この条文にあるように，ただ病気でない，弱っていないというだけではなく，心身ともに，また社会生活においてもすべてが満たされている状態である。子どもの虐待や社会情勢も含めた子どもの健康全般について，理解を深めておきたい。

　また，親の喫煙など生活習慣が子どもに影響を与えることも多々ある。**乳幼児突然死症候群(SIDS)**についても，原因や予防をしっかり理解しておきたい。

2. 子どもの発育と成長・発達

　子どもの発達や発育，運動機能等について正しく理解し，評価することが大切である。

▶ 小児期の区分

　発育とは，成長と発達の両方を含めたものをあらわす用語として使われる。子どもは成長・発達の段階により，いくつかに区分される。一般的な小児期の区分は，以下の通りである。

- ・**新生児期**：生後4週目未満の時期
- ・**乳児期**　：生後1年未満(新生児期を含む)の時期
- ・**幼児期**　：1歳以上小学校就学前まで
- ・**学童期**　：小学校入学から満18歳まで

▶▶ 成長・発達

成長は，量的増大をいい，乳幼児では身長，体重，頭囲，歯の本数が増えていく状態などがあたる。

発達は，臓器の持つ機能を発揮していく過程，未熟な状態から成熟する過程を言う。例えば運動機能においては，脳が成熟していく過程で首がすわり，お座りをして，1歳から1歳半ころまでに立って歩けるようになる過程をいう。

成長・発達の原則は，

①頭部から尾部へ　②中心から末梢部へ　③全体から特殊へ

の3つを頭に入れておくとよい。また，子供の成長・発達は個人差が大きいが，発育は身体の各部が一様に進むのではなく，速度も一定ではない。身長や体重は乳児期に著しく伸び，臓器別では，脳神経系と免疫系の発育が乳児期に著しく，生殖系は12歳以降に進むことを覚えておくと子どもを理解しやすい(**スキャモンの発達・発育曲線参照**)。

〈スキャモンの発達・発育曲線〉

▶▶ 発育評価

身体発育評価の基準は，乳幼児では10年に一度厚生労働省が実施している乳幼児身体発育調査に基づく男女別の乳児身体発育パーセンタイル曲線が用いられる。パーセンタイルとは，データを小さい順に並べ，最小値から数えて何パーセント目に位置するかを表す値である。母子健康手帳などに乳幼児身体発育パーセンタイル曲線などは掲載されているため，確認しておきたい。

そのほか，肥満とやせの判断の指標として，肥満度の計算や身長体重曲線，指数を用いるカウプ指数，ローレル指数などによって評価する。

・肥満度：肥満度(%) = $\dfrac{実測体重〔kg〕-身長別標準体重〔kg〕}{身長別標準体重〔kg〕}$ × 100

（評価：[乳幼児]±15％が「ふつう」

[学童以降]±20％が「ふつう」）

・身長体重曲線：横軸に身長(cm)縦軸に体重(kg)

（評価：－15％超＋15％未満が標準）

・カウプ指数：体重(g)÷身長(cm)^2×10

（評価：15以上19未満が標準）

・ローレル指数：体重(kg)÷身長(m)^3×10

（評価：115以上145未満が標準）

　精神発達については運動発達以上に個人差が大きい。言葉の発達は，DENVER II(発達判定法)などを参考にして，発達の基本を理解していくことが大切である。

3. 子どもの生理機能の発達

〈脳〉

　出生時の体重は約3000g，3カ月で2倍，1歳で3倍になる。身長は50cm，1歳で1.5倍になる。脳の重量は出生時は大人の25％(350g)で，3歳で約80％，6歳で大人の90％に達する。

　脳は大脳，間脳，下垂体，脳幹(中脳・橋・延髄)，小脳からなる。出生時，乳幼児期は未熟で，5つの感覚器官(耳，眼，皮膚，舌，鼻)を通し情報を入力し，大脳はその情報を識別統合し，それに応じた行動を起こす。乳幼児期の脳の発達や情報処理に関しては，よく理解しておきたい。

〈呼吸・循環〉

　生後肺呼吸が開始され臍帯が結紮されると，次第に胎児期特有の循環経路である静脈管，卵円孔，動脈管が閉鎖し，成人循環に移行する。1回の拍出量，呼吸量が少なく，その分数を多くして循環・呼吸を維持するため，年齢が低いほど心拍数(脈拍数)，呼吸数は多い。新生児期から2歳ころまでは腹式呼吸，2歳ころより胸腹式呼吸になり，7歳ころになると胸式呼吸になる。

〈水分代謝〉

　新生児，乳児期の腎臓は未熟であり，成人の機能に達するのは2～3歳ころ

である。小児は体重に占める水分の割合が成人に比べ多い。新生児では80%，乳児前期で75%，乳児後期で70%，成人では60%である。

〈体温調節機能〉

　子どもは体温調節機能が未熟なため，環境温度により体温は上昇しやすい。高温・多湿などでは熱の放散が容易に妨げられるため体温は上昇しやすく，夏季熱やうつ熱を起こしやすい。そのため環境温度に注意して衣服の調節をする必要がある。

〈免疫機能〉

　免疫グロブリンには，IgA，IgG，IgM，IgD，IgEの5種類ある。IgGは胎盤を通過できるため，新生児は母子免疫としてIgGを持って生まれる。また母乳にはIgAが含まれており，感染症の予防に有効である。

〈骨と歯〉

　新生児の脳頭蓋は6種8個の骨からできている。前側前頭骨と頭頂骨の間隙を大泉門，後側後頭骨と頭頂骨の間隙を小泉門という。小泉門は生後間もなく閉鎖する。大泉門は1歳6カ月頃までに閉鎖する。

　乳歯は，生後6カ月〜8カ月頃，下の中央(乳中切歯)から生えはじめ，1歳半くらいになると第一乳臼歯が，2歳ごろまでに乳犬歯が生え，最後に第2乳臼歯が2歳半から3歳ころに生え，乳歯20本が揃う。

4．子どもの健康観察，疾病の予防および適切な対応

▶▶ 健康観察

　平常時の子どもの健康観察のポイントをしっかり頭に入れておくことが必要である。「いつもと違う」「何か変」ということに早期に気づき対応できる能力が，保育者には必要不可欠である。

　また，子どもが罹患しやすい疾病の症状を見分けるポイント，体調不良時の対応について理解しておくことが大切である。

【体調不良時の対応】

・発熱

　熱の放散が上手くいかないうつ熱と，細菌やウイルスに感染することによって発熱物質がプロスタグランジンを産生させ体温が上昇する発熱があ

る。むやみに解熱剤を使用して熱を下げない。

・**けいれん**

意識はないことが多い。子どもは熱性けいれんが一番多い。発熱がない場合はてんかんが代表的な病気である。けいれんがおきた場合は，発熱の有無，どこからおきたか，左右差，持続時間などを観察する。

・**嘔吐・下痢**

発熱や腹痛，その他の症状を伴う場合，感染症を疑う。その場合の吐物・排泄物の処理を適切に行う。また，イオン水や経口補水液などの水分が摂れない場合は，医療機関を受診する。

・**咳・呼吸困難・喘鳴**

気道感染症や喘息などで空気の通り道が狭くなった時にゼーゼーなど雑音が見られる。これを喘鳴という。この場合，横にさせるより縦抱きや座らせる姿勢を取らせた方が呼吸しやすい。顔色や口唇の色がすぐれなかったりするときは医療機関を受診する。

▶▶ 感染症や予防接種

子どもが罹患しやすい疾患(感染症や消化器疾患など)について理解を深めておくとよい。また感染の予防と対策として，感染源対策，感染経路対策(飛沫感染，空気感染，接触感染，経口感染)，感受性対策(予防接種)があり，特に予防接種スケジュールについても理解しておくとよい。生ワクチンか不活化ワクチンか，定期接種か任意接種かなど基本的なことも覚えておくとよい。

【子どもが罹りやすい感染症・疾病】

麻疹(はしか)，風疹(三日はしか)，流行性耳下腺炎(おたふくかぜ)，伝染性膿痂疹，手足口病，伝染性紅斑(リンゴ病)，RSウイルス，ロタウイルス感染症，突発性発疹，溶連菌感染症

▶▶ 発達障害

自閉スペクトラム症やADHDなどの特徴，診断基準などはよく理解しておきたい。また，心の病気と言われる反応性愛着障害や脱抑制型対人交流障害，愛情遮断症候群等についても，症状に気づき障害に合わせた対応ができるよう学びを深めておくとよい。

5. 環境および衛生管理・安全管理

▶ 環境・衛生管理

　室内の環境や室外の環境，温度(夏期26〜28℃，冬期20〜23℃)や湿度(50〜60%)を目安にする。玩具や器具は，水洗いおよびアルコールや次亜塩素酸ナトリウムなどで拭く。

▶ 安全管理

　災害時の対応，顕在危険，潜在危険についても理解を深めておく。教育・保育施設等における事故防止及び事故発生時の対応のためのガイドラインに沿って出題されることが増えてきている。誤嚥や窒息，食物アレルギーに関するマニュアル等，ガイドラインで確認しておくとよい。ヒヤリハット報告やPDCAサイクルなどについても理解を深めておくことが大切である。

6. けがの手当と応急処置

　創傷の手当，打撲時の対応(RICE)，鼻血や熱傷時の対応など基本的なことをしっかり覚えておくことが大切である。誤飲・誤嚥，窒息時の対応なども出題されている。心肺蘇生法やAEDの使用方法も動画で検索し，視覚から理解することも有効である。

　個別的な配慮を要するアレルギーの疾患をもつ子ども，食物アレルギーを持つ子どもへの対応などやアナフィラキシーショックの原因と対応についても理解を深めておく必要がある。

Q 演習問題

❶ 知的障害〈精神遅滞〉に関する記述として適切なものを，次の①〜⑤から1つ選びなさい。 （難易度■■■■□）

① 知的障害〈精神遅滞〉の評価は，知能指数のみで定義される。

② 知的障害〈精神遅滞〉は，女児のほうが男児より多い。

③ 知的障害〈精神遅滞〉の原因に，胎児性アルコール症候群は含まれない。

④ 軽度の知的障害〈精神遅滞〉においても，ほとんど原因となる要因が明確である。

⑤ 知的障害〈精神遅滞〉は，自閉性障害の代表的な併存症である。

❷ 子どもの欲求と防衛機制に関する記述として適切なものを，次の①〜⑤から1つ選びなさい。 （難易度■■■■□）

① 子どもが自分のほしいおもちゃを買ってもらえないとき，「あのおもちゃは面白くない」というのは「補償」の防衛機制である。

② 子どもがTVのヒーローになりきって高い所から飛び降りたり，乱暴な遊びをしたりするのは，「同一視」の防衛機制である。

③ 弟や妹が生まれたとき，上の子に幼いころの行動が現われ，親に甘えたりするのは「置き換え」の防衛機制である。

④ 子どもが自分の願いをなかなか言い出せず，我慢しているのは「抑圧」による防衛機制である。

⑤ 幼い妹や弟に対して，自分の母親にそっくりな様子で世話をしたり叱ったりするのは「投影」の防衛機制である。

❸ 次の文は，自閉スペクトラム症に関する記述である。適切な記述を○，不適切な記述を×とした場合の正しい組み合わせを，あとの①〜⑤から1つ選びなさい。 （難易度■■■■■）

ア 自閉スペクトラム症の症状には，「社会的コミュニケーションおよび対人的相互反応における持続的な欠陥」と「行動，興味，または活動の限定された反復的な様式」がある。

イ 2歳6カ月男児。友達や保育士と話すことはするが，会話が一方通行で目が合いにくい。母親との関係は良好である。砂場での泥遊びを極端に嫌がる。パチパチ手を打ち鳴らす。

ウ　自閉スペクトラム症は，自閉症，アスペルガー症候群，広汎性発達障害などを含む疾患概念で，発達障害のひとつである。

エ　自閉スペクトラム症は，知的障害は持っていないことが多く，てんかんを合併することがある。

オ　自閉スペクトラム症は，発達障害の中でももっとも頻度が高く，発症率は約100人に1人いるといわれている。また，女性よりも男性のほうが約2倍多い。

	ア	イ	ウ	エ	オ
①	○	×	○	○	×
②	○	×	○	×	×
③	○	×	×	○	×
④	○	○	○	×	×
⑤	×	×	○	○	○

4 子どもの障害や問題行動に関する記述として適切なものの組み合わせを，あとの①～⑤から1つ選びなさい。　　　（難易度■■□□□）

ア　衝動的で攻撃的な子どもは，家庭で虐待を受けている可能性など家庭環境を含めて考える。

イ　子どもの爪かみ，指しゃぶりは内因性の神経性習癖と考えられる。

ウ　夜尿はトイレトレーニングが不十分なことが原因と考えられる。

エ　吃音は正しく言えるまで根気よく繰り返し発音させる。

オ　ADHDの子どもには，医師によって薬剤が処方されることがある。

①　ア，オ　　②　イ，ウ　　③　イ，エ　　④　ウ，エ
⑤　ウ，オ

5 次の文は，「保育所におけるアレルギー対応ガイドライン（2019年改訂版）」（厚生労働省，平成31年4月）による子どものアレルギーに関する記述である。適切な記述を○，不適切な記述を×とした場合の正しい組み合わせを，あとの①～⑤から1つ選びなさい。　　　（難易度■■□□□）

ア　生まれ持ったアレルギーの症状は年齢によって変化することはない。

イ　乳幼児期で起こるアナフィラキシーの原因のほとんどは食物アレルギーである。

ウ　乳幼児期早期に発症する子どもの食物アレルギーのうち，鶏卵，牛乳，

小麦などについては，かなりの割合の子どもが就学前に耐性化すると考えられている。

エ　通年性アレルギー性鼻炎は主に動物(猫や犬など)のフケや毛などが原因で生じる。

オ　気管支ぜん息のときに聞かれる音(喘鳴)は，気道が広くなることで起こりやすくなる。

	ア	イ	ウ	エ	オ
①	○	×	○	○	×
②	○	○	×	×	○
③	○	×	×	○	×
④	×	○	○	×	×
⑤	×	×	○	○	○

6 「健やか親子21」に関する記述として正しい記述を，次の①～⑤から1つ選びなさい。　　　　　　　　　　　　　　　(難易度■■■■□)

① 2015年に策定された「健やか親子21」(第2次)は，2015年から5年間の国民運動計画である。

② 2013年に発表された第1次計画の最終評価報告書によると，10代の性感染症罹患率は確実に減少している。

③ 2013年に発表された第1次計画の最終評価報告書によると，低出生体重児の割合は減少している。

④ むし歯のない3歳児の割合は，2012年現在80％を切っている。

⑤ 児童虐待による死亡数の最終評価目標は，心中以外・心中それぞれ50人以下である。

7 2023年の「人口動態調査」に関する記述として適切なものを，次の①～⑤から1つ選びなさい。　　　　　　　　　　(難易度■■□□□)

① 「人口動態統計」(厚生労働省)によると，2023年の母親の年齢階級別合計特殊出生率で最も高い母親の年齢は30～34歳となっている。

② 2023年の人口動態統計において，乳児の男児における死因は先天奇形，変形及び染色体異常で約半数を占める。

③ 2023年の合計特殊出生率(総数)は，前年を上回った。

④ 2019年の出生数が100万人を下回り，その後2020年から2022年にかけて

低下していたが，2023年は若干増加した。

⑤　母親の年齢(5階級)別出生数は，全ての年齢で前年より減少した。

8 身体発育(身体発育曲線，カウプ指数)に関する記述として適切なものを，次の①〜⑤から1つ選びなさい。　(難易度■■□□□)

①　カウプ指数は，乳幼児の身体バランスを見る指標で，その計算方法は体重(g)÷身長(m)^2×10で示される。

②　出生率は，人口100人に対する出生数である。

③　児童福祉法では，生後1年未満(新生児期を含む)の子どもは乳児に区分される。

④　児童福祉法では，幼児は2歳以上就学前までである。

⑤　新生児期の生理的体重減少は，通常，出生体重の15％程度減少する。

9 生理機能の発達について正しい記述を，次の①〜⑤から1つ選びなさい。　(難易度■□□□□)

①　脳細胞は出生後もしばらくは増え続け，それによって脳の重量が増える。

②　小児は一般に，大人より平熱が高い。

③　乳児のうちは胸式呼吸だが，成長とともに腹式呼吸になる。

④　乳児の脈拍は成人よりも多く，血圧も成人より高い。

⑤　新生児が緑色の便をした場合は異常と考えられる。

10 精神運動機能の発達について正しい記述の組み合わせを，あとの①〜⑤から1つ選びなさい。　(難易度■■□□□)

ア　1〜2か月 ──── あやすと声を出して笑う。

イ　5〜6か月 ──── 首がすわる。

ウ　9〜10か月 ──── ハイハイをする。

エ　11〜12か月 ──── 二語文を話す。

オ　1歳6か月〜2歳 ── おしっこを教える。

　　①　ア，イ　　②　イ，ウ　　③　イ，エ　　④　ウ，エ

　　⑤　ウ，オ

11 空気感染することのある感染症を，次の①〜⑤から1つ選びなさい。

(難易度■■□□□)

① 流行性耳下腺炎

② インフルエンザ

③ 百日咳

④ 水痘(水ぼうそう)

⑤ 咽頭結膜熱

12 小児期に見られる疾患に関する記述として正しい組み合わせを，あとの①〜⑤から1つ選びなさい。 (難易度■■■□□)

ア SIDS(乳幼児突然死症候群)── うつぶせ寝

イ アトピー性皮膚炎 ──────── 細菌感染

ウ 周期性嘔吐症 ────────── 過食

エ 熱性けいれん ──────── 脳神経の働きの異常

オ てんかん発作 ────────── 光の点滅

　① ア，イ　　② ア，オ　　③ イ，ウ　　④ ウ，オ

　⑤ エ，オ

13 小児期に見られる症状について適切な記述を，次の①〜⑤から1つ選びなさい。 (難易度■□□□□)

① 乳幼児の発熱は，多くは脱水によって起こる。

② 乳幼児の嘔吐は，多くは過食によって起こる。

③ 乳幼児の腹痛は，精神的緊張によって起こることもある。

④ 乳幼児のけいれんは，多くは脱水によって起こる。

⑤ 乳幼児の咳は，おもに空気の乾燥によって起こる。

14 乳幼児期の虫歯について正しい記述を，次の①〜⑤から1つ選びなさい。

(難易度■■□□□)

① 乳幼児期の虫歯は食品中に含まれる原因菌に感染することによって生じる。

② 原因菌は強いアルカリを生成し，歯のエナメル質からカルシウムを溶かす。

③ 乳歯の虫歯は永久歯には影響しない。

④ 奥歯よりも前歯のほうが虫歯になりやすい。

⑤ 寝ながらの哺乳瓶使用は虫歯の原因になるため，問題視されている。

15 けがの応急処置について適切な記述の組み合わせを，あとの①〜⑤から1つ選びなさい。 (難易度■■■□□)

ア　鼻出血 ─── 仰向け

イ　溺水 ─── 人工呼吸

ウ　やけど ─── 衣服を脱がし洗面器に溜めた水に患部を浸す

エ　ねんざ ─── 固定

オ　熱中症 ─── 真水を与える

　　① ア，イ　　② イ，ウ　　③ イ，エ　　④ ウ，エ

　　⑤ ウ，オ

16 救命処置に関する記述として適切なものを，次の①〜⑤から1つ選びなさい。 (難易度■■■□□)

① 呼吸停止から5分が経過するとほとんど助からない。

② 乳幼児の場合，呼吸をしていないと判断した時は，1分間に胸骨圧迫60回，人工呼吸1回ずつ交互に行う。

③ 胸骨圧迫は，乳児には片手のひら，幼児には両手のひらで行う。

④ 気道確保は胸にあごを引き寄せるようにする。

⑤ 幼児にAED(自動体外式除細動器)を使用する場合，2枚が重ならないように貼れば成人用パッドを使用しても構わない。

17 小児の予防接種に関する記述として適切なものを，次の①〜⑤から1つ選びなさい。 (難易度■■■□□)

① 保護者は，予防接種を受けるときは母子手帳を持参し，予防接種記録の記載を受けなければならない。

② 3種混合ワクチンは，ジフテリア，結核，破傷風に対するワクチンである。

③ 流行性耳下腺炎の予防接種は，任意予防接種である。

④ 予防接種は，ワクチンの種類によって一定の間隔をあけて接種するが，注射生ワクチンは次回接種までに20日間以上あける。

⑤ ポリオワクチンとBCGワクチンは，2012年より不活化ワクチンに変更

になった。

⑱ 事故防止並びに安全管理等に関する記述として適切なものを，次の①〜⑤から1つ選びなさい。 (難易度■■■■■)

① 通常の条件下では危険ではないが，何らかの条件の変化で危険となって現れる危険を顕在危険という。

② 「令和5年教育・保育施設等における事故報告集計」によると，教育・保育施設等の事故が一番起こりやすい場所は，施設内の屋内である。

③ 教育・保育施設等で発生した死亡事故や治療に要する期間が30日以上の負傷や疾病を伴う重篤な事故等(令和5年1月1日から令和5年12月31日の期間内)に国に報告のあった事故負傷等のうち7割以上が骨折によるものであった。

④ 「児童福祉施設の設備及び運営に関する基準」(昭和23年厚生労働省令第63号)第6条第2項において，避難訓練は少なくとも1年に1回は行わなくてはならないと規定されている。

⑤ 教育・保育中の事故の場合，事故に遭った子ども以外の子どもを事故が発生した場所と別の職員室等に移す。事故発生場所については，二次的な事故が発生する可能性があるためその場の片付け，物の移動等を行う。

⑲ 子どもの疾病・症状に関する記述として適切なものを，次の①〜⑤から1つ選びなさい。 (難易度■■■□□)

① 子どものウイルス感染時の発熱は，体温調節中枢が未熟なため熱の放散が上手くいかなくなって熱が上昇する。

② 飛沫が乾燥し，空気中に広まって感染が広がることを飛沫感染という。

③ 熱性けいれんを起こしたことがある幼児が発熱したため，予約依頼表に座薬の指示があったことを確認し，幼児を右向きに寝かせ，ベビーオイルを座薬のとがった先に塗り，肛門に挿入した。

④ 乳児アトピー性皮膚炎は，食物アレルギーとは関係ない。

⑤ 嘔吐と下痢が治まり，元気に遊んでいる場合でもノロウイルスは他児に感染する。

⑳ 食中毒の原因菌に関する記述として正しいものを，次の①〜⑤から1つ選びなさい。 (難易度■■□□□)

① 腸炎ビブリオの原因食品は，大半が肉類である。

② サルモネラ菌は，カキなどの二枚貝から感染することが多い。

③ O−157は，十分な加熱で予防できる。また，人から人への二次感染は起こらない。

④ はちみつを1歳未満児に与えると，ボツリヌス症を発症することがある。

⑤ ブドウ球菌による食中毒は，有機農法の野菜が原因となりやすい。

解答・解説

1 ⑤

解説

① 知的機能は知能検査によって測られ，平均100，標準偏差15の検査では知能指数(Intelligence Quotient, IQ)70未満を低下と判断している。しかし，知能指数の値だけで知的障害の有無を判断することは避けて，適応機能を総合的に評価し，判断するべきとされている。

② 男児の方が多い。男女比はおよそ1.6：1(軽度)～1.2：1(重度)。

③ 胎児性アルコール症候群(FAS)は，こどもの精神発達遅滞や先天異常の原因の一つである。

④ 原因としては，染色体異常・神経皮膚症候群・先天代謝異常症・胎児期の感染症(たとえば先天性風疹症候群など)・中枢神経感染症(たとえば細菌性髄膜炎など)・脳奇形・てんかんなど発作性疾患があげられ，多岐にわたっているため明確ではない。

⑤ 適切。精神遅滞が重症なほど，難治性てんかんと自閉症/自閉症スペクトラム障害を有する頻度が有意に高いことが示されている。

2 ②

解説

① もっともらしい理由で自分を納得させるのは「合理化」。「補償」はある対象に劣等感を抱くとき，ほかのことで優位に立とうとする防衛機制。

② 適切。「同一視」は重要あるいは望ましい他者を自己と同一のものとみなす防衛機制である。

③ 記述は「親に構ってほしい」などの欲求が挫折したことによる「退行」である。「置き換え」はある物事への関心を別のものに置き換えて充足させようとする防衛機制。

④ 「抑圧」とは，願望や衝動を自分自身が受け入れ難い，あるいは実現困難なために，それを意識に上らせないようにしている防衛機制。記述は本人が願望をはっきりと意識している。

⑤ 母親を有能で優れた存在と感じ「同一視」している。「投影」は望ましくない自分の感情や考えを他人のものであると考える防衛機制。

❸ ④

解説

ア　正しい。自閉スペクトラム症の2つの中心症状は，1つは社会的コミュニケーションの障害，もう一つは，反復的で常同的である。

イ　正しい。社会的コミュニケーション及び対人的相互反応における持続的欠陥と反復常同性(パチパチ手を打ち鳴らす)などの症状が見られる。

ウ　正しい。現在の医学の動向としては，アスペルガー症候群と自閉症は区別することなく，広汎性発達障害などを含め自閉スペクトラム症という。

エ　自閉スペクトラム症は，約半数が知的障害を持っており，てんかんを合併することも多い。

オ　自閉スペクトラム症は，女性よりも男性のほうが約4倍多い。

❹ ①

解説

ア　適切。虐待を受けた子どもは精神面にもその影響が見られ，自己評価の低さ，衝動性，攻撃性，表面的で無差別な愛着などの特徴がある。

イ　爪かみ，指しゃぶり，吃音，緘黙，チック，夜驚症などの神経性習癖は，内因性ではなく心因性の適応障害と考えられる。

ウ　夜尿は排泄の自立後に起きる神経性習癖であり，ほとんどは自然に消失していく。昼間の緊張状態が原因となっていることがあり，子どもをリラックスさせるような働きかけが有効である。

エ　吃音は本人が強く意識して不安や緊張を感じると症状が悪化しやすいため，言い直しなどはさせない。

オ　適切。ADHDにより極度の興奮状態にある子どもには，医師の指示で薬剤が使われることがある。

❺ ④

解説

ア　「変化することはない」が誤り。アレルギー症状は年齢によって変化し，次から次へと発症・軽快・再発する。

エ　「動物(猫や犬など)のフケや毛など」が誤り。主な原因はハウスダストやダニであるとされる。

オ　「広くなる」が誤り。気道(空気の通り道)での炎症が生じた結果，気道が狭くなることで起こりやすくなる。

6 ②

解説

① 「健やか親子21」は，女性と子どもの健康，思春期の健やかな体と性を目指して，NPO，関係機関・団体，地方，国が連携して支援しているもので，第1次計画が2001年度〜2014年度，第2次計画が2015年度〜2025年度までの国民運動計画である。

③ 増加している。従来死産となっていた児が出生となること等もあり，この指標が高いことは必ずしも悪いことを示してるわけではないという指摘もある。

④ 第2次計画によれば，2012年現在，81％である。5年後に85％，10年後に90％を目標としている。

⑤ 第2次計画では，心中以外，心中それぞれ一人でも減少することを目標としており，具体的な数値は掲げられていない。

7 ①

解説

① 適切。

② 2023年の乳児死亡(男児)の主な死因の構成割合では，先天奇形，変形及び染色体異常によるものは33.5％である。

③ 2023年の合計特殊出生率は，1.20であり，前年(2022年)の1.26より下がり，過去最低である。

④ 出生数は2016年以降毎年減少傾向である。

⑤ 45歳以上で前年より増加している。

8 ③

解説

① カウプ指数の計算式は，体重(g)÷身長(cm)^2×10，もしくは体重(kg)÷身長(m)^2×10である。

② 出生率は，人口1000人に対する一定期間，特に1年間の出生数である。

③ 適切。「乳児」は1歳未満の子どもを指す。児童福祉法と母子保健法で規定されており，生まれてから1歳の誕生日を迎える前日までは乳児として扱われる。

④ 幼児は，1歳以上小学校就学前までをいう。

⑤ 生理的多重減少は，通常4〜5％前後であり，10％を上回ることはない

とされている。

9 ②
解説

① 脳細胞の数が出生後に増えることはないが，グリア細胞が増えるとともに，脳細胞間の連絡網が密になるため，脳の重量が増える。

② 正しい。小児は一般に，大人より平熱が高く，ちょっとしたことで発熱しやすい。

③ 乳児のうちは胸郭の広がりが小さいため腹式呼吸だが，成長とともに胸郭を広げることができるようになるため，胸式呼吸になる。

④ 乳児の脈拍は120～140で成人の60～80よりも多いが，乳児の血圧は100/60で，成人の120～130/80よりも低い。

⑤ 新生児は生後24時間以内に黒緑色の便をしたり，授乳が進んでから黄色や緑色の便をすることがあるが，異常ではない。

10 ⑤
解説

1～2か月：明るい方を見る，あやすと笑う。　3～4か月：首がすわる，あやすと声を出して笑う。　5～6か月：寝返りをする。　7～8か月：一人で座れる，「いないいないばあ」を喜ぶ。　9～10か月：ハイハイをする，つかまり立ちをする。　11～12か月：マンマ，パパなどの声を出す。　1歳～1歳6か月：話す単語の数が増える。　1歳6か月～2歳：二語文を話す，後追いが見られる，おしっこを教える。　2歳～2歳6か月：走る。　2歳6か月～3歳：ごっこ遊びをする，「これなあに？」を繰り返す。　4歳：自分で排便する。　5歳：ブランコをこぐ，でんぐり返しができる。

したがって，解答は**ウ**と**オ**の⑤である。

11 ④
解説

① 流行性耳下腺炎は飛沫感染・接触感染によって感染する。ワクチンによる予防が有効である。

② インフルエンザは飛沫感染・接触感染によって感染する。うがい・手洗いなどの飛沫感染対策に加え，インフルエンザワクチンの接種が有効である。生後6か月から接種可能になる。

③ 百日咳は飛沫感染・接触感染によって感染する。定期予防接種の対象

になっている。

⑤　咽頭結膜熱は飛沫感染，接触感染によって感染する。ワクチンはなく，また有効な治療薬はないので対症療法が行われる。

⑫ ②

解説

ア　SIDS(乳幼児突然死症候群)の原因はまだはっきりとはわかっていないが，うつぶせ寝は発生頻度を高める要因の1つであることがわかっている。

イ　アトピー性皮膚炎はアレルギー疾患の1つで，遺伝的体質に環境因子やアレルゲンが加わって発症する。

ウ　周期性嘔吐症は2〜10歳の小児に多く，体質的なものに感染症や疲労，緊張，興奮などが誘因となって発症する。

エ　熱性けいれんは発熱によって起こるけいれん発作をいう。

オ　てんかんとは，発作的に起こる脳の律動異常に対して，けいれんや意識障害などの症状が現れるもの。光の点滅が誘因となることがある。

　　したがって，解答は**ア**と**オ**の②である。

⑬ ③

解説

①　乳幼児の発熱は，風邪などの感染症によって起こることが多い。

②　乳幼児の嘔吐は，過食によって起こる場合もあるが，感染症，消化器・中枢神経系の疾病によって起こることが多い。

③　正しい。乳幼児の腹痛は，精神的緊張によって起こることもある。

④　乳幼児のけいれんは，中枢神経系の障害や，発熱などによって起こりやすい。

⑤　乳幼児の咳は，呼吸器疾患によって起こることが多い。空気の乾燥は喉の粘膜が傷つきやすくなるほか，インフルエンザウイルスが増殖しやすいことなどから，呼吸器疾患を引き起こす要因となる。

⑭ ⑤

解説

①　虫歯の原因菌はストレプトコッカス・ミュータンスと呼ばれるもので，保育者から感染すると考えられている。

②　ストレプトコッカス・ミュータンスは食品中の糖から強い酸を生成し，歯のエナメル質からカルシウムを溶かし出す。進行すると象牙質や歯髄

にまで広がり，痛みや腫れが生じるようになる。ほとんどの虫歯は生え
て3年以内の柔らかい時期に発生する。

③　乳歯の虫歯は永久歯の虫歯にも影響するため，乳歯のうちから虫歯を
予防することが重要である。

④　好発部位は上下の臼歯と上の切歯である。

⑤　正しい。寝ながらの哺乳瓶使用や，健康飲料による水分補給が虫歯の
原因になるため，問題視されている。

⑮ ③
解説

ア　誤り。鼻出血の場合，血液がのどへ流れないよう，上を向いたり仰向
けにしたりしないことが原則。軽い出血ならティッシュで押さえるだけ
で止まるが，多い場合は首の付け根部分を冷やす。

イ　正しい。溺水した場合，呼吸をしていないようなら人工呼吸を行う。
無理に吐かせようとすると胃の水が肺に入ることがあるので，あわてて
吐かせなくてよい。

ウ　誤り。やけどは衣服を着せたまま流水で十分に冷やすことが原則。衣
服を脱がせると皮膚がはがれる恐れがある。

エ　正しい。ねんざや骨折をした場合は，その部分が動かないように，添
え木と包帯で固定する。

オ　誤り。熱中症の場合はただちに涼しい場所へ移動させ，体を冷やす。
脱水を伴っていることが多いため，真水ではなくナトリウムイオンを含
むスポーツドリンクなどを与える。

⑯ ⑤
解説

①　心肺亭止後10分以上放置されると50％が助からなくなるといわれる。

②　乳幼児の場合も成人と同様1分間に胸骨圧迫30回，人口呼吸2回ずつ実
施する。

③　胸骨王迫は，乳児の場合人差し指と中指で実施する。幼児の場合は方
手のひらあるいは両手のひらどちらで実施してもよい。

④　気道確保は，頭部を後屈させ，あご先を挙上させる方法が一般的であ
るが，転倒・外傷など頸椎保護が必要な患者には下顎挙上を行う。

⑤　適切。

17 ③

解説

① 予防接種記録の交付は，母子健康手帳への記載又は予防接種済証の交付であり，母子手帳に記載を受けなければならないは誤り。

② 3種混合ワクチンは，ジフテリア，百日咳，破傷風に対するワクチンである。

③ 適切。

④ 注射生ワクチンの接種後，次の注射生ワクチンの接種を受けるまでは27日以上の間隔をおくこと。2020年10月から経口生ワクチンや不活化ワクチンの接種間隔は同じワクチンを複数接種する場合を除き，原則制限がなくなっている。

⑤ ポリオワクチンは，2012年より不活化ワクチンに変更になったが，結核の予防接種であるBCGワクチンは，生ワクチンであり，不活化ワクチンに変更されてはいない。

18 ③

解説

① 通常の条件下では危険ではないが，何らかの条件の変化で危険となって現れる危険は潜在危険と言われ，1：環境の潜在危険，2：服装の潜在危険，3：行動の潜在危険，4：心理状態の潜在危険などに分類できる。

② 負傷等の事故の発生場所は，施設内が2,481件〔90％〕，そのうち1,387件〔56％〕は施設内の室外で発生している。

③ 適切。死亡及び負傷集計2,772のうち2,189が骨折によるものである。

④ 児童福祉施設の設備及び運営に関する基準第6条においては，「児童福祉施設においては，軽便消火器等の消火用具，非常口その他非常災害に必要な設備を設けるとともに，非常災害に対する具体的計画を立て，これに対する不断の注意と訓練をするように努めなければならない。」とするとともに，避難及び消火に対する訓練は「少なくとも毎月1回」は行わなければならないとされる。

⑤ 「教育・保育施設等における事故防止及び事故発生時の対応のためのガイドライン【事故発生時の対応】～施設・事業所，地方自治体共通～」(平成28年3月　厚生労働省)では，事故直後についてはまずは事故に遭った子どもの応急処置を行う。施設・事業所の長，他の職員と連絡をとり，緊急時の役割分担表等に基づき各職員について事故対応に係る役割を分

担する。また，事故が発生した現場を，現状のまま保存しておく。教育・保育中の事故の場合，事故に遭った子ども以外の子どもを事故が発生した場所と別の保育室等に移す。事故発生場所については，二次的な事故が発生する可能性がある場合を除き，片付け，物の移動等を行わない，と記載されている。

19 ⑤

解説

① これはうつ熱の説明。
② これは空気感染の説明。
③ 右向きではなく，左向きに寝かせて座薬を挿入する。
④ 関係がないわけではなく，食物アレルギーを合併していることが多い。
⑤ ノロウイルスは回復後も1週間程度便中に存在し続けると言われているため，排せつ物の処理，他児への感染予防に引き続き注意する必要がある。

20 ④

解説

① 腸炎ビブリオの原因食品は，大半が魚介類である。軽症であることが多いが，加熱で死滅するので，魚介類は加熱調理して食することが望ましい。
② サルモネラ菌は鶏卵の殻に付いていることがあるので，卵の殻の処理に注意する。
③ O－157は加熱の不十分な牛肉や，生野菜から感染することがある。人から人への二次感染もある。多くは一過性で終わるが，まれに重症合併症を発症するといわれている。
④ 正しい。はちみつを1歳未満児に与えると，ボツリヌス症を発症することがあるため，与えないようにする。
⑤ ブドウ球菌は手指の傷に存在するので，傷のある手でにぎられたおにぎりなどから感染することが多い。近年は情報が行き渡り，予防が図られるようになったため，激減している。

第6章

専門試験
乳児保育

1. 乳児の発育・発達と生活の支援

▶ 乳児の発育・発達

　平成29年に告示された保育所保育指針では,「第2章　保育の内容」の中で,「1　乳児保育に関わるねらい及び内容」,「2　1歳以上3歳未満児の保育に関わるねらい及び内容」,「3　3歳以上児の保育に関するねらい及び内容」の三区分に乳幼児の発達を分けて記述をしている。児童福祉法第4条にて,乳児の定義は「満一歳に満たない者」,また幼児は「満一歳から,小学校就学の始期に達するまでの者」とされているので,乳児とは1歳未満児を指すが,一般的に乳児保育における対象は3歳未満児なので区別が必要である。

　乳児(以下3歳未満児を指す)期の発達の特徴を踏まえ,保育所保育指針「第2章　保育の内容」では以下のような視点でまとめられている。

【乳児保育(1歳未満児)】
　(1)身体的発達に関する視点「健やかに伸び伸びと育つ」
　(2)社会的発達に関する視点「身近な人と気持ちが通じ合う」
　(3)精神的発達に関する視点「身近なものと関わり感性が育つ」

【1歳以上3歳未満児】
　(1)健康(心身の健康に関する領域)
　(2)人間関係(人との関わりに関する領域)
　(3)環境(身近な環境との関わりに関する領域)
　(4)言葉(言葉の獲得に関する領域)
　(5)表現(感性と表現に関する領域)

▶ 乳児への配慮事項

　乳児に対し,保育士が配慮する事項として,保育所保育指針「第2章　保育の内容」では各項目の視点から具体的に示されている。

【乳児保育(1歳未満児)】
　(1)保健的な対応　(2)応答的な関わり　(3)連携をはかった対応
　(4)保護者への支援　(5)職員間の協力

【1歳以上3歳未満児】
　(1)保健的な対応　(2)事故防止への努力　(3)多様な遊びの取り入れ
　(4)情緒の安定　(5)自発的な活動の尊重　(6)職員間の協力

2. 乳児の食生活と栄養

　乳児期の食生活のポイントは，乳汁栄養や離乳食から幼児食への移行である。授乳・離乳を取り巻く社会環境等の変化を踏まえ，また授乳及び離乳の望ましい支援の在り方について「**授乳・離乳の支援ガイド**」が2019年3月に改定された。基本的な考え方としては，育児支援の視点を重視し，母親等に寄り添っている。また，多機関，多職種の保健医療従事者が授乳及び離乳に関する基本的事項を共有し，一貫した支援を推進することとしている。改定の主なポイントは以下の通りである。

(1) 授乳・離乳を取り巻く最新の科学的知見等を踏まえた適切な支援の充実
(2) 授乳開始から授乳リズムの確立時期の支援内容の充実
(3) 食物アレルギー予防に関する支援の充実
(4) 妊娠期からの授乳・離乳等に関する情報提供の在り方

3. 乳児の疾病とその予防対策

　母子健康手帳では，市町村によっては乳児期に発生しやすい乳幼児突然死症候群(SIDS)や股関節脱臼についての予防を呼びかけ，乳幼児揺さぶられ症候群についての説明をしているものもある。

・SIDSとは，それまで元気だった赤ちゃんが睡眠中に何の前ぶれもなく亡くなってしまう病気です。　(1)赤ちゃんを寝かせるときは，あお向け寝にしましょう。　(2)妊娠中や赤ちゃんの周囲では，たばこを吸ってはいけません。　(3)できるだけ母乳で育てましょう。
・股関節脱臼は脚のつけ根の関節がはずれる，女児や逆子(骨盤位)に多い病気です。この予防には，赤ちゃんの両脚は，両膝と股関節が十分曲がったM字型で，外側に開いて自由に動かせることが好ましいため，抱っこは正面抱きとし，寝ている姿勢等にも気をつけましょう。
・赤ちゃんは激しく揺さぶられると，首の筋肉が未発達なために脳が衝撃を受けやすく，脳の損傷による重大な障害を負うことや場合によっては命を落とすことがあります。赤ちゃんが泣きやまずイライラしてしまうことは誰にでも起こり得ますが，赤ちゃんを決して揺さぶらないでください。万が一激しく揺さぶった場合は，すぐに医療機関を受診し，その旨を伝えましょう。

4. 乳児への虐待問題

　保育所保育指針「第4章　子育て支援」の「2　保育所を利用している保護者に対する子育て支援」の「(3)不適切な養育等が疑われる家庭への支援」には，

　ア　保護者に育児不安等が見られる場合には，保護者の希望に応じて個別の支援を行うよう努めること。
　イ　保護者に不適切な養育等が疑われる場合には，市町村や関係機関と連携し，要保護児童対策地域協議会で検討するなど適切な対応を図ること。また，虐待が疑われる場合には，速やかに市町村又は児童相談所に通告し，適切な対応を図ること。

と記載されている。子ども虐待による死亡事例等の検証結果等について(第19次報告，厚生労働省)では，虐待死亡事例のおよそ半数が0歳児であることからも，子どもが低年齢・未就園で離婚・未婚等によりひとり親である場合に，特に注意して対応する必要があるとしている。

5. 児童福祉施設における保健対策

　児童福祉施設の設備及び運営に関する基準(厚生労働省)では，第3章に乳児院，第5章に保育所関連の記述がある。

　乳児院については，設備の内容や広さ，職員の資格や配置人数，養育の意義，観察方法，自立支援計画，業務の質の評価，関係機関との連携について示されている。また，保育所については，設備の内容や広さに加え，保育時間や保育の内容，保護者との連絡についても記載がある。

　保育所保育指針「第2章　保育の内容」の「1　乳児保育に関わるねらい及び内容」の「(3)保育の実施に関わる配慮事項」に記載されているように，乳児は疾病への抵抗力が弱く，心身の機能の未熟さに伴う疾病の発生が多いことから，乳児の保健対策に関連する看護師や嘱託医との連携は細かく定められている。

6. 子育て支援

　平成29年に告示された保育所保育指針では，「保護者に対する支援」から「子育て支援」に改められ，在園児やその保護者だけでなく，地域の保護者等もその対象となった。保護者と連携して「子どもの育ち」を支えるという視点を持ち，子どもの育ちを保護者とともに喜び合うことを重視するとともに，保育所が行う地域の子育て支援の役割が重要になっていることが背景としてあげられる。

Q 演習問題

1 次の【事例】を読んで，【設問】に答えなさい。　　(難易度■■■□□)

【事例】

　　Eさんは，1歳のFちゃんを保育所に預けて働いている。最近，Eさんの表情が暗く，疲れているような印象を受けていた担任保育士は，Eさんに声をかけてみる。Eさんは，「仕事が忙しく，Fのことをしっかりと見てあげられていないような気がする。Fが泣くとイライラしてしまう」と言う。

【設問】

　　担当保育士の保護者への対応として，「保育所保育指針(平成29年3月)」「第4章　子育て支援」の「1　保育所における子育て支援に関する基本的事項」に照らし，適切な記述を○，不適切な記述を×とした場合の正しい組み合わせを，あとの①～⑤から1つ選びなさい。

A　保護者の話に傾聴し，「お仕事も子育ても大変ですよね」と保護者の気持ちを受容する。

B　保護者に適切な子育て方法を指導するため，園が子育て方法をリードしていく。

C　この解決には多様な角度からの分析が必要なので，園全体で話し合ったり，友人に相談したりして解決の糸口を探る。

D　Eさんの様子を引き続き把握しながら，必要に応じてイライラした場合の対応などを伝えていく。

```
     A   B   C   D
①    ○   ×   ×   ○
②    ○   ×   ○   ○
③    ○   ○   ○   ×
④    ×   ○   ×   ○
⑤    ×   ×   ×   ○
```

2 乳児期の言語発達について適切なものを，次の①～⑤から1つ選びなさい。　　(難易度■■■□□)

①　2歳半頃に単語をふたつつなげた二語文を使うようになる。

②　生後2～3か月頃にクーイングが始まる。

③ 1歳頃に言葉の機能をもつ発声である喃語が現れる。

④ 1歳半頃に「ママ」「マンマ」などの初語が見られる。

⑤ 8か月頃から大人の顔を見つめながら「アー」「ウー」などの発声が見られる。

3 次の保育所での【事例】を読んで，【設問】に答えなさい。

(難易度■■■■□)

【事例】

0歳児クラスの子ども達が砂場で遊んでいる時に，幼児クラスの子ども達が砂場にトンネルを掘り，水を流そうとコップを持ってきた。Eちゃんは，それを見て「あ！」と言って(a)指さした。保育士は「お水が流れるね」と言った。Eちゃんは，(b)水が流れる様子と保育士の顔を交互に見つめる。その時，園庭のフェンスにカラスが止まり，(c)保育士がそちらに視線を移すと，Eちゃんもカラスの方向を見る。保育士がEちゃんに「カラスさんが来たね。ちょっと怖いね」と怖がるような表情をすると，(d)Eちゃんは保育士にぴったりとくっつく。

【設問】

【事例】の文中にある下線部(a)〜(d)を説明する語句を【語群】から選択した場合の最も適切な組み合わせを，あとの①〜⑤から1つ選びなさい。

【語群】

ア 三項関係　　イ 二項関係　　ウ 共同注意　　エ 社会的参照

オ 協働視線　　カ 感情認知　　キ 指さし行動　　ク 視線追従

① (a)−キ　　(b)−ア　　(c)−オ　　(d)−エ

② (a)−キ　　(b)−オ　　(c)−ク　　(d)−カ

③ (a)−イ　　(b)−ウ　　(c)−ア　　(d)−カ

④ (a)−キ　　(b)−ウ　　(c)−ク　　(d)−エ

⑤ (a)−イ　　(b)−オ　　(c)−ウ　　(d)−カ

4 「保育所保育指針」(平成29年3月)に示されている1歳以上3歳未満児の保育に関わる配慮事項について正しいものを，次の①〜⑤から1つ選びなさい。

(難易度■■■□□)

① 身体の活動が活発になることにより事故が起きやすいので，全身を使う遊びを避けるなどして事故防止に努める。

② 子どもの自我の育ちを見守り，友達とのけんかなども子ども同士で解決できるよう，介入せずに見守る。

③ 食事，排泄，睡眠などの生活に必要な基本的習慣については，一人一人の状態に応じて行うようにし，子どもが自分でしようとする気持ちを尊重する。

④ 感染症にかかりやすい時期なので，救急用の薬品を常備し，常に特定の職員が対応するようにしておく。

⑤ 担当の保育士は，子どものそれまでの経験や発達過程に留意しながら，定期的に替えることが望ましい。

5 児童福祉施設の設備及び運営に関する基準における乳児院の最低基準に関する記述として正しいものを，次の①〜⑤から1つ選びなさい。

(難易度■■□□□)

① 乳児10人未満を入所させる乳児院には，嘱託医，看護師，家庭支援専門相談員および調理員またはこれに代わるべき者を置かなければならない。看護師の数は5人以上とする。

② すべての乳児院において，乳児が入所した日から，医師または嘱託医が適当と認めた期間，観察室に入室させて，その心身の状況を観察しなければならない。

③ 乳児10人以上を入所させる乳児院には2名以上の看護師が必要であり，おおむね10人増すごとに1人以上看護師を置く必要がある。

④ すべての乳児院に診察室・病室を設けることが定められている。

⑤ 乳児10人以上を入所させる乳児院には小児科の診療に相当の経験がある医師を置くことが定められており，嘱託医は認められていない。

6 こども家庭庁「11月は『乳幼児突然死症候群(SIDS)』の対策強化月間です」の内容として不適切なものを，次の①〜⑤から1つ選びなさい。

(難易度■■■□□)

① SIDSとは，それまで元気だった赤ちゃんが睡眠中に何の前ぶれもなく亡くなってしまう事故である。

② 1歳になるまでは，あおむけに寝かせる。

③ 医学上の理由でうつぶせ寝を勧める場合は，医師の指導を守る。

④ 妊娠中の喫煙や妊婦や赤ちゃんのそばでの喫煙はやめる。

⑤ できるだけ母乳で育てる。

7 乳児保育の現状と対策に関する記述として適切なものを，次の①〜⑤から1つ選びなさい。 (難易度■■■■■)

① 少子化が進む中，乳児の総数も減っている。一方で保育所等も減少しているため，入所できる児童数が減り，待機児童が増えている。

② 全体的な保育利用数が増え，3歳以上児については待機児童が解消されつつあるが，0歳児の待機児童数は増加している。

③ 全国の市町村のうち8割以上で待機児童なしとなっている。

④ 待機児童が100人以上の市区町村は5市区町村である。

⑤ 新子育て安心プランでは，令和3年度から6年度末までに14万人分の保育の受け皿を整備する予定である。その中に幼稚園での預かり保育は含まれていない。

8 次の(a)〜(d)の下線部分のうち，「保育所保育指針」(平成29年3月)の「第4章 子育て支援」の「3 地域の保護者等に対する子育て支援」の一部として，適切なものを○，不適切なものを×とした場合の正しい組み合わせを，あとの①〜⑤から1つ選びなさい。 (難易度■■■■□)

保育所は，児童福祉法(a)第50条の4の規定に基づき，その行う保育に支障のない限りにおいて，(b)地域の実情や当該保育所の体制等を踏まえ，地域の保護者等に対して，保育所保育の(c)特性を生かした子育て支援を(d)必要に応じて行うよう努めること。

	(a)	(b)	(c)	(d)
①	○	○	×	×
②	○	×	○	×
③	×	○	×	○
④	×	○	○	○
⑤	×	○	×	×

9 乳児等への虐待に関する記述として正しいものを，次の①〜⑤から1つ選びなさい。 (難易度■■■■□)

① 児童虐待(0〜17歳の子どもに対する虐待)の死亡事例は月齢0か月に集中しており，0歳児が全体の半数を占める。

② 児童虐待の死亡事例における主たる加害者は，実母と実父がほぼ同じ割合である。

③ 児童虐待の直接死因で最も多いのは全身打撲である。

④ 近年ネグレクト事例が増加しているが，ネグレクトの種類で多いのは，家に残したまま外出することより，食事を与えないなどの養育放棄である。

⑤ 児童虐待の死亡事例における原因としては，身体的虐待とネグレクトがほぼ同数となっている。

10 「保育所保育指針解説」（平成30年2月）の「第1章　総則」の「2　養護に関する基本的事項」の「(2)養護に関わるねらい及び内容」の「イ　情緒の安定」の「(ア)ねらい」であげられていないものを，次の①〜⑤から1つ選びなさい。　　　　　　　　　　　　　（難易度■□□□□）

① 一人一人の子どもが，安定感をもって過ごせるようにする。

② 一人一人の子どもが，自分の気持ちを安心して表すことができるようにする。

③ 一人一人の子どもが，周囲から主体として受け止められ，主体として育ち，自分を肯定する気持ちが育まれていくようにする。

④ 一人一人の子どもが，くつろいで共に過ごし，心身の疲れが癒されるようにする。

⑤ 一人一人の子どもの生理的欲求が，十分に満たされるようにする。

11 「保育所保育指針解説」（平成30年2月）の「第2章　保育の内容」の「1　乳児保育に関わるねらい及び内容」の「(3)保育の実施に関わる配慮事項」の内容として誤っているものを，次の①〜⑤から1つ選びなさい。　　　　　　　　　　　　　（難易度■□□□□）

① 乳児は疾病への抵抗力が弱く，心身の機能の未熟さに伴う疾病の発生が多いことから，一人一人の発育及び発達状態や健康状態についての適切な判断に基づく保健的な対応を行うこと。

② 一人一人の子どもの生育歴の違いに留意しつつ，欲求を適切に満たし，特定の保育士が応答的に関わるのではなく，複数の保育士で対応するようにすること。

③ 乳児保育に関わる職員間の連携や嘱託医との連携を図り，(中略)，適切に対応すること。栄養士及び看護師等が配置されている場合は，その

専門性を生かした対応を図ること。

④　保護者との信頼関係を築きながら保育を進めるとともに，保護者からの相談に応じ，保護者への支援に努めていくこと。

⑤　担当の保育士が替わる場合には，子どものそれまでの生育歴や発達過程に留意し，職員間で協力して対応すること。

⑫ 2歳の子どもが「自分でやる」と言い張ったり，「いや」と拒否し続ける場合の対応について，最も適切といえるものを，次の①～⑤から1つ選びなさい。　　　　　　　　　　　　　　　　　　　　（難易度■■■□□）

①　子どもの意欲や自分でやりたい気持ちを尊重しながら，さりげなく手を貸していく。

②　まだ小さいので現実には思い通りにいかないこともあるということを話して理解させ，積極的に手を貸していく。

③　子どもの意欲や自分でやりたい気持ちを尊重し，自分でできるまで温かく見守る。

④　頑なに拒否し続けたり，自分の欲求が伝わらない時に手が出てしまう子どもに対しては，常に自分の思い通りにいくわけではないことを言って聞かせ，手を出さないよう指導する。

⑤　友達とけんかになった場合はすみやかに仲裁に入り，トラブルを未然に防ぐために仲の悪い子ども同士の接触を避けるようにする。

⑬ 「保育所保育指針解説」(平成30年2月)に示されている1歳以上3歳未満児の基本的事項に関する記述として適切なものを，次の①～⑤から1つ選びなさい。　　　　　　　　　　　　　　　　　　　　（難易度■■□□□）

①　全身を巧みに使いながら様々な遊びに挑戦して，活発に遊ぶ。

②　身近な人の顔が分かり，あやしてもらうと喜ぶ。

③　見知らぬ相手に対しては，人見知りをするようになる。

④　玩具等を実物に見立てるなどの象徴機能が発達する。

⑤　表情や体の動き，泣き，喃語などで自分の欲求を表現する。

⑭ 「保育所保育指針」(平成29年3月)に示されている1歳以上3歳未満児の「健康」に関する保育の内容について適切なものを，次の①～⑤から1つ選びなさい。　　　　　　　　　　　　　　　　　　　　（難易度■■□□□）

① 一人一人の発育に応じて，はう，立つ，歩くなど，十分に体を動かす。

② 進んで戸外で遊ぶ。

③ 一人一人の生活のリズムに応じて，安全な環境の下で十分に午睡をする。

④ 身の回りを清潔にし，衣服の着脱，食事，排泄などの生活に必要な活動を自分でする。

⑤ 様々な食品や調理形態に慣れ，ゆったりとした雰囲気の中で食事や間食を楽しむ。

❶❺ 「保育所保育指針」（平成29年3月）に示されている1歳以上3歳未満児の「環境」に関する保育の内容の取扱いについて適切なものを，次の①〜⑤から1つ選びなさい。　　　　　　　　　　　　　（難易度■■■□□）

① 地域の生活や季節の行事などに触れる際には，社会とのつながりや地域社会の文化への気付きにつながるものとなることが望ましい。

② 安全な環境の下で，子どもが探索意欲を満たして自由に遊べるよう，身の回りのものについては，常に十分な点検を行う。

③ 他の子どもの考えなどに触れて新しい考えを生み出す喜びや楽しさを味わい，自分の考えをよりよいものにしようとする気持ちが育つようにする。

④ 身近な事象や動植物に対する感動を伝え合い，共感し合うことなどを通して自分から関わろうとする意欲を育てる。

⑤ 表情，発声，体の動きなどで，感情を表現することが多いことから，これらの表現しようとする意欲を積極的に受け止めて，子どもが様々な活動を楽しむことを通して表現が豊かになるようにする。

❶❻ 「保育所保育指針解説」（平成30年2月）に示されている1歳以上3歳未満児の「言葉」のねらいに関する記述として適切なものを，次の①〜⑤から1つ選びなさい。　　　　　　　　　　　　　（難易度■■□□□）

① 保育士等は，紙芝居や劇など，子どもが興味や関心をもって言葉に親しむことのできる環境を整える。

② この時期は，言葉を使って表現する意欲や，相手の言葉を聞こうとする態度を育てることが重要である。

③ 子どもが表情や言葉などで表した気持ちを丁寧に受け止め，応えてい

くことが大切である。

④　意思をもつ主体としての自我の育ちと，表情や身振りなどで身近な大人に意思を伝えた経験を土台に，言葉を用いて他者と伝え合う力が培われていく。

⑤　保育士等の話や言葉，保育士等の仲立ちを通して友達とのやり取りを楽しむことを通して，自分も意思を伝えたいという気持ちが育まれる。

17　「保育所保育指針解説」（平成30年2月）に示されている1歳以上3歳未満児の「表現」の内容に関する記述として適切なものを，次の①〜⑤から1つ選びなさい。　　　　　　　　　　　　　　　　（難易度■■■□□）

①　この時期の子どもは，周囲の環境と関わり外界を知るために，ものを口に入れるなどなめて触れることが多い。

②　この時期の子どもは，心地よい音楽や楽しいリズムを耳にすると，その調子や自分の楽しい気持ちに合わせて，思い思いに体を揺らしたり飛び跳ねたりする。

③　この時期の子どもは，感じ取ったことや心を動かされたことを，絵にすることを好む。

④　この時期の子どもは，言葉の育ちに支えられ，絵本の世界を手本に自分で簡単なストーリーを考えるようになる。

⑤　この時期の子どもは，かいた線や点がまとまりをみせるようになり，子どもが何を意図してかいたか一見して判別できるようになる。

18　次の文章は，「保育所保育指針解説」（平成30年2月）に示されている担当保育士の交替に関する記述である。（　Ａ　）〜（　Ｃ　）に入る言葉の組み合わせとして正しいものを，あとの①〜⑤から1つ選びなさい。

（難易度■■■□□）

　　年度替わりあるいは年度途中で，担当の保育士が替わる場合，特に乳児保育では（　Ａ　）保育士等との密接な関わりが重要であることから，子どもが安定して過ごすことができるための配慮が大切である。（　Ｂ　）や発達過程等における個人差だけでなく，それまでの家庭やクラスにおける生活や遊びの中での子どもの様子や，一人一人が好きな遊びや（　Ｃ　），絵本などについても，担当者の間で丁寧に引き継いでいくようにすることが必要である。

①　A－特定の　　　B－家庭環境　　　C－玩具
②　A－身近な　　　B－家庭環境　　　C－遊具
③　A－特定の　　　B－生育歴　　　　C－遊具
④　A－身近な　　　B－生育歴　　　　C－遊具
⑤　A－特定の　　　B－生育歴　　　　C－玩具

⑲ 次の文章は，「保育所保育指針解説」（平成30年2月）に示されている授乳と離乳に関する記述である。（　A　）～（　C　）に入る言葉の組み合わせとして正しいものを，あとの①～⑤から1つ選びなさい。

(難易度■■■■□)

　個々の子どもの食事に対する（　A　）を受け入れながら，子どもに合わせてゆったりとした環境の中で授乳を行うなど，生理的な（　A　）が一人一人に応じて満たされることは，子どもに安心感をもたらす。

　離乳の開始は，それぞれの（　B　）の状況や発育状況を考慮して慎重に取り組む。その上で，離乳食を提供する際も，子どもの（　C　）や食事への向かい方を尊重し，落ち着いた環境の下，保育士等も子どもと一緒に食事を味わうような気持ちで関わることが大切である。

①　A－欲求　　　　B－家庭　　　C－ペース
②　A－リズム　　　B－生活　　　C－気持ち
③　A－欲求　　　　B－生活　　　C－ペース
④　A－リズム　　　B－家庭　　　C－ペース
⑤　A－リズム　　　B－家庭　　　C－気持ち

解答・解説

❶ ①

解説

A　適切。

B　「保護者の自己決定を尊重する」ため，適切ではない。

C　プライバシーの保持や知り得た事項の秘密を保持するため，友人への相談は適していない。

D　適切。

❷ ②

解説

①　誤り。二語文を使うようになるのは，1歳半頃が多い。

②　適切。

③　誤り。喃語は生後6か月頃に始まることが多い。

④　誤り。初語は1歳頃見られることが多い。

⑤　誤り。4か月頃の説明である。

❸ ④

解説

(a)は指さし行動である。(b)は共同注意であり，協働ではない。三項関係は共同注意とは異なり，子ども・大人・対象の三項を通して言語的なラベル付けを行うことを言う。(c)は指さしを介さなくても視線を追いかける様子のことを言う。(d)は大人の表情から感情や良い悪いなどの評価を読み取り，自身の判断基準として利用する様子である。

❹ ③

解説

①　身体の活動が活発になる時期なので，事故防止に努めながら全身を使う遊びなど様々な遊びを取り入れて探索活動が十分にできるようにする。

②　子どもの自我の育ちを見守り，保育士等が仲立ちとなって，友達の気持ちや友達との関わり方を丁寧に伝えていくこと。

③　正しい。

④　感染症にかかりやすい時期なので，日常の状態の観察を十分に行うと

ともに，必要に応じて嘱託医の指示に従うなど，全職員が対応できるようにしておく。

⑤　特に乳児期は特定の保育士等との密接な関わりが重要であり，担任が目まぐるしく替わるような体制は避ける。担任が替わる場合は，子どものそれまでの経験や発達過程に留意し，職員間で協力して対応する。

5 ③

児童福祉施設の設備及び運営に関する基準第19・21・22・24条による。

①　乳児10人未満を入所させる乳児院に置く看護師の数は7人以上とされている。ただし，その1人以外は保育士または児童指導員でもよい。

②　必ず観察室を設けることとされているのは乳児10人以上を入所させる乳児院。よって観察室に入室させることが定められているのも乳児10人以上を入所させる乳児院である。

③　正しい。

④　乳児10人未満を入所させる乳児院の場合は，乳児の養育に専用の部屋があればよく，診察室や病室は必ずしも設けなくてよい。

⑤　嘱託医でもよい。

6 ①
解説

①の「事故」が誤り，正しくは「病気」である。②〜⑤の記述は正しい。乳幼児突然死症候群(SIDS)についてはよく理解をしておきたい。

7 ③
解説

①　誤り。こども家庭庁「保育所等関連状況取りまとめ(令和6年4月1日)」によると，0〜2歳の乳児は238万人で減少傾向にある。また，保育所等数は前年より0.5％増加している。さらに，待機児童数は7年連続で減少傾向にある。

②　誤り。「令和6年4月の待機児童数調査のポイント」によると，全体的な保育利用率は年々上昇している。令和6年の3歳以上児の待機児童数は228人で全体の8.9％である。さらに，待機児童が多いのは1・2歳児であり，全体の84.8％を占める。保育の受け皿が拡大されたことにより，0歳児は減少傾向にある。

③ 正しい。

④ 誤り。「令和6年4月の待機児童数調査のポイント」によると，待機児童が100人以上の市区町村は2自治体である。

⑤ 誤り。幼稚園での預かり保育が明言されている。施設改修等の補助が新設された。

8 ⑤
解説

(a) 誤り。「第48条」である。「保育所は，当該保育所が主として利用される地域の住民に対してその行う保育に関し情報の提供を行い，並びにその行う保育に支障がない限りにおいて，乳児，幼児等の保育に関する相談に応じ，及び助言を行うよう努めなければならない」と記載されている。

(b) 正しい。

(c) 誤り。「専門性」である。「第1章 総則」の「2 養護に関する基本的事項」では「保育所における保育は(中略)をその特性とする」と記載されているので，「特性」や「専門性」などの語の使用箇所への注意が必要である。

(d) 誤り。「積極的に」である。

9 ①
解説

① 正しい。令和6年に発表された厚生労働省の「子ども虐待による死亡事例等の検証結果等について(第20次報告)」によると，0か月児の虐待死は14.4％である。また，全体の44.6％を0歳児が占める。

② 心中以外の虐待死における主たる加害者は，実母が最も多く41.1％である。また実父は10.7％である。

③ 児童虐待の直接死因で最も多いのは頭部外傷である。

④ ネグレクトの種類で最も多いのは，家に残したまま外出する，車中に置き去りにするなどこどもの健康・安全への配慮を怠る(37.5％)である。食事を与えないなどの養育放棄は8.3％である。

⑤ 子どもの死因となった虐待の類型について，心中以外の虐待死事例においては，「身体的虐待」が40.5％，「ネグレクト」が57.1％であった。

⑤

解説

　「情緒の安定」に関わるねらいとして，選択肢の①から④までが示されている。⑤は同内容の「ア　生命の保持」であげられている内容の1つである。「情緒の安定」に関わる保育の内容は，「生命の保持」と相互に関連しており，それぞれの内容を踏まえ，一人一人の子どもの心の成長を助け，保育所全体で子ども主体の保育を実践していくことが求められる。

11 ②

解説

　②は後半が誤り。「特定の保育士が応答的に関わるように努めること」が正しい。乳児期は特定の大人との間に信頼関係・愛着関係を形成し，これを基盤として成長する時期である。

12 ①

解説

① 適切。2歳頃になって「自分でやる」と言ったり，「いや」と拒否したりするのは自我が順調に育っている証拠である。この頃になると何でも自分で意欲的にやろうとするようになるが，多くの場合は保育士の援助が必要になる。子どもの意欲や自分でやりたい気持ちを尊重しながら，さりげなく手を貸していくことが大切である。

②，③ ①の通り。

④，⑤ 友達とのトラブルやけんかに対しては，頭ごなしに注意するのではなく，保育士等が互いの気持ちを受容し，その気持ちをわかりやすく伝えながら関わり方を教えるなど，適切な方法で自己主張ができるよう仲立ちをしていくことが必要である。

13 ④

解説

① 3歳以上児の内容である。1歳以上3歳未満児は，徐々に基本的な運動機能が発達し，自分の体を思うように動かすことができるようになってくる時期である。

②，③ 乳児期の内容である。1歳以上3歳未満児は，友達や周囲の人への興味や関心が高まり，子ども同士の関わりが徐々に育まれていく時期である。

④　適切。

⑤　乳児期の内容である。1歳以上3歳児未満児は指差し，身振り，片言などを盛んに使い，応答的な大人とのやり取りを重ねることで，この時期の終わり頃に自分のしたいことやしてほしいことを言葉で表出できるようになる。

14 ⑤
解説

①　乳児期の「健やかに伸び伸びと育つ」に関する内容である。1歳以上3歳未満児は，歩く，走る，跳ぶなどができる時期である。

②　3歳以上児の「健康」に関する内容である。

③　乳児期の「健やかに伸び伸びと育つ」に関する内容である。1歳以上3歳未満児は，徐々に保育所における生活のリズムが形成され，その中で午睡をとる。

④　3歳以上児の「健康」に関する内容である。1歳以上3歳未満児は清潔に保つ習慣が少しずつ身につく段階である。

⑤　適切。

15 ①
解説

①　適切。

②　乳児期の「ウ　身近なものと関わり感性が育つ」における事項である。

③　3歳以上児の「ウ　環境」における事項である。

④　3歳以上児の「ウ　環境」における事項である。

⑤　乳児期の「ウ　身近なものと関わり感性が育つ」における事項である。

16 ③
解説

①　「紙芝居や劇」ではなく，「絵本や詩，歌」などがふさわしい。

②　3歳以上児に関する記述である。この時期は，言葉のもつ響きやリズムの面白さ，美しさ，言葉を交わすことの楽しさなどを感じ取らせることなどが重要である。

③　適切。

④　「表情や身振りなどで身近な大人に意思を伝えた経験」ではなく「自分の思いを分かってほしい，共有したいと願う身近な大人との関係の育

ち」がふさわしい。

⑤ 「自分も意思を伝えたい」ではなく「保育士等や友達の言うことを分かりたい」がふさわしい。

17 ②

解説

① なめて触れるのは主に乳児である。この頃には手指や体全体を使って確かめることが中心になっている。

② 適切。自分の体を思うように動かすことができるようになっているため，音楽やリズムに合わせて自由に体を動かす。

③ 「絵にすることを好む」が不適切である。感動したことについては，身近な人と一緒に楽しんだり伝えたりすることが主になる。

④ この時期の子どもは，簡単な絵本を読んでもらいながら，絵本の世界を現実の世界で再現しはじめる。自分でストーリーを考える段階には至らない。

⑤ この時期の子どもは，かくという行為やかいたものに意味が伴い始めるが，まだ線や点はまとまった形にならないため不適切である。

18 ⑤

解説

出題は「第2章　1　(3)　オ」の解説による。

A 乳児期は特定の大人との応答的な関わりを通じて，情緒的な絆が形成される時期である。

B 一人一人の子どもの生育歴に関する情報を把握するに当たっては，母子健康手帳等の活用が有効である。

C 様々な遊具で遊べるようになるのは，概ね手が自由に動かせるようになる1歳以上3歳未満児以降であるので，玩具が適切である。

19 ①

解説

出題は「第2章　1　(2)　(イ)　③」の解説による。授乳については「第1章　2　(2)　ア　(イ)　④」の解説などでも触れられている。また，厚生労働省の「授乳・離乳の支援ガイド」(2019年改定版，厚生労働省)などを参考にしながら理解を深めたい。

第7章

専門試験
小児保育

≡POINT≡

1. 小児保育の意義と概要

▶ 小児保育について

「小児」という用語について，厚生労働省の資料には「医療法施行規則第16条第1項第四号に規定する「小児」とは通常小児科において診療を受ける者をいうのであって，具体的に何歳から何歳までと限定することは困難である。」と記載されている。

また，児童福祉法第4条では，「小児」という用語は使われておらず，以下のように区分されている。

乳児　満1歳に満たない者

幼児　満1歳から，小学校就学の始期に達するまでの者

少年　小学校就学の始期から，満18歳に達するまでの者

このことから医療において，小児とは出生時から思春期までを含む広い範囲の子どもを示す用語であることが分かる。

乳幼児保育において「小児」の捉え方は曖昧であるが，平成29年に告示された保育所保育指針では，「第2章　保育の内容」の中で「1　乳児保育に関わるねらい及び内容」，「2　1歳以上3歳未満児の保育に関わるねらい及び内容」，「3　3歳以上児の保育に関するねらい及び内容」の三区分に乳幼児の発達を分けて記述をしている。「乳児保育」に関しては前章で取り扱っているため，本章「小児保育」では主に「3歳以上児の保育」について取りあげる。

▶ 幼児期の基本的な保育の目的と内容

小児(以下3歳以上児を指す)期の保育に関するねらい及び内容は，保育所保育指針「第2章　保育の内容」において，1歳以上3歳未満児と同様，以下の5領域で示されている。

【3歳以上児】

(1)心身の健康に関する領域「健康」

(2)人との関わりに関する領域「人間関係」

(3)身近な環境との関わりに関する領域「環境」

(4)言葉の獲得に関する領域「言葉」

(5)感性と表現に関する領域「表現」

▶▶ 保育の配慮事項

　小児の保育への配慮事項として，保育所保育指針に示された下記のことに特に配慮したい。

- ・第1章4(2)に示された「幼児期の終わりまでに育ってほしい姿」が，ねらい及び内容に基づく活動全体を通して資質・能力が育まれている子どもの小学校就学時の具体的な姿であることを踏まえ，指導を行う際には適宜考慮すること。
- ・子どもの発達や成長の援助をねらいとした活動の時間については，意識的に保育の計画等において位置付けて，実施することが重要であること。なお，そのような活動の時間については，保護者の就労状況等に応じて子どもが保育所で過ごす時間がそれぞれ異なることに留意して設定すること。
- ・特に必要な場合には，各領域に示すねらいの趣旨に基づいて，具体的な内容を工夫し，それを加えても差し支えないが，その場合には，それが第1章1に示す保育所保育に関する基本原則を逸脱しないよう慎重に配慮する必要があること。

2. 小児の食と生活

　保育所の特性を生かした食育を推進している。下記に示す内容を特に意識し，「食を営む力」の育成に向けその基礎を培うことを目標にしたい。

- ・子どもが生活と遊びの中で，意欲をもって食に関わる体験を積み重ね，食べることを楽しみ，食事を楽しみ合う子どもに成長していくことを期待するものであること。
- ・乳幼児期にふさわしい食生活が展開され，適切な援助が行われるよう，食事の提供を含む食育計画を全体的な計画に基づいて作成し，その評価及び改善に努めること。栄養士が配置されている場合は，専門性を生かした対応を図ること。
- ・食育の環境の整備等としては，子どもと調理員等との関わりや，調理室など食に関わる保育環境に配慮すること。特に体調不良，食物アレルギー，障害のある子どもなど，一人一人の子どもの心身の状態等に応じ，嘱託医　かかりつけ医等の指示や協力の下に適切に対応すること。栄養士が配置されている場合は，専門性を生かした対応を図ること。

3. 小児の疾病とその予防

　子どもが罹患しやすい疾病(特に発熱やけいれん等)の症状を見分けるポイント，体調不良時の対応について理解しておくことが大切である。また，平常時の子どもの健康観察のポイントをしっかり頭に入れておくことも必要である。「いつもと違う」「何か変」ということを早期に気づき，対応できる能力が保育者には必要不可欠である。

　感染症や予防接種についても，子どもが罹患しやすい疾患(感染症や消化器疾患など)について理解を深めることが大切である。感染の予防と対策として，感染源対策，感染経路対策(飛沫感染，空気感染，接触感染，経口感染等)，感受性対策(予防接種等)があり，特に予防接種スケジュールについても理解しておくとよい。また，生ワクチンか不活化ワクチンか，定期接種か任意接種かなど，基本的なことも覚えておきたい。

4. 環境及び衛生管理・安全管理

　環境及び衛生管理・安全管理については，以下の4点の理解を深めるとよい。

【環境及び衛生管理】

　施設内外の環境(温度・湿度・換気・採光・音など)を常に適切な状態に保持するとともに，施設内外の設備及び用具等の衛生管理に努めること。子ども及び全職員が清潔を保つようにすること。また，職員は衛生知識の向上に努めること。

【事故防止及び安全対策】

　保育中の事故防止のために，子どもの心身の状態等を踏まえ，施設内外の安全点検に努め，安全対策のための体制づくりや安全指導を行う。事故防止の取り組みを行う際には，特に睡眠中，プール活動・水遊び中，食事中等の場面において施設内外の環境の配慮や指導の工夫を行い，必要な対策を講じる。また，保育中の事故の発生に備え，施設内外の危険箇所の点検や訓練を実施する。外部からの不審者等の侵入防止のための措置や訓練など不測の事態に備えて必要な対応を行う。その際，子どもの精神保健面にも留意することなどがあげられる。

【災害に備え，施設・設備等の安全確保】

　防火設備，避難経路等の安全性が確保されるよう，定期的にこれらの安全点検を行う。備品，遊具等の配置，保管を適切に行い，日頃から安全環境の整備に努めることが重要である。

【災害発生時の対応体制及び避難への備え】

　火災や地震などの災害の発生に備え，緊急時の対応，職員の役割分担，避難訓練計画等に関するマニュアルを作成する。また，定期的に避難訓練を実施するなど，必要な対応を図る。日頃から保護者との密接な連携に努め，連絡体制や引渡し方法等について確認をしておくことが大切である。

5.　母子保健対策と子育て支援

　「保育所を利用している保護者に対する子育て支援のポイント」としては，以下の3点があげられている。

【保護者との相互理解】

　子どもの日々の様子の伝達や収集，保育所保育の意図の説明などを通じて，保護者との相互理解を図るよう努めること。保育の活動に対する保護者の積極的な参加を促すこと。

【保護者の状況に配慮した個別の支援】

　保護者の多様化した保育の需要に応じ，病児保育事業など多様な事業を実施する場合には，保護者の状況に配慮し，子どもの福祉が尊重されるよう努め，生活の連続性を考慮すること。また，子どもに障害や発達上の課題が見られる場合や外国籍家庭など特別な配慮を必要とする家庭の場合には，市町村や関係機関と連携及び協力を図りつつ，保護者に対する個別の支援を行うよう努めること。

【不適切な養育等が疑われる家庭への支援】

　保護者に育児不安等が見られる場合には，希望に応じて個別の支援を行うよう努めること。また，保護者に不適切な養育等が疑われる場合には，市町村や関係機関と連携し，要保護児童対策地域協議会で検討するなど適切な対応を図ること。虐待が疑われる場合には，速やかに市町村又は児童相談所に通告し，適切な対応を図ること。

　次に「地域の保護者等に対する子育て支援のポイント」については，以下の2点があげられている。

【地域に開かれた子育て支援】

　保育所は，児童福祉法第48条の4の規定に基づき，地域の実情や当該保育所の体制等を踏まえ，地域の住民等に対して，専門性を生かした子育て支援を積極的に行うよう努めること。また，地域の子どもに対する一時預かり事業などの活動を行う際には，一人ひとりの子どもの心身の状態などを

考慮するとともに，日常の保育との関連に配慮するなど，柔軟に活動を展開できるようにすること。

【地域の関係機関等との連携】

　地域の関係機関等との積極的な連携及び協働を図るとともに，子育て支援に関する地域の人材と積極的に連携を図るよう努めること。また，地域の要保護児童への対応は，要保護児童対策地域協議会など関係機関等と連携及び協力して取り組むよう努めること。

Q 演習問題

1 小児の生理機能について適切なものを，次の①～⑤から1つ選びなさい。

(難易度■□□□□)

① 乳児期の胸郭は前後，左右の径がほぼ同じで，腹式呼吸である。年齢とともに胸郭は左右径が大きくなり，2歳ころから胸腹式呼吸となり，7歳ころには胸式呼吸になる。

② 体重に占める水分量の割合は年齢によって違い，新生児では約60％，成人では約50％が水分である。

③ 年少児ほど心拍数が少ない。

④ 安静時の呼吸状態を比べると，年齢が高くなるにしたがい呼吸数が多くなる。

⑤ 小児期の体温は成人に比べて高いが，代謝の活発さとは関係がない。

2 子どもに見られる症状と病名について正しい組み合わせを，あとの①～⑤から1つ選びなさい。

(難易度■■□□□)

ア 高熱から始まり，くしゃみ，咳，鼻水などのかぜ症状が続く。頬の内側の粘膜に白い斑点が見られる。

イ 「おたふくかぜ」とも呼ばれる。3人に1人は症状が出ない。

ウ 発熱と発疹から始まり，軽いかぜ症状。耳の後ろや首のリンパ節が腫れる。

エ 「水ぼうそう」とも呼ばれ，伝染力が強い。小豆大の赤い発疹に水がたまる。

オ 「りんご病」とも呼ばれる。妊婦が感染すると流産，または胎児死亡に至る例がある。

A 麻疹 　　　　　B 風疹 　　C 伝染性紅斑

D 流行性耳下腺炎 　E 水痘

① ア－B 　イ－E 　ウ－D 　エ－A 　オ－C

② ア－D 　イ－A 　ウ－C 　エ－E 　オ－B

③ ア－C 　イ－D 　ウ－A 　エ－B 　オ－E

④ ア－A 　イ－D 　ウ－B 　エ－E 　オ－C

⑤ ア－E 　イ－C 　ウ－A 　エ－B 　オ－D

3 「保育所保育指針解説」(平成30年2月)に示されている全体的な計画について正しいものを，次の①〜⑤から1つ選びなさい。　(難易度■■■■□)

① 全体的な計画や延長保育，夜間保育，休日保育の有無は各市町村で定めることとなっている。

② 全体的な計画は，入所児童の保護者への支援や，地域の子育て支援との区別を明確にする必要がある。

③ 全体的な計画は，施設長の責任のもとに全職員が参画して編成する。

④ 全体的な計画は，指導計画やその他の計画と同列に位置付けられる。

⑤ 保育所の実態を問わず，全体的な計画の編成は保育所保育指針に則した均一的な保育が実施できるようにする。

4 「保育所保育指針解説」(平成30年2月)に示されている3歳以上児の保育に関する基本的事項に関して適切なものを，次の①〜⑤から1つ選びなさい。　(難易度■■■□□)

① 運動機能がますます発達し，手先を巧みに使いながら様々な遊びに挑戦する。

② 言葉の発達においては，言葉の理解が進み，自分の意思を親しい大人に伝えたいという欲求が高まる。

③ 共通の目的の実現に向かって，話し合いを繰り返しながら互いに折り合いを付ける経験を重ねる中で，身近な保育士等の仲立ちのもと解決しようとする姿も見られる。

④ この時期は，集団としての高まりを支えながら，子ども一人一人の自我の育ちを促す援助が必要になる。

⑤ 基本的な生活習慣を確立しつつあり，身辺自立の進む3歳以上児は養護に関する基本的事項と保育に関する基本的事項を独立させて展開する。

5 「保育所保育指針」(平成29年3月)の「第2章　保育の内容」の「3　3歳以上児の保育に関するねらい及び内容」に示されている留意点として不適切なものを，次の①〜⑤から1つ選びなさい。　(難易度■■■□□)

① 「健康」の内容では，いろいろな遊びの中で十分に体を動かす。

② 「人間関係」の内容では，友達と積極的に関わりながら喜びや悲しみを共感し合う。

③ 「環境」の内容では，生活の中で，様々な物に触れ，その性質や仕組み

に興味や関心をもつ。

④ 「言葉」の内容では，保育士等や友達の言葉や話に興味や関心をもち，親しみをもって聞いたり，話したりする。

⑤ 「表現」の内容では，感じたこと，考えたことなどを音や動きなどで表現したり，お手本をもとにかいたり，つくったりなどする。

6 次の文章は「保育所保育指針」（平成29年3月）に示されている3歳以上児の「環境」に関する保育の内容の取扱いの抜粋である。空欄（ A ）～（ C ）に当てはまる語句の組み合わせとして正しいものを，あとの①～⑤から1つ選びなさい。　　　　　　　　　　　　（難易度■■■□□）

○子どもが，遊びの中で周囲の環境と関わり，次第に周囲の世界に（ A ）を抱き，その意味や操作の仕方に関心をもち，物事の（ B ）に気付き，自分なりに考えることができるようになる過程を大切にすること。

○身近な事象や動植物に対する（ C ）を伝え合い，共感し合うことなどを通して自分から関わろうとする意欲を育てる。

ア　好奇心　　イ　発見　　　ウ　興味
エ　法則性　　オ　探究心　　カ　感動
キ　連続性　　ク　規則性　　ケ　印象

① A－ア　　B－ク　　C－イ
② A－オ　　B－エ　　C－ウ
③ A－ウ　　B－ク　　C－ケ
④ A－ア　　B－エ　　C－カ
⑤ A－オ　　B－キ　　C－カ

7 次の文は，「保育所における感染症対策ガイドライン（2018年改訂版）」（こども家庭庁　2018（平成30）年3月（2023（令和5）年5月一部改訂））に準じた保育所における消毒薬の種類と使用についての記述である。下線部(A)～(D)の語句や数値に関して，適切なものを○，不適切なものを×とした場合の正しい組み合わせを，あとの①～⑤から1つ選びなさい。

（難易度■■■■□）

消毒薬の種類には，アルコール類等と塩素系消毒薬がある。(A)どちらも手指の消毒や遊具，室内環境の消毒に適している。(B)塩素系消毒薬は，一般細菌，真菌，ウイルスなどに有効であり(C)ノロウイルスにも効果があ

る。嘔吐物の消毒などは，塩素系消毒薬である次亜塩素酸ナトリウム(製品濃度約6%の場合)を使用するが，希釈濃度は0.1%で，水1リットルに対して(D)約10mlである。

	(A)	(B)	(C)	(D)
①	○	○	×	×
②	○	×	○	×
③	○	×	×	○
④	×	○	○	×
⑤	×	×	○	×

8 3歳以上児の保育に関わる配慮事項に関する記述として適切なものを，次の①〜⑤から1つ選びなさい。　　　　　　　　　　(難易度■■■■□)

① この時期は疾病への抵抗力が弱く，心身の機能の未熟さに伴う疾病の発生が多い。特に感染症などの病気にかかりやすいので，生命の保持と情緒の安定に配慮した細かな保育が必要である。

② 睡眠中の突然死を防ぐため，うつぶせ寝を避けるなど，十分な観察と注意が必要な時期である。

③ 共働きの家庭が増えているため，食事や排泄，清潔などの基本的な習慣を子どもにつけさせるのは保育士等の役割と考えて指導する必要がある。

④ 自分の思い通りにいかないことなどに対して反抗的な態度を示す時は，子どもの気持ちを十分に受け止めたうえで，態度を改めるように言い聞かせる。

⑤ 集団のなかでけんかなど，葛藤を生じている子どもを見守りながら，必要に応じて相手の気持ちを知らせ，子どもの心の安定に配慮して援助する。

9 保育所において3歳以上児が自然との関わりを深めるために最も適切といえる活動を，次の①〜⑤から1つ選びなさい。　　　　(難易度■■□□□)

① きのこ採り

② 小動物の飼育

③ 学習ソフトを使ったクイズ

④ 身近な農産物の栄養素についての学習

⑤　自分たちで採取した野草を使用しての調理

10 保育所において子どもの情緒を発達させるために最も適切といえる対応を，次の①〜⑤から1つ選びなさい。　　　　　（難易度■■■□□）

①　子ども同士の関わりを見守り，子どもの考えや気づきを十分に認める。子どもの主体的な活動を援助し，満足感や充実感とともに自己肯定感を育んでいく。

②　けんかなど，子ども同士のぶつかり合いに対しては，できる限り干渉せずに見守り，自分たちで解決できる力を育む。

③　けんかなど，子ども同士のぶつかり合いに対しては，積極的に交渉や合意を援助して，状況が悪化しないように配慮する。

④　子どもが感動や喜びを表現できるようなパソコン用ソフトを積極的に活用する。

⑤　子どもが保護者との関係を通して自己肯定感を育んでいけるよう，保護者に対する援助を行う。

11 「保育所保育指針解説」（平成30年2月）に示されている保育所保育指針の「改定の方向性」について適切でないものを，次の①〜⑤から1つ選びなさい。　　　　　（難易度■■■■□）

①　保育所では子どもの育ちを保護者と共に喜び合うとともに，地域で子育て支援に携わる他の機関や団体など様々な社会資源との連携や協働を強めていくことが求められることを踏まえて，改定前の保育所保育指針における「子育て支援」の章を「保護者に対する支援」に改めた。

②　平成23年に発生した東日本大震災を経て，安全，防災の必要性に対する社会的意識が高まっている。子どもの生命を守るために，災害発生時の対応を保護者と共有するとともに，平時からの備えや危機管理体制づくり等を行政機関や地域の関係機関と連携しながら進めることが求められることから，安全な保育環境の確保等を中心に更なる充実を図った。

③　幼保連携型認定こども園や幼稚園と共に，幼児教育の一翼を担う施設として，教育に関わる側面のねらい及び内容に関して，幼保連携型認定こども園教育・保育要領及び幼稚園教育要領との更なる整合性を図った。

④　保育現場におけるリーダー的職員等に対する研修内容や研修の実施方法について，「保育士等キャリアアップ研修ガイドライン」が定められた。

⑤ 幼児教育において育みたい子どもたちの資質・能力として，「知識及び技能の基礎」「思考力，判断力，表現力等の基礎」「学びに向かう力，人間性等」を示した。そして，これらの資質・能力について「幼児期の終わりまでに育ってほしい姿」として明確化した。

⑫「保育所保育指針解説」(平成30年2月)の「第2章　保育の内容」の「4　保育の実施に関して留意すべき事項　(1)保育全般に関わる配慮事項」に示されている，子どもの性差との関わり方に関する記述である。空欄(A)～(C)に当てはまる語句の組み合わせとして正しいものを，あとの①～⑤から1つ選びなさい。　　　　　　　　　(難易度■■■□□)

　保育所において，「こうあるべき」といった固定的なイメージに基づいて，子どもの性別などにより対応を変えるなどして，こうした意識を子どもに，植え付けたりすることがないようにしなければならない。(中略)子どもが将来，性差や個人差などにより人を差別したり，偏見をもったりすることがないよう，(A)に配慮した保育を心がけ，保育士等自らが自己の価値観や言動を省察していくことが必要である。

　(B)社会の推進とともに，子どもも，職員も，保護者も，一人一人の可能性を伸ばし，(C)を図っていくことが求められる。

　　ア　倫理　　　　イ　人権　　　　ウ　男女共同参画
　　エ　国際化　　　オ　差別撤廃　　カ　自己実現
① A-ア　　B-ウ　　C-オ　　② A-イ　　B-エ　　C-カ
③ A-イ　　B-ウ　　C-カ　　④ A-イ　　B-エ　　C-オ
⑤ A-ア　　B-ウ　　C-カ

⑬ 保育所と家庭との連携に関する記述として最も適切なものを，次の①～⑤から1つ選びなさい。　　　　　　　　　　(難易度■■■□□)

① 子どもの家庭での様子や過去の傷害を伴う事故等の情報収集は，プライバシーに配慮して，入所時と緊急時にのみ行う。

② 食生活や食育に関しては，子どもだけでなく保護者にも指導を行う必要がある。

③ 感染症の流行が懸念される場合は，保育所は保護者に予防対策を指導する義務がある。

④ 主治医からの指示書および連絡先等を確認し，保育所の独断で医療的

ケアの実施に関して主治医からの直接の指示や研修が受けられるように調整する。

⑤　保育所での子どもの健康と安全に関する基本的取り組み方針等については，入所時に説明する必要がある。

解答・解説

1 ①

解説

① 正しい。

② 水分量の割合は，年齢によって大きく違う。新生児では約80％，乳児では70〜75％，成人では約60％が水分。

③ 年少児ほど心拍数が多いが，それは1回当たりの心拍出量が少ないためである。

④ 安静時の新生児の呼吸数は5〜6歳の約2倍近くで，呼吸数は年齢が低いほど多くなる。1分間の呼吸数は，新生児は40〜50回，乳児は30〜40回，5〜6歳児は20〜25回である。

⑤ 小児期は活動性が高く，代謝が活発になるため，体温も成人より高い。

2 ④

解説

ア 麻疹(はしか)。発熱は3日前後続く。白く小さい斑点はコプリック斑と呼ばれ，眼は赤く，目やにが出る。

イ 流行性耳下腺炎(おたふくかぜ)。腫れは耳下腺の片側もしくは両側に見られ(両側性が多い)，疼痛がある。

ウ 風疹。発疹はひとつひとつ離れている。妊娠16週以内に母体が罹患すると，異常をもつ子どもが5人に1人の割合で生まれる危険性がある。

エ 水痘(水ぼうそう)。軽い発熱と背上部の円形赤斑から始まる。合併症として脳炎や肺炎を起こすことがあるため，注意を要する。

オ 伝染性紅斑(りんご病)。熱はほとんどなく，両頬が真赤に腫れる。首，胸腹部，四肢に発疹が見られる。妊婦が感染すると，胎児の発育遅滞が見られる場合があるほか，死亡に至る例がある。

3 ③

解説

① 保育時間や延長保育，夜間保育，休日保育の有無は保育所ごとに定めることとなっている。

② 全体的な計画は，入所児童の保護者への支援や，地域の子育て支援と密接に関連して行われる業務と位置づけられる。

③ 正しい。全体的な計画は施設長の責任のもと，全職員が参画して共通

理解と協力体制のもとに創意工夫して編成する。

④　全体的な計画は，その他の計画の上位に位置付けられる。

⑤　保育所保育指針や解説の内容を参考にしながら，保育所ごとの実態に即して工夫して設定する必要がある。さらに子どもの心身の発達や，家庭・地域の実態も踏まえて創意工夫する。

4 ②

解説

①　手先のみではなく，全身を巧みに使えるようになっている。

②　適切。

③　「身近な保育士等の仲立ちのもと」ではなく，「自分たちで」が正しい。徐々に他の子どもとの役割分担や，互いの思いや考えを出し合うことができるようになる。

④　「集団としての高まり」と「子ども一人一人の自我の育ち」が逆である。自我の育ちを土台として，仲間とのつながりが深まっていく。

⑤　養護と保育は3歳以上児であっても一体となって展開される。

5 ⑤

解説

①「健康」のねらいの1つは「自分の体を十分に動かし，進んで運動しようとする」であり，ねらいと合致している。

②「人間関係」のねらいの1つは「身近な人と親しみ，関わりを深め，工夫したり，協力したりして一緒に活動する楽しさを味わい，愛情や信頼感をもつ。」であり，ねらいと合致している。

③「環境」のねらいの1つは「身近な環境に親しみ，自然と触れ合う中で様々な事象に興味や関心をもつ」であり，ねらいと合致している。

④「言葉」のねらいの1つは「人の言葉や話などをよく聞き，自分の経験したことや考えたことを話し，伝え合う喜びを味わう。」であり，ねらいと合致している。

⑤「表現」のねらいの1つは「感じたことや考えたことを自分なりに表現して楽しむ」である。正しくは，「感じたこと，考えたことなどを音や動きなどで表現したり，自由にかいたり，つくったりなどする」である。

6 ④
解説

A 3歳以上児の「環境」に関する保育は「周囲の様々な環境に好奇心や探究心をもって関わり，それらを生活に取り入れていこうとする力を養う」ことを指導する。

B ボールを上に投げると落ちてくるなどの科学的な法則にとどまらず，子どもが自分なりに発見した規則性なども含めて「物事の法則性」としている。

C 感動を伝えられた友達や保育士等が深く共感することが肝要である。共感が得られないと，子どもの感動は次第に薄れてしまう。

7 ④
解説

(A) アルコールは手指の消毒やおもちゃの消毒に適応する。次亜塩素酸はおもちゃや哺乳瓶の消毒などには適応するが，刺激が強く手指の消毒には適さないので，使用にあたっては手袋などを着用する。

(D) 0.1％の濃度は，水1リットルに対して約20mlである。

8 ⑤
解説

① 3歳未満児の保育に関わる配慮事項である。3歳以上児も風邪などにかかりやすいのは同じだが，心身の機能はある程度発達しており，3歳未満児と比べれば生命の保持と情緒の安定に配慮した細かな保育が必要というほどではない。

② これも3歳未満児の保育に関わる配慮事項で，乳幼児突然死症候群(SIDS)に関する記述である。SIDSの約8割は生後6か月までに発生している。

③ 共働きの家庭が増えているのは事実だが，食事や排泄，清潔などの基本的な習慣については家庭との連携を図るほか，子ども自身が習慣をつけていくことも大切である。

④ 自分の思い通りにいかないことなどに対して反抗的な態度を示す時は，子どもの気持ちを十分に受け止めたうえで触れ合いや語りかけを多くし，情緒の安定を図るようにする。

⑤ 適切。

9 ②

解説

①　天然のきのこは食用にできるものとできないもの(毒性のあるもの)の区別が難しく，なかには死に至るものもあるため，不適切である。

②　適切。この時期の子どもは自然の不思議さに心を躍らせ，自然に触れることを喜び，探究しようとする意欲を持っている。花壇での草花の栽培，小動物の飼育等，保育所の自然環境を工夫することで，子どもが自然と関われるようにしていく。

③　自然に直に触れて楽しむことがより大切であり，学習ソフトを使ったクイズは最も適切とはいえない。

④　健康のために栄養素を知ることは大切だが，自然との関わりを深めるための活動として最も適切とはいえない。

⑤　①のきのこと同様，食用にできるものとできないもの(毒性のあるもの)の区別が難しく，除草剤や動物の排泄物の心配もあるため，最も適切とはいえない。

10 ①

解説

①　最も適切である。

②，③　けんかなど，子ども同士のぶつかり合いに対しては，子ども同士のやりとりやぶつかり合いを見守りながら，必要に応じて相手の気持ちを知らせ，子どもの心の安定に配慮して援助する。それぞれの子どもの良いところや得意なことを積極的に認め，他の子どもに伝えていくことも大切である。

④　積み木やブロック，クレヨンなどの画材などを使用するほうが，幼児にとっては手軽で自由度が高い。パソコン用ソフトは最も適切とはいえない。

⑤　自己肯定感を育むには保護者との関係も重要であるが，保育所においては①の通り，子ども同士の関わりを見守り，子どもの考えや気づきを十分に認めることや，子どもの主体的な活動を援助し，満足感や充実感とともに，自己肯定感を育んでいくことが中心となる。

①

解説

改訂前の「保護者に対する支援」の章を「子育て支援」に改めた。「保育所保育指針解説」(平成30年2月)の「序章」の「4 改定の方向性」参照。

⑫ ③

解説

Aには人権，Bには男女共同参画，Cには自己実現が入る。したがって解答は③。なお，わが国が1995年に加入した国連の「人種差別撤廃条約」のもととなっている1963年のあらゆる形態の人種差別の撤廃に関する国際連合宣言の第2条のなかには，「いかなる国家，機関，集団又は個人も，人種，皮膚の色又は種族的出身を理由として人権及び基本的自由に関し，個人，集団又は団体を差別してはならない」とある。

⑬ ⑤

解説

①　子どもの家庭での生活実態，健康状態，既往症や予防接種歴，過去の傷害を伴う事故等の情報収集は，入所時はもちろん，常に行う必要がある。守秘義務を守ることは言うまでもない。

②　食生活や食育に関しては，子どもだけでなく保護者にも情報提供を行う必要がある。

③　特に義務づけはされていない。感染症の流行が懸念される場合は，保育所は保護者に予防対策に関する情報提供を行うことが望ましい。

④　必要に応じて保護者同意のもと同行受診するなどして，医療的ケアの実施に関して主治医からの直接の指示や研修が受けられるようにする。

⑤　適切。保育所での子どもの健康と安全に関する基本的取り組み方針等については，入所時に説明する必要がある。

第8章

専門試験
子どもの食と栄養

≡ POINT ≡

1. 子どもの健康と食生活の意義

▶ 子どもの心身の健康

　子どもが心身ともに健やかに発育・発達するために栄養を摂ることはとても重要である。また，乳幼児期から発達の段階に応じた食生活ができることは，子どもの心身の健康に大きく影響する。

▶ 子どもの食生活

　子どもの食生活には，以下のような特徴がある。

・発育のために多くの栄養素を必要とする。
・消化機能が未成熟である。
・感染に関する抵抗力が低い。
・発達段階に合わせた食事と食習慣の形成。

▶ 子どもの食生活の現状を示す調査等

〈国民健康・栄養調査〉

　「国民の身体の状況，栄養素等摂取量及び生活習慣の状況を明らかにし，国民の健康の増進の総合的な推進を図るための基礎資料を得る」ことを目的として，厚生労働省が毎年実施している調査。

〈乳幼児栄養調査〉

　「全国の乳幼児の栄養方法及び食事の状況等の実態を把握することにより，母乳育児の推進や乳幼児の食生活の改善のための基礎資料を得る」ために，厚生労働省が10年ごとに実施している調査。

▶ 食生活の課題

　子どもの食事内容には，以下のような課題がある。

・子どもに食事を提供する大人側の問題(子どもの要求に合わせてばかりの献立や料理のレパートリーの少なさなど)から，適正な栄養摂取と望ましい食習慣が身につく食事が提供されていない場合がある。
・食事に関する手伝いの機会が減ったことにより，食品の名前を知らない，食品の形と味が一致しない子どもが増えている。

・家族と共に食事をする機会(共食)が減り，子どもだけで食べる(孤食)機会が増えている。
・朝食の欠食や間食(おやつ)の与え方に問題がある場合がある。
・食品産業が発達し，レトルト食品やインスタント食品など，いつでもどこでも好きなだけ食べることができる一方で，偏食による栄養素の摂取の過不足，エネルギーの過剰摂取などが問題となっている。

2. 栄養に関する基本的知識

▶ 5大栄養素と水分

　人間が生きていくために必要な栄養成分は，炭水化物(糖質)，脂質，たんぱく質，無機質(ミネラル)，ビタミンの5つあり，これらを5大栄養素という。これら5大栄養素の機能や役割，消化や吸収の仕組みなどについて，それぞれ十分に理解をしておきたい。

　また，水分はこれら栄養素を溶かして消化・吸収することや，栄養素，老廃物の運搬や体温保持，発汗による体温の調整などに関わるもので，「乳児では全体重の約80%」を，「成人の場合は全体重の約60%」を占めている。

▶ 日本人の食事摂取基準

　健康な個人及び集団を対象として，国民の健康保持・増進，生活習慣病の予防を目的として，エネルギー及び栄養素の摂取量の基準を示すものとして，「日本人の食事摂取基準(2020年版)」が策定され，この基準は5年ごとに改訂されている。また，食事摂取基準のほか，食生活指針や食事バランスガイドなども理解しておきたい。

〈食生活指針〉

　2000(平成12)年に国民一人ひとりが健全な食生活の実践を図り，健康寿命を延ばすことを目指して，文部科学省，厚生労働省，農林水産省の連携により策定されたもので，最新版が2016(平成28年)に出されている。

〈食事バランスガイド〉

　食生活指針に示される項目が実践できるように2005(平成17)年に厚生労働省，農林水産省により作成されたもので，1日に何をどれだけ食べたらよいのかがコマの形をしたイラストにより分かりやすく示されている。

3. 子どもの発育・発達と食生活

子どもの発育・発達には，

① **順序性**(発達には一定の順序があること)

② **速度の多様性**(スキャモンの発達曲線が示すように臓器・器官により発達が異なることなど)

③ **臨界期**(ある特定の時期に刺激を受けないと，その後，能力の獲得が難しくなる時期のこと)

④ **方向性**(全身的な運動から指先の細かい動きへ，頭部から下半身に向かうなど，一定の方向性があること)

⑤ **相互作用**(遺伝的要因と環境要因の相互作用により進むこと)

などの特徴がある。具体的な発達の様子は，身長や体重，歯の発育などの「身体的発育」，「哺乳や咀嚼機能の発達」，「精神・運動機能の発達」などの観点から把握し，子どもはそれらに応じた望ましい食生活をすることが大切である。

▮▶ 哺乳反射

新生児には原始反射があるが，その中の一つに哺乳反射がある。

▮▶ 乳汁栄養(母乳栄養・人工栄養・混合栄養)

〈**母乳栄養**〉

・初乳：生後1週間くらいまでの乳。乳糖が少なく感染防御因子を多く含む。

・成熟乳：初乳に比べたんぱく質が少なく，乳糖が多い。

母乳栄養は，ビタミンK不足になりやすいという特徴がある。ビタミンK不足により発生しやすい疾病として，突発性ビタミンK欠乏症(頭蓋内出血)や新生児メレナ(消化管出血)などがある。

〈**人工栄養**〉

母乳の成分にできるだけ近づけている人工栄養に育児用ミルクなどがある。これらは，栄養素について計算されてつくられている。

〈**混合栄養**〉

母乳と人工栄養を併用すること。

▮▶ 離乳

離乳食は，一般に哺乳反射が消え始める5〜6ヶ月頃から開始する。乳児の

消化機能や，咀嚼機能，嗅覚や味覚の発達を促進する。はちみつはボツリヌス菌が混入していることがあり，1歳未満の乳児に与えてはいけない。

▶ 幼児期の心身の発達と食生活

成長の著しい乳幼児期は，心身機能の発達とともに行動範囲も広がり，エネルギー消費量も増していく。子どもの成長に必要な栄養素の摂取については十分な配慮が必要になる。なお，乳児期・幼児期の子どもの発育状態(体格など)は，**カウプ指数**や**身体発育曲線**に基づき観察していく。

▶ 学童期の心身の発達と食生活

学童期とは，小学校6年間のことを言う。この期間は乳児期・幼児期に次いで成長の著しい時期であり，思考力，記憶力，判断力などに大きな成長が見られ，とくに**第二発育急進期**(小学校高学年のころに見られ，思春期ともいわれる)には，心身ともに大きな変化が見られる。また，咀嚼面では乳歯から永久歯への生え変わりの時期であり，発達の過渡期である。

食生活面では，学校では学校給食が提供され，成長期の子どものために栄養バランスを整えるだけでなく，健康な生活を送るための食生活のモデルを子どもたちが学ぶ場であるという理解も必要である。一方家庭では，共稼ぎ等を理由として中食や加工食品を食べる機会が増える傾向にある時期であり，偏った食事による偏った栄養の摂取や，肥満が問題となることがある。

この時期の身長と体重のバランスを測る指標としては，**ローレル指数**などが用いられる。

4. 食育の基本と内容

▶ 保育における食育の意義・目的

〈食育基本法〉

2005(平成17)年に食育基本法が成立し，保育所も食育推進の拠点として規定されている。このため，食育基本法については前文，目的，基本理念について十分に理解しておく必要がある。

〈保育所保育指針〉〈幼保連携型認定こども園教育・保育要領〉

保育所保育指針，幼保連携型認定こども園教育・保育要領にも食育の推進に関する内容が示されている。近年の家族形態の変化などにより保育所，認定こども園の子育て支援の機能としても，保育所，認定こども園における食

育の推進の重要性は高まっているといえる。

〈食育推進基本計画〉

　食育基本法に基づき，食育推進基本計画が5年ごとに作成されている。令和3年～7年度は，**第4次食育推進基本計画**が示されている。

▶ 食育の内容と計画・評価
〈児童福祉施設における食事の提供ガイド〉

　厚生労働省が，2010(平成22)年に作成した「**児童福祉施設における食事の提供ガイド**」では，「食育の観点からの食事の提供の考え方」などが示されているので確認しておきたい。

▶ 食生活指導及び食を通した保護者への支援

　子どもの食に関する営みを豊かにするためには，保育所だけでなく家庭と連携して食育を進めていくことが大切である。家庭や地域における養育力の向上につなげていくことができるよう保育所の調理室等を活用し，食に関する相談や支援を行うことも重要である。

5. 家庭や児童福祉施設における食と栄養
▶ 家庭における食と栄養

　近年，家族形態の変化，家庭内の男女の役割分担の変化，加工食品産業・外食産業の発達もあり，家庭内で素材から調理する「**内食**」の必要性が減り，弁当や総菜などを購入して家庭で食べる「**中食**」，レストランなどでの「**外食**」の割合が増えている。

　中食，外食は，手軽で便利な反面，塩分の過多や食品添加物の利用など，子どもにとって必ずしも安全で健康的ではない場合がある。

　また，成長期の子どもが心身ともに健康に育まれるように，保護者とともに食卓を囲みながら食事を楽しむ機会があるということも大切である。家庭においても，**食事バランスガイド**などを活用して，さまざまな食材をバランスよく摂り，栄養の偏りがない食事が提供されることが大切である。

▶ 児童福祉施設における食と栄養

　児童福祉法第7条に児童福祉施設とは「助産施設，乳児院，母子生活支援施設，保育所，幼保連携型認定こども園，児童厚生施設，児童養護施設，障害

児入所施設，児童発達支援センター，児童心理治療施設，児童自立支援施設，児童家庭支援センター及び里親支援センター」であるとされている。これら施設は，「児童福祉施設の設備及び運営に関する基準」により設備と運営の基準が定められているので，栄養や食事に関する規定について確認しておきたい。

6. 特別な配慮を要する子どもの食と栄養

▶▶ 疾病及び体調不良の子どもへの対応

〈疾病への対応〉

　子どもの疾病の中には，単なる体調不良ばかりではなく，先天性代謝異常症(フェニルケトン尿症，メープルシロップ尿症など)，先天性甲状腺機能低下症(クレチン症)，小児糖尿病や小児肥満など，医療機関(かかりつけ医など)との連携を密にとり対応しなければならないものもあるため，各種の疾病の特徴と対応方法について十分理解しておきたい。

〈体調不良への対応〉

　子どもは体調の変化を起こしやすいため，保育者は子どもの顔色や食欲など，様子に注意する必要がある。体調不良の際には，脱水症予防のための水分補給や，煮る・蒸すなどの過熱法で刺激が少なく薄味で調理した消化の良い食事を心がける必要がある。

▶▶ 食物アレルギーのある子どもへの対応

　食物アレルギーのある子どもについては，アレルギーの原因物質であるアレルゲンを除去した食事を提供する必要がある。アレルギーの原因となる食品のうち，患者数や症状の重さなどから食品表示法により表示義務のある特定原材料は8品目，また，特定原材料に準ずる推奨品目は20品目ある。

▶▶ 障害のある子どもへの対応

　知的障害，肢体不自由，病弱，視覚障害，聴覚障害など，障害のある子どもの障害の種類はさまざまである。また，同じ障害種でも個人差があり，一律の対応というものは存在しない。そのため，障害のある子どもへの食と栄養の対応については，子どもの摂食機能に応じた食事形態の工夫や，子どもの障害特性に応じて必要となるエネルギーや栄養素の摂取に十分な配慮が必要となる。また，食事の良さを感じることができるように，子どもの様々な感覚(五感)に働きかけることや，他の子どもと一緒に食べられるような機会を設けることも大切である。

Q 演習問題

1 小児の心の発達と食生活に関する記述として正しいものを，次の①〜⑤から1つ選びなさい。　　　　　　　　　　　　　　　　（難易度■■□□□）

① 十分な安心感を与えるため，母乳の1回の授乳時間は25分くらいが適当である。

② 生後3か月以降の乳児は，空腹だけでなく自己主張のときにも泣くようになるが，子どものしつけはこの時期から始めることが大切で，甘やかさないようにする。

③ 生後5〜6か月ぐらいは，哺乳反射が消え始める時期であり，また，その後の時期になると，乳汁だけでは十分な栄養補給ができなくなるので，この頃に離乳食を開始する。動物性たんぱく質など，アレルギーが出やすい食品に注意する。

④ 幼児期の間食は肥満の原因となるので，欲しがってもなるべく与えないようにする。

⑤ 排便が2日おきの場合は，毎日させるようにする。

2 乳幼児の水分に関する記述として正しいものを，次の①〜⑤から1つ選びなさい。　　　　　　　　　　　　　　　　　　　　（難易度■■□□□）

① 体重の半分以上は水分で構成されている。その割合は，乳児で体重の約70〜80％，成人で約60％といわれている。

② 体内の水分の約3分の1は細胞内に存在し，残りの3分の2は血液と細胞間液として分布している。

③ 水の必要量は成人と幼児では大きく違い，幼児は体重あたり成人の約3倍必要である。

④ 幼児の必要水分量が多いのは，幼児の新陳代謝や呼吸数とは関係なく，体温が成人より高いためである。

⑤ 幼児で最も気をつけたいのが水分摂取と脱水症状である。水分を摂取する際は，塩分を同時に摂らないようにする。

3 ビタミンに関する記述として正しいものを，次の①〜⑤から1つ選びなさい。　　　　　　　　　　　　　　　　　　　　　　（難易度■■■□□）

① ほとんどのビタミンは人体内で合成できない。しかし，ビタミンCの

　　　ような水溶性ビタミンを過剰に摂取すると，体内に蓄積されてしまう。

② 「美容ビタミン」ともいわれるビタミンAは，女性が妊娠初期に過剰摂取すると，生まれた子どもに形態異常発現率が高いといわれている。

③ 「発育促進ビタミン」とも呼ばれるビタミンB_2は，欠乏すると脚気(多発性神経炎)・筋肉痛などの発症につながる。

④ 約10種のビタミンがあり，ごく微量でも生体の生理機能の代謝を円滑にする役割が大きい。

⑤ ビタミンは水溶性と脂溶性の2つに分けられ，葉酸は脂溶性である。

4 栄養素の消化と分解について適切な組み合わせを，次の①～⑤から1つ選びなさい。　　　　　　　　　　　　　　(難易度■■■□□)

① 炭水化物　　————　　腸液　　————　　グリセリン
② 炭水化物　　————　　胃液　　————　　麦芽糖
③ たんぱく質　————　　胃液　　————　　ペプトン
④ たんぱく質　————　　唾液　　————　　アミノ酸
⑤ 脂肪　　　————　　　胃液　　————　　脂肪酸

5 次のア～オのうち，5大栄養素のおもな働きに関する記述として正しいものの組み合わせを，あとの①～⑤から1つ選びなさい。

(難易度■■■□□)

ア　ビタミンは代謝の調節を行う。
イ　炭水化物は細胞内膜の構成成分となる。
ウ　たんぱく質は血液をつくる。
エ　脂質は腸の働きを整える。
オ　ミネラル(無機質)はエネルギー源となる。

　① ア，イ　　② ア，ウ　　③ イ，ウ　　④ イ，オ
　⑤ ウ，エ

6 母乳に関する記述として適切なものを，次の①～⑤から1つ選びなさい。

(難易度■■□□□)

① 母乳と育児用調製粉乳の胃内停留時間は3～4時間と，ほぼ同じである。
② 母乳に含まれる糖質のほとんどは乳糖である。
③ 牛乳と母乳の成分を比較すると，ビタミンは各種とも牛乳のほうが多

い。
④ 分娩後，1〜3日に分泌する母乳を初乳という。
⑤ 母乳の成分は分娩後から離乳期に至るまで一定である。

7 次のア〜オのうち，妊産婦の食生活に関する記述として正しいものの組み合わせを，あとの①〜⑤から1つ選びなさい。　**(難易度■■□□□)**

ア 授乳婦のエネルギーの付加量は350kcal/日である。
イ 授乳中は鉄分不足を防ぐため，玄米を積極的に摂るとよい。
ウ 遠洋でとれた魚介類は近海ものよりもダイオキシンの含有量が多いので，できるだけ避ける。
エ 妊娠前に比べての体重増加は，やせの人は12〜15kgが望ましい。
オ アルコールは多量に摂取しない限り，胎児には移行しない。

① ア，ウ　　② ア，エ　　③ イ，オ　　④ ウ，エ
⑤ エ，オ

8 育児用調製粉乳に関する記述として正しいものを，次の①〜⑤から1つ選びなさい。　**(難易度■■■□□)**

① 授乳する際の温度は32〜33℃がよい。
② ミルクの缶はしっかりふたを閉めて，冷蔵庫で保管する。
③ 保育所で多人数分を一度に一日分を調乳する場合は，無菌操作法で行う。
④ 濃度を調製したうえで，月齢に関係なく同じ量・回数で与える。
⑤ 月齢に関係なく，同じ濃度で与える。

9 離乳期と離乳食の組み合わせとして正しいものを，次の①〜⑤から1つ選びなさい。　**(難易度■■■■□)**

① 初期 ──────── つぶしがゆ50g→80g
② 中期 ──────── 舌でつぶせる固さのものを1日に2回
③ 中期 ──────── 野菜・果物10g→15g
④ 後期 ──────── 歯ぐきで噛める固さのものを1日に3回
⑤ 完了期 ─────── 全がゆ90g→100g→軟飯80g

⑩ 乳児期の栄養上の問題に関する記述として正しいものを，次の①～⑤から1つ選びなさい。 (難易度■■■□□)

① 牛乳アレルギーがある場合は，牛乳のたんぱく質を消化吸収しやすいように分解したペプチドミルクを用いる。

② 毎日便通があれば健康的な便通であるといえる。

③ 母乳の出が悪い場合は，フォローアップミルクで栄養不足を補う。

④ 乳幼児はたんぱく質が十分に消化されないまま吸収されて，アレルギーを起こすことがある。

⑤ フォローアップミルクを使用する場合は生後6か月以降がよい。

⑪ 次のア～オのうち，幼児期の食生活に関する記述として正しいものの組み合わせを，あとの①～⑤から1つ選びなさい。 (難易度■■■□□)

ア 幼児は消化吸収機能が十分に発達していないので，間食は5歳頃からでよい。

イ 3歳頃までに大人とほぼ同じ調理形態のものが食べられるようになる。

ウ 好みにむらが出てきた時は，偏食や食欲不振などを起こさないように調理方法を工夫する。

エ 食事と間食の間隔は2時間以上あけるようにする。

オ 幼児期の肥満は大半が学童期に移行する。

① ア，オ ② イ，ウ ③ イ，エ ④ ウ，エ
⑤ エ，オ

⑫ 次の文は，「第4次食育推進基本計画」(令和3年3月)の「第3 食育の総合的な促進に関する事項」の「2. 学校，保育所等における食育の推進」「(2)取り組むべき施策」の一部である。空欄(A)・(B)に当てはまる語句の組み合わせとして正しいものを，あとの①～⑤から1つ選びなさい。 (難易度■■■□□)

(就学前の子供に対する食育の推進)

　就学前の子供が，成長や発達の段階に応じて，(A)を基本とし，望ましい食習慣を定着させるとともに，食に関する体験を積み重ねていくことができるよう，保育所，幼稚園及び認定こども園等において，保護者や地域の多様な関係者との連携・協働により食に関する取組を推進する。

…(中略)…

　取組を進めるに当たっては，保育所にあっては，（　A　）の基本としての「食を営む力」の育成に向け，その基礎を培うことを目標とし，子供が生活と遊びの中で意欲をもって食に関わる体験を積み重ねていくことを重視する。その際，（　B　）としての食材や，調理する人への感謝の気持ちを育み，伝承されてきた地域の食文化に親しむことができるよう努める。

　　ア　健康な生活　　イ　体力の増強　　　ウ　知識の習得

　　エ　自然の恵み　　オ　栄養補給

① 　A－ア　　　B－エ

② 　A－ア　　　B－オ

③ 　A－イ　　　B－エ

④ 　A－ウ　　　B－エ

⑤ 　A－ウ　　　B－オ

⓭ 次のア～オのうち，「日本人の食事摂取基準」(2020年版)に関する記述として正しい記述の組み合わせを，あとの①～⑤から1つ選びなさい。

(難易度■■■■■)

ア　エネルギー及びたんぱく質では，乳児の区分を0～5か月，6～11か月の2区分としている。

イ　エネルギー及びたんぱく質では，乳児の区分を0～5か月，6～8か月，9～11か月の3区分としている。

ウ　健康の維持・増進と欠乏症予防のために，「推定推奨量」と「推奨量」の2つの値を設定している。

エ　目標量とは，推定平均必要量及び推奨量を算定するのに十分な科学的根拠が得られない場合に，特定の集団の人々がある一定の栄養状態を維持するのに十分な量をいう。

オ　目標量とは，生活習慣病の発症予防を目的として，現在の日本人が当面の目標とすべき摂取量をいう。

　　①　ア，ウ　　　②　ア，エ　　　③　イ，ウ　　　④　イ，エ

　　⑤　イ，オ

⓮ 幼児期の間食として最も適切な食品を，次の①～⑤から1つ選びなさい。

(難易度■□□□□)

①　チョコレート

② チーズ

③ ポーションタイプのこんにゃくゼリー

④ スナック菓子

⑤ スポーツ飲料，乳酸菌飲料

15 小児期の食生活の問題について，特に問題となりやすい記述の組み合わせを，あとの①〜⑤から1つ選びなさい。 (難易度■■□□□)

ア 幼児期 ―― 母乳依存

イ 学童期 ―― 咀嚼不良

ウ 離乳期 ―― 遊び食い

エ 思春期 ―― ダイエット志向

オ 幼児期 ―― 偏食

① ア，イ ② イ，ウ ③ ウ，エ ④ ウ，オ

⑤ エ，オ

16 乳幼児の食事について述べた文として誤っているものを，次の①〜⑤から1つ選びなさい。 (難易度■■■■□)

① 母乳は，生後5か月頃までの乳児の発育に必要なほとんどの栄養素を含み，病気を防ぐ免疫性は初乳に多く含まれる。育児用調整粉乳の成分はほぼ母乳と変わらないが，免疫成分は含まれていない。

② 乳児期初期までの乳汁だけの利用から，幼児の食事がとれるようになるまでの過程を離乳といい，消化能力が発達する生後3〜4か月ころから開始し，12か月には完了して普通食に移行させる。

③ 離乳は，栄養摂取の面だけでなく，物をかむ力や飲み込む力が訓練される。この訓練が適切に行われないと，あごの発達に影響を与えたり，食べ物を丸のみする癖がついたりする。

④ 離乳時期には，1日3回の食事リズムを大切にして決まった時間に食事を与え，生活のリズムをつくる。また，自分で食べる楽しみを手づかみ食べから始め，食べ物への関心を芽生えさせ，自分で食べる能力を育てていく。

⑤ 幼児の胃の容量は小さく，1日3回の食事ではとりきれない必要なエネルギーや水分を補うために，1回〜2回の間食・おやつを与える。おやつの時間は，子どもにとって気分転換になり，楽しみのひとときである。

⑰ 各種ミネラルの働きに関する記述として正しいものを，次の①〜⑤から1つ選びなさい。 (難易度■■■□□)

① 体内のカルシウムの大半は骨・歯の構成成分として存在する。血液の凝固を防ぐ性質がある。

② カリウムはナトリウムとともに血圧を上げる働きをする。

③ 鉄分は血液中に含まれ，酸素の運搬にかかわっている。

④ 低ナトリウム血症は，血液中のナトリウム濃度が低い状態のこと。治療として，1日約2リットルの水分を摂取する。

⑤ リンが不足すると，欠乏症として味覚障害が現れることがある。

解答・解説

1 ③

解説

① 母乳の1回の授乳時間は10〜15分ぐらいが適当。初めの5分くらいの間で全体の半量以上が哺乳されるので，通常，長い時間は必要ない。授乳時間が長い場合は，母乳不足の疑いがある。探索・捕捉・吸啜・嚥下の各反射の動きを利用し自然に行う。

② 自己主張は，暑い，寒い，うるさい，何となくさびしいなど，色々な原因が存在する。この時期は，周囲の大人がその訴えを読み取ることが大事である。

③ 正しい。生後5〜6か月ぐらいになると，乳汁だけでは十分な栄養補給ができなくなるので，この頃に離乳食を開始する。動物性たんぱく質のほか，そばやエビ，カニなど，アレルギーが出やすい食品に注意する。

④ 栄養補給や食事時間のリズムを作るため，食後2時間ほどあけたところで間食を与える。1日のエネルギー量の1〜2割は間食と考えてよい。

⑤ 2，3日おきに決まって排便があれば，心配ない。

2 ①

解説

① 正しい。人体を構成する生体成分中，最も多いのが水分である。消化・吸収・分泌など，水は生体を維持する最大の要素として欠かせないものである。

② 数値が逆。体内の水分の約3分の2は細胞内に存在し，残りの3分の1は血液と細胞間液である。

③ 幼児の必要水分量は，体重あたり成人の約2倍である。

④ 新陳代謝や呼吸数が関係する。幼児は新陳代謝が激しいため呼吸が盛んで体温が高く，水分補給は欠かせない。

⑤ 水分摂取や脱水症状を気づかうあまり，水だけ与え過ぎるのは禁物。塩化ナトリウムを伴わない水の摂取は，熱けいれんを発生させる場合などがあるため，注意が必要である。脱水を防ぐためには，少量の塩分とともに摂取するようにする。

②

解説

① ビタミンCなどの水溶性ビタミンは，過剰に摂取しても蓄積せず尿中に排泄される。「日本人の食事摂取基準(2020年版)」でも，ビタミンCの耐容上限量は設定されていない。

② 正しい。ビタミンAが「美容ビタミン」といわれるのは皮膚や粘膜を保護する役割によるもの。ただし，過剰症に注意が必要で，妊婦の場合は，妊娠前3か月から妊娠3か月の間の過剰摂取に注意する必要がある。

③ 脚気はビタミンB_1の不足から起こる。ビタミンB_2が欠乏すると，口唇炎・口角炎・舌炎・角膜炎・脂漏性皮膚炎などを起こす。

④ ビタミンは約13種あり，その大部分は補酵素として代謝に重要な働きをする。

⑤ 葉酸は水溶性である。

 ③

解説

①，② 炭水化物は食道で唾液によってデキストリンに分解された後，十二指腸から分泌されるアミラーゼによって麦芽糖に分解され，最終的に小腸の腸液でブドウ糖に分解される。ショ糖や乳糖は小腸でガラクトースや果糖に分解される。

③ 正しい。たんぱく質は胃から分泌されるペプシンによってペプトンとポリペプチドに分解された後，十二指腸から分泌されるトリプシンによって分解され，最終的に小腸でアミノ酸に分解される。

④ ③を参照。

⑤ 脂肪は十二指腸から分泌される胆汁によって乳化され，小腸から分泌されるリパーゼによってグリセリンと脂肪酸に分解される。

5 ②

解説

たんぱく質，糖質，脂質は3大栄養素と呼ばれ，どれもエネルギー源となる。また，たんぱく質は体の組織や血液をつくったり，ホルモンや酵素の原料になったりもする。脂質は細胞内膜の構成成分となるほか，ホルモンの原料にもなる。糖質は，たんぱく質や脂質の分解にも必要とされる栄養素である。ビタミン，ミネラルはエネルギー源とはならないが，血圧や体

液の平衡の調整，抗酸化作用，血行促進作用など，種類によって様々な代謝調節機能がある。**イ**は炭水化物ではなく脂質，**エ**は脂質ではなく食物繊維，**オ**はミネラルではなく3大栄養素の説明。よって，正しい記述の組み合わせは**ア**と**ウ**の②である。

6 ②

解説

① 母乳の胃内停留時間は2〜3時間，牛乳は3〜4時間，育児用調製粉乳はその中間で，それぞれ異なる。母乳は最も消化が早い。

② 正しい。母乳には約7％の糖質が含まれており，そのほとんどが乳糖である。

③ 牛乳と母乳の成分を比較すると，牛乳のほうが各栄養素を多く含むが，糖質とビタミンA，C，E，ナイアシンは母乳のほうが多い。

④ 分娩後，3〜5日頃までに分泌する母乳を初乳という。免疫グロブリンA，ビフィズス菌などを含み，感染予防の働きをする。また，人工栄養と比べてアレルギーを起こしにくいという利点もある。

⑤ 母乳の成分は分娩後から離乳期にかけて一定ではない。初乳，移行乳(6〜10日頃まで)を経て，成乳(成熟乳)になると成分が一定になる。

7 ②

解説

授乳婦のエネルギーの付加量は350kcal/日である。妊娠前に比べての体重増加は，体格がやせの人は12〜15kg，肥満(2度以上)の人は個別対応(上限目安5kg)とされている(厚生労働省「妊娠前からはじめる妊産婦のための食生活指針」(令和3年3月))。増えすぎは難産の原因になることがあるため，食べすぎに注意する。授乳中は鉄分を積極的に摂る必要があるが，緑茶やコーヒー，玄米などを多量に摂ると鉄分の吸収が悪くなるので，控えめにする。わが国では母乳中に一定程度のダイオキシンが含まれていることがわかっている。ダイオキシンの含有量が多いのは，遠洋でとれた魚介類ではなく近海ものである。カフェインやアルコールは乳汁に移行する。特にアルコールは胎盤を通って胎児に移行するので，妊娠中・授乳中は摂取を控えることが望ましい。適切な記述は**ア**，**エ**の②である。

8 ⑤

解説

① 授乳する際の温度は，乳児の体温とほぼ同じ37℃程度がよい。

② ミルクの缶はしっかりふたを閉めて，冷暗所で保管する。冷蔵庫にしまうと取り出した時に結露するので，冷蔵庫には入れない。

③ 調乳は清潔に行うことが重要である。無菌操作法は，哺乳瓶，乳首などを煮沸消毒してからミルクを調合する方法で，家庭で一般的に行われる。一方，終末殺菌法は，多人数分や一日分など多数の調乳を行う場合に用いる殺菌の方法で，哺乳瓶に調合した乳を入れてから，煮沸消毒を行う。その後，冷水等で冷やし，冷蔵庫に保存したものを授乳時に適温に温める。保育所等では終末操作法を用いることが効率的である。

④ 月齢による濃度の違いはないが，量や回数は月齢に応じて変える。

⑤ 正しい。月齢に関係なく同じ濃度で，量と回数を増やしていく(単一処方)。

9 ②

解説

① 離乳初期(5〜6か月)の調理形態の目安はなめらかにすりつぶした状態で，穀類はつぶしがゆ。すりつぶした野菜等も試し，慣れてきたら，つぶした豆腐・白身魚・卵黄等を試してみる。離乳食は子どもの様子をみながら1日1回1さじずつ始める。

② 正しい。離乳中期(7〜8か月)の離乳食は1日2回，調理形態の目安は舌でつぶせる固さ。穀類なら全がゆ50〜80g。たんぱく質は魚なら10〜15g。

③ 野菜・果物は20〜30g。

④ 離乳後期(9〜11か月)の離乳食は1日3回，調理形態の目安は歯ぐきでつぶせる固さ。穀類は全がゆ90g〜軟飯80g。野菜・果物は30〜40g。たんぱく質は魚なら15g。

⑤ 離乳完了期(12〜18か月)の離乳食も1日3回。調理形態の目安は歯ぐきで噛める固さ。穀類の目安は軟飯90g〜ご飯80g。野菜・果物は40〜50g。たんぱく質は魚なら15〜20g。

10 ④

解説

① ペプチドミルクはたんぱく質を分解しているものの，アレルゲンを完

全に除去していないため，牛乳アレルギーの子どもには使用できない。牛乳アレルギーのある子どもには医師と相談し，治療用ミルク(アミノ酸混合乳等)を使用する必要がある。

② 毎日便通があっても，便が硬く，排便時に苦痛を伴うような場合は便秘である。水分や食物繊維の摂取を心がけ，下腹部のマッサージを行うとよい。

③ フォローアップミルクは，通常のミルクと比べて一般にたんぱく質やミネラルが多く，脂肪は少ない。離乳食からの栄養摂取量が少ない場合に利用する。

④ 正しい。乳幼児は腸粘膜の機能が未熟なため，たんぱく質が十分に消化されないまま吸収されて，アレルギーを起こすことがある。卵，牛乳，大豆などのたんぱく質食品は少量から始めて，様子を見ながら与えるとよい。

⑤ フォローアップミルクを使用する場合は生後9か月以降がよい。

11 ④

解説

　幼児に消化吸収機能が十分に発達していないので，3回の食事では十分な栄養が摂れない。1〜2歳児は1日2回，3〜5歳児は1日1回を目安に間食を与えて栄養を補う。食事と間食の間隔は2時間以上あけるようにして，規則性のあるリズムをつくる。乳歯は3歳頃までに生えそろう。5歳頃には大人とほぼ同じ調理形態のものが食べられるようになる。好みにむらが出た時は，無理に食べさせようとすると食欲不振に陥ってしまう。かといって好きなものだけ食べさせていては栄養が偏ってしまう。そこで，偏食や食欲不振などを起こさないように調理方法を工夫する。幼児期の肥満は半数が学童期に解消し，半数が学童期・青年期に移行する。正しい記述は**ウ**，**エ**の④である。

12 ①

解説

　新型コロナウイルス感染症の流行は，世界規模に拡大し，その影響は人々の生命や生活のみならず，行動・意識・価値観にまで波及した。接触機会低減のためのテレワークの増加，出張機会の減少等により，在宅時間が一時的に増加するとともに，外出の自粛等により飲食業が甚大な影響を受けるなど，我が国の農林水産業や食品産業にも様々な影響を与えた。ま

た，在宅時間や家族で食を考える機会が増えることで，食を見つめ直す契機ともなっており，家庭での食育の重要性が高まるといった側面も有している。本計画は，今後5年間に特に取り組むべき重点事項を定め，国民の健全な食生活の実現と，環境や食文化を意識した持続可能な社会の実現のために，行政，教育関係者，農林漁業者，食品関連事業者，ボランティア等関係する各主体が相互の理解を深め，連携・協働し，国民運動として食育を推進するものである。

⑬ ⑤

解説

「日本人の食事摂取基準」は厚生労働省が定めているもので，令和2年度から令和6年度の5年間使用される。健康の維持・増進と欠乏症予防のために，「推定平均必要量」と「推奨量」を設定し，この2指標を設定することができない栄養素については，「目安量」を設定した。推定平均必要量及び推奨量を算定するのに十分な科学的根拠が得られない場合に，特定の集団の人々がある一定の栄養状態を維持するのに十分な量を目安量という。また，生活習慣病の一次予防を目的として，現在の日本人が当面の目標とすべき摂取量を目標量という。乳児については，成長に合わせてより詳細な区分設定が必要と考えられているため，エネルギー及びたんぱく質では0〜5か月，6〜8か月，9〜11か月の3区分にて表す。よって正しい記述は**イ**と**オ**の⑤である。

⑭ ②

解説

幼児期の間食は虫歯や肥満などを防ぐために，糖分や脂肪，塩分の多いものをできるだけ控えることが大切である。

① チョコレートは糖分が多いうえ，歯にくっつきやすいために虫歯になりやすい。

② チーズは選択肢のなかでは最も適切な食品といえる。チーズのカルシウムは消化吸収されやすい。ただし，乳アレルギーへの配慮や種類によって塩分の多いものがあるので注意する。

③ ポーションタイプのこんにゃくゼリーは幼児が喉に詰まらせる事故が複数報告されており，最も適切とはいえない。

④ スナック菓子は糖質，脂肪，塩分がいずれも多いだけでなく，化学調

味料を使っているものも多い。代わりに，薄切りにした野菜を乾燥させ
ただけの野菜チップスなどを間食にするとよい。

⑤　スポーツ飲料，乳酸菌飲料は糖分を多く含んでいるものが多い。

 ⑤

解説

　生後1年までを乳児期といい，生後5か月頃までは母乳不足やビタミンK
欠乏症に注意する必要がある。離乳期は生後約5か月頃～12か月頃。この時
期に問題となりやすいのは母乳依存である。幼児期は満1歳から小学校就学
まで。咀嚼不良は離乳期から幼児期にかけて起こりやすい。また，幼児期
は遊び食いや偏食が見られやすいので，栄養不足や栄養の偏りを防ぐ食べ
させ方を工夫する必要がある。学童期とは小学校在学期間。食べ物の好き
嫌いと食物アレルギー，朝食の欠食，間食による肥満などに注意する必要
がある。思春期は10歳代から20歳代前半頃まで。この年齢は女子のダイ
エット志向によるやせが問題となっている。よって，正しい記述は**エ**，**オ**
の⑤である。

 ②

解説

　厚生労働省「授乳・離乳の支援ガイド」によると，離乳の開始は生後5～
6か月後としており，離乳の完了は12か月から18か月ころである。大切なの
は子どもの様子を見ながら進めることである。

17 ③

解説

①　体内のカルシウムの大半は骨・歯の構成成分として存在する。血液を
　凝固させる性質がある。

②　カリウムは野菜や海藻などに多く含まれ，ナトリウム(塩分)の排出を
　促し，血圧を下げる働きをする。

③　正しい。鉄分は血液中の色素成分に含まれ，酸素の運搬にかかわって
　いる。不足すると貧血を起こしやすくなる。初潮を迎えたばかりの女子
　の鉄分不足には特に注意が必要である。

④　低ナトリウム血症は，体液量に対して，含まれるナトリウム量が少な
　すぎる場合に発生する。軽い低ナトリウム血症の場合の治療は，水分摂
　取の制限で，水分摂取量を1日約1リットル以下に制限する。

⑤　リンはカルシウムとともに丈夫な骨や歯をつくる。通常，不足の心配はない。摂りすぎるとカルシウムが体外に排出されてしまうため，過剰摂取に気をつける。欠乏症として味覚障害が現れるのは亜鉛である。

第9章

専門試験
保育原理

≡ POINT ≡

1. 保育に関連する法規

　法規関係は，自治体によって出題される・されないが明確に分かれる。しかし，試験で出題されなくても保育に携わる人物として基礎的な法規は把握しておきたい。ここでは特に保育所・保育士に関連する法規について掲載する。

▶ 児童福祉法（抜粋）

(児童の権利)

　第1条　全て児童は，児童の権利に関する条約の精神にのつとり，適切に養育されること，その生活を保障されること，愛され，保護されること，その心身の健やかな成長及び発達並びにその自立が図られることその他の福祉を等しく保障される権利を有する。

(保育の実施)

　第24条　市町村は，この法律及び子ども・子育て支援法の定めるところにより，保護者の労働又は疾病その他の事由により，その監護すべき乳児，幼児その他の児童について保育を必要とする場合において，次項に定めるところによるほか，当該児童を保育所(認定こども園法第3条第1項の認定を受けたもの及び同条第10項の規定による公示がされたものを除く。)において保育しなければならない。(省略)

　そのほか，第2条(国民等の責務)，第4条(児童・障害児の定義)，第18条の4(保育士)等は把握しておきたい。

▶ 児童の権利に関する条約（抜粋）

(子どもの最善の利益)

　第3条　1　児童に関するすべての措置をとるに当たっては，公的若しくは私的な社会福祉施設，裁判所，行政当局又は立法機関のいずれによって行われるものであっても，児童の最善の利益が主として考慮されるものとする。

　2　締約国は，児童の父母，法定保護者又は児童について法的に責任を有する他の者の権利及び義務を考慮に入れて，児童の福祉に必要な保護及び養護を確保することを約束し，このため，すべての適当な立法上及び行政上の措置をとる。

　3　締約国は，児童の養護又は保護のための施設，役務の提供及び設備が，

特に安全及び健康の分野に関し並びにこれらの職員の数及び適格性並びに適正な監督に関し権限のある当局の設定した基準に適合することを確保する。

そのほか，第1条(児童の定義)，第6条(生命・生存の権利)，第17条(情報の利用)，第29条(教育の目的)等は把握しておきたい。

▶ 児童憲章（抜粋）

われらは，日本国憲法の精神にしたがい，児童に対する正しい観念を確立し，すべての児童の幸福をはかるために，この憲章を定める。

児童は，人として尊ばれる。

児童は，社会の一員として重んぜられる。

児童は，よい環境の中で育てられる。

一　すべての児童は，心身ともに健やかにうまれ，育てられ，その生活を保障される。

五　すべての児童は，自然を愛し，科学と芸術を尊ぶように，みちびかれ，また，道徳的心情がつちかわれる。

六　すべての児童は，就学のみちを確保され，また，十分に整つた教育の施設を用意される。

児童憲章は分量が多くないため，そのほか大事なキーワードはすべて覚えるように努めたい。

2. 教育思想

教育史に登場する代表的な人物は，西洋も東洋も区別することなく把握しておきたい。ここでは出題頻度の高い人物とその業績について，掲載をする。

○ロック(1632〜1704年)

イギリスの思想家・哲学者。イギリス経験論の大成者で，すべての知性は経験から得られるという「精神白紙説〈タブラ＝ラサ〉」は，人の発達における環境優位説につながった。主著に『人間悟性(知性)論』がある。

○ルソー(1712〜78年)

フランスの思想家。教育的主著『エミール』の冒頭「造物主の手から出るときはすべて善いものである」という信念のもと，自然に従う教育(自然主義教育)や，自然に先立って教育をしてはいけないという消極的教育を主張した。児

童中心主義の立場から，注入より自発性を，言語より直観や経験を重視した。

○ペスタロッチ(1746〜1827年)

スイスの教育思想家・実践家。言語中心の主知主義教育を批判し，知的・道徳的・技能的な能力の調和的な発達を目指し，直接経験や感覚を通じた教授(直観教授)を展開した。また，幼児教育における家庭の役割を重視し，「生活が陶冶する」教育の原則を示した。主著に『隠者の夕暮』などがある。

○フレーベル(1782〜1852年)

ドイツの教育家で，世界最初の幼稚園の創設者。子どもの本質を神的なものとし，不断の創造によってその本質が展開されると考え，子どもの遊戯や作業を重視した。また，そのための教育遊具として「恩物」を考案した。主著に『人間の教育』がある。

○エレン＝ケイ(1849〜1926年)

スウェーデンの婦人思想家。主著『児童の世紀』では，20世紀は子どもが幸福になり，解放される時代と主張し，20世紀初頭の児童中心主義保育を求める新教育運動に大きな影響を与えた。

○デューイ(1859〜1952年)

アメリカのプラグマティズムの代表的哲学者。シカゴ大学に実験学校(デューイ・スクール)を開設し，実生活における必要性から子どもが自発的に問題を発見し，解決していく問題解決学習を考案，実践した。また，個人の環境との相互作用を経験と呼び，教育において，経験が連続的に再構成されていく過程を教育の本質ととらえた。主著に『学校と社会』『民主主義と教育』がある。

○モンテッソーリ(1870〜1952年)

イタリアの医師であり幼児教育の実践家・思想家。幼児教育施設「子どもの家」での経験を活かし，感覚重視の幼児教育法(モンテッソーリ・メソッド)を確立した。主著に『子どもの発見』がある。

○松野クララ(1853〜1941年)

ドイツ人。フレーベル創設の養成校で保育の理論や実践を学んだ。日本人

と結婚して日本に居住し，東京女子師範学校附属幼稚園創設当時の首席保母として「恩物」の使い方や遊戯など，日本に初めてフレーベルの教授法を導入した。

○倉橋惣三(1882〜1955年)

　日本において児童中心主義を提唱し，幼稚園教育の基礎を築いた幼児教育研究者。1917年に東京女子高等師範学校附属幼稚園の主事となった。フレーベルの教育精神のもと，子どもの自発性を尊重し，自由な遊びの中で子どもの自己充実を援助できる環境を構築する「誘導保育」を提唱した。

3. 保育所保育指針

　保育所保育指針は，保育所など多くの保育を実践する施設における重要な指針である。そのため，試験では多数出題されるのはもちろん，保育士として勤務し始めた後も常に目を通しておく必要のあるものである。ここでは目次のみ掲載しておくが，全文に目を通し，実際の保育の場面をイメージしながら理解を深めておきたい。

(目次)

第1章　総則
第2章　保育の内容
第3章　健康及び安全
第4章　子育て支援
第5章　職員の資質向上

4. 幼保連携型認定こども園教育・保育要領

　2018(平成29)年に改訂された幼保連携型認定こども園教育・保育要領は，総則で，幼保連携型こども園における教育及び保育の基本が示されている。また，幼保連携型認定こども園の教育及び保育において育みたい資質・能力の明確化や小学校教育との接続の推進なども示されている。

(目次)

第1章　総則
第2章　ねらい及び内容並びに配慮事項
第3章　健康及び安全
第4章　子育ての支援

Q 演習問題

1 保育所と幼稚園に関する記述として正しいものを，次の①〜⑤から1つ選びなさい。 (難易度■■■□□)

① 保育所も幼稚園も乳児や就学前の幼児を対象としており，ともに根拠となる法律は児童福祉法であって，所管官庁は厚生労働省である。

② 保育所の設置者は地方公共団体と社会福祉法人等となっているが，一方，幼稚園はこれらに加えて国も設置者となる。

③ 保育所，幼稚園ともに保育料は保護者負担となっているが，公私で保育料の格差が生じないように保育所，幼稚園とも国が単価についてのガイドラインを示している。

④ 2009(平成21)年の政権交代により，保育所と幼稚園の抱える問題点を解決するため，保育所と幼稚園を一体化する幼保一体化の検討化が始まった。

⑤ 保育と教育を一体的に提供する認定こども園には，幼保連携型，保育所型，幼稚園型，地方裁量型の4つのタイプが認められている。

2 次のA〜Eの人物と関係の深い用語の組み合わせを語群から選ぶとき，正しい組み合わせを，あとの①〜⑤から1つ選びなさい。

(難易度■■□□□)

A 野口幽香　　B 筧雄平　　C 石井十次　　D 赤沢鐘美
E 渡辺嘉重

〔語群〕

ア　子守学校

イ　二葉幼稚園

ウ　岡山孤児院

エ　農繁期託児所

オ　守孤扶独幼稚児保護会

① A−ア　　B−エ　　C−オ　　D−ウ　　E−イ
② A−ア　　B−イ　　C−ウ　　D−エ　　E−オ
③ A−イ　　B−エ　　C−ウ　　D−オ　　E−ア
④ A−イ　　B−ウ　　C−ア　　D−オ　　E−エ
⑤ A−ウ　　B−ア　　C−オ　　D−イ　　E−エ

3 「保育所保育指針解説」(平成30年2月)の「第1章 総則」の「1 保育所保育に関する基本原則」の「(1)保育所の役割 」で「保育士に求められる主要な知識及び技術」としてあげられている内容として誤っているものを，次の①〜⑤から1つ選びなさい。　　　　　　　　(難易度■■■□□)

① これからの社会に求められる資質を踏まえながら，乳幼児期の子どもの発達に関する専門的知識を基に子どもの育ちを見通し，一人一人の子どもの発達を援助する知識及び技術

② 子どもの発達過程や意欲を踏まえ，子ども自らが生活していく力を細やかに助ける生活援助の知識及び技術

③ 保育所内外の空間や様々な設備，遊具，素材等の物的環境，自然環境や人的環境を生かし，保育の環境を構成していく知識及び技術

④ 子ども一人一人の健康と安全がしっかりと守られるとともに，保育所全体で子どもの健康を増進させるための知識と技術

⑤ 子ども同士の関わりや子どもと保護者の関わりなどを見守り，その気持ちに寄り添いながら適宜必要な援助をしていく関係構築の知識及び技術

4 次の【Ⅰ群】の法律(条約を含む)の条文と【Ⅱ群】の法律(条約名を含む)の呼称を結びつけた場合の正しい組み合わせを，あとの①〜⑤から1つ選びなさい。　　　　　　　　(難易度■■■■□)

【Ⅰ群】

A 締約国は，自己の意見を形成する能力のある児童がその児童に影響を及ぼすすべての事項について自由に自己の意見を表明する権利を確保する。この場合において，児童の意見は，その児童の年齢及び成熟度に従って相応に考慮されるものとする。

B 児童は，人種的，宗教的その他の形態による差別を助長するおそれのある慣行から保護されなければならない。児童は，理解，寛容，諸国民間の友愛，平和及び四海同胞の精神の下に，また，その力と才能が，人類のために捧げられるべきであるという充分な意識のなかで，育てられなければならない。

C すべての児童は，家庭で，正しい愛情と知識と技術をもつて育てられ，家庭に恵まれない児童には，これにかわる環境が与えられる。

D 全て国民は，児童が良好な環境において生まれ，かつ，社会のあらゆる分野において，児童の年齢及び発達の程度に応じて，その意見が

尊重され，その最善の利益が優先して考慮され，心身ともに健やかに育成されるよう努めなければならない。

【Ⅱ群】

ア　児童の権利宣言(国連)

イ　児童福祉法(日本)

ウ　児童憲章(日本)

エ　児童の権利に関する条約(国連)

オ　日本国憲法(日本)

	A	B	C	D
①	エ	ア	ウ	イ
②	イ	エ	ア	オ
③	ウ	ア	オ	エ
④	オ	ア	エ	イ
⑤	ア	エ	ウ	イ

5 保育の本質について適切でないものを，次の①〜⑤から1つ選びなさい。
(難易度■■■□□)

① 保育については，子どもの最善の利益が優先されるべきである。

② 近年，核家族化などのさまざまな社会事情により，家庭や地域社会の子育て機能の低下が指摘されている。

③ 2006(平成18)年に改正された教育基本法において，はじめて「父母その他の保護者は，子の教育について第一義的責任を有する」と明記された。

④ 家庭のもつ養護的機能とは，身辺自立に対するしつけを行い，その家族が属している社会の言葉や文化を伝え，子どもの発達課題を達成させていく機能である。

⑤ 保育の場には「家庭」，保育所などの「保育施設」，在宅で個別あるいは小集団で行う保育形態の「家庭的保育」がある。

6 次の【Ⅰ群】の記述と【Ⅱ群】の人物を結びつけた場合の正しい組み合わせを，あとの①〜⑤から1つ選びなさい。
(難易度■■■■□)

【Ⅰ群】

A　彼は，「強制において如何に自由を養うか」を教育における最大の問題とした。彼によれば，教育は機械的なかつ思慮的な二面をもった合

自然の技術である。「人間は教育されなければならない唯一の被造物である」「人は教育によって人間に成れるまでのことである」と述べる彼は，人間が単に自然であることから教育的強制が必然であるのではなく，人間を人間たらしめる道徳の次元から義務・命令としての強制が必然とされる。従って，道徳的性格の形成が彼の教育思想の核心を成す。

B　彼の教育思想の特徴は，敬虔主義から啓蒙主義，ロマン主義をへてシェリングの自然哲学やヘーゲルの弁証法体系にいたるまでの，あの市民的思考の精神的自己解放過程が個人の形成過程の中に認められ，しかもその程度たるや，最終的には，市民社会の限界をこえでいくようなライフワークを残すほどのものであった。だが，次に続く世代にとって『人間の教育』に近づくのが困難なのは，彼において，あらゆる新しい認識が，子ども時代に獲得された深い宗教性と独特の仕方で結びついているという事実による。

C　彼は「人類の教育者」とも呼ばれる。彼は，コメニウス以来近代教育思想の基本原理となる直観教授を，数・形・語を基礎とする教授法＝「メトーデ」として発展させ，それ以後の学校改革に決定的な影響を与えることになる。彼は，この「メトーデ」を「基礎陶冶の理念」として確立しようと努力した。彼は，認識を要素にまで分解し，そして最も単純な構成要素(数・形・語＝直観のABC)から事物の表象を再構成する方法的道筋を提唱した。教育は知識を構成する基礎的能力の形成として把握される。

【Ⅱ群】

ア　ペスタロッチ　　イ　カント　　ウ　フレーベル　　エ　フィヒテ

	A	B	C
①	ア	ウ	イ
②	エ	ウ	イ
③	イ	ウ	ア
④	イ	エ	ア
⑤	エ	ア	イ

7 次の【Ⅰ群】の記述と【Ⅱ群】の人物を結びつけた場合の正しい組み合わせを、あとの①〜⑤から1つ選びなさい。　　　　(難易度■■□□□)

【Ⅰ群】

　A　初期の教育は純粋に消極的でなければならない。

　B　教師は子どもの環境である。

　C　私の家塾で放任主義を行うということは畢竟独立心を養うためである。

【Ⅱ群】

　ア　シュタイナー　　イ　ルソー　　ウ　広瀬淡窓　　エ　津田梅子

```
      A   B   C
①    ア   ウ   エ
②    ア   エ   イ
③    イ   エ   ウ
④    イ   ア   エ
⑤    ア   ウ   イ
```

8 次のア〜オはわが国の保育の歴史に関する記述である。正しいものの組み合わせを、あとの①〜⑤から1つ選びなさい。　　　(難易度■■■□□)

　ア　大正デモクラシーのなか、倉橋惣三らは、教師ではなく子どもを中心とする児童中心主義を唱えた。

　イ　昭和期の戦前・戦中は、徴兵による労働力不足を家族全員によって補うため、託児所が多く作られるようになった。

　ウ　1947(昭和22)年、学校教育法により「幼稚園」が学校として位置付けられ、2年後に児童福祉法により託児所が「保育所」として児童福祉施設に位置付けられた。

　エ　1948(昭和23)年、保育所における保育の手引書として「保育要領」が文部省から刊行された。

　オ　2006(平成18)年、小学校就学前の子どもに教育・保育を一体的に提供する「認定こども園」が誕生することになった。

　　①　ア、イ、オ　　②　ア、ウ、オ　　③　イ、ウ、エ　　④　イ、オ
　　⑤　ウ、オ

9 次の文は,「児童福祉法」第18条の5に規定される保育士資格欠格事由の一部である。(A)~(C)にあてはまる語句の正しい組み合わせを,あとの①~⑤から1つ選びなさい。 (難易度■■■□□)

一 (A)の故障により保育士の(B)を適正に行うことができない者として内閣府令で定めるもの

二 (C)以上の刑に処せられた者

三 この法律の規定その他児童の福祉に関する法律の規定であつて政令で定めるものにより,罰金の刑に処せられ,その執行を終わり,又は執行を受けることがなくなつた日から起算して3年を経過しない者

	A	B	C
①	心身	任務	懲役
②	身体	業務	禁錮
③	精神	業務	懲役
④	身体	任務	懲役
⑤	心身	業務	禁錮

10 次は「保育所保育指針解説」(平成30年2月)が示す「養護」と「教育」に関わる内容である。このうち,「養護」に関わる内容の組み合わせとして正しいものを,あとの①~⑤から1つ選びなさい。 (難易度■■■□□)

ア 生命 イ 環境 ウ 健康 エ 情緒 オ 表現

① ア, ウ, エ   ② ア, エ   ③ イ, ウ, オ   ④ イ, エ, オ
⑤ ウ, エ

11 「保育所保育指針」(平成29年3月)の「第1章 総則」のなかで述べられている「保育の目標」に関する記述として正しいものを,次の①~⑤から1つ選びなさい。 (難易度■■■□□)

① 十分に教育の行き届いた環境の下に,くつろいだ雰囲気の中で子どもの様々な欲求を満たし,生命の保持及び情緒の安定を図ること。

② 人との関わりの中で,人に対する愛情と信頼感,そして環境を大切にする心を育てるとともに,自主,自立及び協調の態度を養い,道徳性の芽生えを培うこと。

③ 生命,自然及び社会の事象についての興味や関心を育て,それらに対する豊かな心情や思考力の芽生えを培うこと。

④　生活の中で，コミュニケーションへの興味や関心を育て，話したり，聞いたり，相手の話を理解しようとするなど，言葉の豊かさを養うこと。

⑤　様々な指導を通して，豊かな感性や表現力を育み，創造性の芽生えを培うこと。

12　「保育所保育指針解説」（平成30年2月）で述べられている保育所保育における保護者支援について適切でないものを，次の①～⑤から1つ選びなさい。　　　　　　　　　　　　　　　　　　　　　　　（難易度■■■□□）

①　保護者の意見や要望等からその意向を捉える必要がある。

②　それぞれの保護者や家庭の状況を考慮し，職員間で連携を図りながら援助していく。

③　日頃から保育の意図や保育所の取組について説明し，丁寧に伝える。

④　保護者と共に考え，対話を重ねていく。

⑤　保護者への援助に当たっては，子どもと保育士等の関係を軸に，子ども・保育士等・保護者の関係が豊かに展開していくことが望まれる。

13　「保育所保育指針」（平成29年3月告示）の「第1章　総則」のなかで述べられている「保育の方法」において，保育士が留意すべきこととして適切なものの組み合わせを，あとの①～⑤から1つ選びなさい。

（難易度■■■□□）

ア　一人一人の子どもの状況や家庭及び地域社会での生活時間を把握するとともに，子どもが安心感と信頼感を持って活動できるよう，保護者の思いや願いを受け止めること。

イ　子どもの生活リズムを大切にし，健康，安全で情緒の安定した生活ができる環境や，自己を十分に発揮できる環境を整えること。

ウ　子どもの発達について理解し，一人一人の年齢差に応じて保育すること。その際，子どもの個人差に十分配慮すること。

エ　子ども相互の関係づくりや互いに尊重する心を大切にし，集団における個々の活動を効果あるものにするよう援助すること。

オ　特に，乳幼児期にふさわしい体験が得られるように，生活や遊びを通して総合的に保育すること。

①　ア，イ，エ　　②　ア，ウ　　③　イ，ウ，エ　　④　イ，オ
⑤　ウ，オ

⑭ 次は，「保育所保育指針」(平成29年3月)の「第1章　総則」から，「保育の環境」を構成するために留意することについて述べた文である。空欄(**A**)～(**D**)に当てはまる語句を下の語群から選ぶとき，正しい語句の組み合わせを，あとの①～⑤から1つ選びなさい。

(難易度■■■□□)

・人，物，(**A**)などの環境が相互に関連し合い，子どもの生活が豊かなものとなるよう，計画的に環境を構成する。
・子ども自らが(**B**)に関わり，自発的に活動し，様々な経験を積んでいくことができるよう配慮する。
・子どもの活動が豊かに展開されるよう，保育所の設備や環境を整え，保育所の保健的環境や(**C**)の確保などに努める。
・子どもが(**D**)と関わる力を育てていくため，子ども自らが周囲の子どもや大人と関わっていくことができる環境を整える。

〔語群〕

ア	自然	イ	社会事象	ウ	保育士等	エ	場
オ	環境	カ	計画	キ	安心	ク	衛生
ケ	協力者	コ	安全	サ	人	シ	地域社会

①　A－ア　　B－カ　　C－コ　　D－ウ
②　A－ア　　B－オ　　C－ク　　D－シ
③　A－イ　　B－エ　　C－キ　　D－カ
④　A－エ　　B－オ　　C－コ　　D－サ
⑤　A－エ　　B－カ　　C－ケ　　D－サ

⑮ 次の文は，「保育所保育指針」(平成29年3月)の「第5章　職員の資質向上」の「2　施設長の責務」の一部である。(**A**)～(**C**)にあてはまる語句の正しい組み合わせを，あとの①～⑤から1つ選びなさい。

(難易度■■■□□)

　施設長は，保育所の全体的な(**A**)や，各職員の研修の必要性等を踏まえて，体系的・計画的な研修機会を確保するとともに，職員の(**B**)体制の工夫等により，職員が計画的に研修等に参加し，その(**C**)の向上が図られるよう努めなければならない。

	A	B	C
①	計画	勤務	専門性
②	計画	業務	資質
③	運営	勤務	資質
④	運営	業務	専門性
⑤	計画	勤務	資質

16 次のA〜Eは「保育所保育指針」(平成29年3月)の「第2章 保育の内容」から，乳児期，1歳児から3歳児未満，3歳児以上のそれぞれの発達段階における基本的事項を抜粋したものである。また，ア〜ウは3つの発達段階である。基本的事項と発達段階の組み合わせとして適切なものを，あとの①〜⑤から1つ選びなさい。 (難易度■■■□□)

A 仲間と遊び，仲間の中の一人という自覚が生じ，集団的な遊びや協同的な活動も見られる。

B 視覚，聴覚などの感覚や，座る，はう，歩くなどの運動機能が著しく発達する。

C 自分の意思や欲求を言葉で表出できるようになる。

D 食事，衣類の着脱なども，保育士等の援助の下で自分で行うようになる。

E 特定の大人との応答的な関わりを通じて，情緒的な絆が形成される。

 ア 乳児期
 イ 1歳以上3歳未満児
 ウ 3歳以上児

	A	B	C	D	E
①	ア	イ	ウ	ウ	ア
②	イ	ア	イ	ウ	ア
③	イ	ウ	ア	ウ	イ
④	ウ	ア	イ	イ	ア
⑤	ウ	イ	ア	イ	ア

17 「保育所保育指針解説」(平成30年2月)の「第1章 総則」の「3 保育の計画及び評価」で述べられている全体的な計画に関する記述として適切なものを，次の①〜⑤から1つ選びなさい。 (難易度■■■□□)

① 全体的な計画は，保育時間や在籍期間の長短が優先され，また在籍す

るすべての児童が対象となるわけではない。

② 保育所の保育時間は，地域における乳幼児の保護者の労働時間や家庭の状況等に関係なく，1日につき8時間を原則とする。

③ 子どもの発達過程を長期的に見通し，保育所の生活全体を通して，それぞれの時期にふさわしい具体的なねらいと内容を，一貫性をもって構成する。

④ 保育所保育の基本について，児童福祉法や児童の権利に関する条約等，関係法令については職員間の共通理解を図るが，保育所保育指針，保育所保育指針解説の内容については個人で内容を理解する。

⑤ 全体的な計画は，子どもの利益を第一にするよりも保護者の思いを最優先に考え，保護者の意見を全体的な計画に反映するようにする。

18 次のア〜オは「保育所保育指針解説」(平成30年2月)に示されている指導計画に関する記述である。適切なものの組み合わせを，あとの①〜⑤から1つ選びなさい。　　　　　　　　　　　　　　　　(難易度■■■□□)

ア 指導計画は，全体的な計画に基づいて，保育を実施する際のより具体的な方向性を示すものである。

イ 指導計画は，保育士等が子どもにある活動を与え，させる計画でもある。

ウ 指導計画には，年・期・月など長期的な見通しを示すものと，週・日などの短期的な予測を示すものがある。

エ 指導計画は，次の指導計画を作成するまでは見直さないほうがよい。

オ 3歳以上児については一人一人の個別的な計画を作成する必要があるが，3歳未満児については個人差はあまり出ないため，個別的な計画は特には必要としない。

①　ア，イ，オ　　②　ア，ウ　　③　ア，エ　　④　イ，ウ，オ
⑤　エ，オ

19 「保育所保育指針解説」(平成30年2月)に示されている保育所での健康，安全に関して適切なものを，次の①〜⑤から1つ選びなさい。

　　　　　　　　　　　　　　　　　　　　　　　　　(難易度■■■□□)

① 毎日の健康観察では，機嫌，食欲，顔色，活動性などどの子どもにも共通した事項の観察より，子ども特有の所見・病気等に伴う状態の観察

に重点を置く。

② 心身の機能の発達は，脳神経系の成熟度合や疾病，異常によるところが大きく，出生前及び出生時の健康状態や発育及び発達状態，生育環境などの影響は受けない。

③ 心身の状態を把握することは，不適切な養育等の早期発見にも有効である。

④ 保育所は児童福祉施設であるが，感染症対策は学校保健安全法に準拠して行われる。

⑤ 保育所における食育は，健康な生活の基本としての「食を楽しむ力」の育成に向け，その基礎を培うことを目標としている。

解答・解説

1 ⑤

解説

① 保育所は「保育を必要とする」乳幼児が対象，根拠法は「児童福祉法」。所管官庁は厚生労働省であったが，2023(令和5)年4月よりこども家庭庁に移管された。一方，幼稚園は満3歳から小学校就学前までの幼児が対象，根拠法は学校教育法，所管官庁は文部科学省。

② 幼稚園の設置者は国，地方公共団体と学校法人等であり，社会福祉法人等ではない。

③ 保育所は記述のとおりだが，幼稚園は公私間の格差が大きいため，保護者の所得をもとに私立幼稚園就園児に対し，就園奨励金を出し，是正を図っている。

④ 幼保一体化ということばは，民主党政権が使っていたものだが，政権交代以前から，幼保一元化といわれて検討されている課題であった。2010年□月には「子ども・子育てビジョン」が閣議決定され，新たな制度構築が模索されている。

⑤ 正しい。地方裁量型とは認可のない地域の保育・教育施設が認定こども園として機能するタイプ。

2 ③

解説

A 野口幽香は1900(明治33)年，森島美根の協力で，貧民のための保育所二葉幼稚園を，東京の麹町に日本で最初に設立し，その後，東京のスラム街に移転した。

B 筧雄平は，1890(明治23)年，農繁期の農家のための託児所を日本で最初に設立した。このような季節託児所(保育所)は，昭和に入って全国的に普及した。

C 石井十次は，1887(明治20)年，日本で最初の孤児院(のちの岡山孤児院)を設立した。

D 赤沢鍾美は妻仲子と1890(明治23)年，日本最初の保育所(のちの守孤扶独幼稚児保護会)を設立した。

E 渡辺嘉重は1883(明治16)年，日本で最初の子守学校を設立した。子守学校は子守などの理由で学校へ通えない就学期の子どものために，明治政

府が全国に設置を命じたもの。

 ④

解説

　保育士に求められる主要な知識及び技術は6項目ある。出題された①，②，③，⑤の他には，「子どもの経験や興味や関心に応じて，様々な遊びを豊かに展開していくための知識及び技術」「保護者等への相談，助言に関する知識及び技術」が挙げられている。関連する事項として，同解説の「第5章　職員の資質向上」の「1　職員の資質向上に関する基本的事項(1)保育所職員に求められる専門性」も確認しておきたい。

 ①

解説

　日本国憲法の第3章には「国民の権利及び義務」が列挙されているが，この中で「児童」は「その保護する子女に普通教育を受けさせる義務を負ふ」(第26条)と「児童は，これを酷使してはならない」(第27条)の二度しか登場しない。しかし，第3章には児童が享有する権利も含まれているので，「すべて国民」の読み方に注意したい。「児童福祉法」には，児童(乳児，幼児，少年，障害児を含む)の定義，児童福祉施設，児童福祉審議会，児童相談所，児童福祉司，そして保育士についても詳細な規定がある。「児童福祉法」で初めて「福祉」が法令名に登場したことも覚えておきたい。「児童憲章」は，「児童福祉法」の制定後，さらにその法理を国民に浸透させる目的から起草されたものである。他方，国際的視点から，児童の権利の普及及び定着には国際連合の存在が必要だった。「児童の権利宣言」(1959年)では，その出生の時から姓名及び国籍をもつ権利(第3条)，社会保障の恩恵を受ける権利(第4条)，健康に発育し，かつ成長する権利(第4条)，教育を受ける権利(第7条)，その他，障害のある児童への配慮(第5条)，可能な限り両親の愛護と責任の必要性(第6条)，放任，虐待及び搾取からの保護(第9条)，あらゆる差別からの保護(第10条)などが列挙され，その上で児童は，「理解，寛容，諸国民間の友愛，平和及び四海同胞の精神の下に，また，その力と才能が，人類のために捧げられるべきであるという十分な意識のなかで，育てられなければならない」としている。「児童の権利に関する条約」(1989年)は，わが国では，「世界の多くの児童が今日なお貧困や飢餓などの困難な状況に置かれていることにかんがみ，世界的視野から，児童の人権

の尊重，保護の促進を目指したもの」(文部次官通知)として受け入れられた。

5 ④

解説

① 適切。「児童の権利に関する条約」(児童の権利条約)は子どもの最善の利益が優先されるべきとしている。

② 適切。

③ 適切。改正前の教育基本法には「家庭教育」の条項はなかった。改正法において第10条を「家庭教育」とし，その第1項で「父母その他の保護者は，子の教育について第一義的責任を有する」と明記している。

④ 適切ではない。家庭には養護的機能，教育的機能の2つがあり，記述にあるのは教育的機能にあたる。養護的機能とは，基本的生活を保つための機能であり，衣・食・休息などの生理的欲求の充足や精神的安定，あるいは衛生や健康を保つ機能である。

⑤ 適切。「家庭的保育」の代表的なものにベビーシッター，ファミリー・サポート・センター，保育ママ(家庭福祉員)などがあり，これらのなかには国や自治体による公的補助があるものもある。

6 ③

解説

3人のドイツ語圏の教育思想からの出題である。

A 「道徳律」を重要視する『実践理性批判』を著したカントになる。彼によれば，人間が自己の未成年状態を脱け出ることが「啓蒙」であった。人間はこの状態を自ら克服する努力の中で，自らの理性の行使能力を獲得し，人は人となるのである。

B 『人間の教育』からフレーベルになる。彼は教育活動の源泉を子どもの本能的・衝動的な態度及び活動であると考えた。幼年期・少年期・青年期の要求が忠実に拡充されることにより，人は成人となる。

C 「メトーデ」からペスタロッチになる。彼によれば，あらゆる知識の基礎にはさまざまな要素があるが，その中の基本的要素は数・形・語である。初歩的教授(計算・測定・会話)に熟練することによって，子どもの思考能力は目覚めさせられ，発達に刺激が与えられる。こうした発達の要求を満たすために彼は実物教授(直観教授)の重要性を指摘した。

また，残りの選択肢のフィヒテは，『ドイツ国民に告ぐ』(1807年)で高名

な哲学者である。彼はナポレオン戦争敗北後のドイツにあって，国家復興のため学校教育の必要性を説き，その教授法として「メトーデ」を取り上げた。

7 ④

高名な教育思想家の名言からの出題である。

A 「消極(的)教育」は，ルソーの教育論を象徴する。ルソー『エミール』(1762年)は時間があれば目を通しておきたい。なお，消極教育に与する教育思想書としては，フレーベル『人間の教育』(1826年)やエレン・ケイ『児童の世紀』(1900年)などがあるが，消極とは何かは決して簡単な問題ではない。

B 「環境」は，シュタイナーにとって教師は子どもの環境でしかなかった。つまり，子どもが誕生以来，出会うものの一つにすぎない。その子の親，兄弟姉妹，近所の人，そして就学後は学校の先生や友達だ。また，シュタイナーは，「子どもを畏敬の念で受け入れ，愛によって育み，自由の中へ解き放つ」という言葉を残している。

C 「放任主義」は，津田梅子が創立した女子英学塾(1900年)で採用された。津田は女子英学塾の教育目的を「allround woman」＝「完(まっ)たい女性」として，英語による職業教育を目指した。それは，わが国の女性の独立心の欠如を専門教育によって打破しようとした先進的な試みであった。「日本の女性は自分の頭で考え，行動する力を欠いている」(中嶋みさき)ため，津田は放任主義によって若い女性を家父長的支配から解放し，自己に立ち返らせようとした。

なお，広瀬淡窓は，江戸時代に私塾咸宜園を創設した儒学者・教育学者である。

8 ①

ア　正しい。

イ　正しい。

ウ　誤り。「児童福祉法」の成立も1947(昭和22)年であり，同年から幼稚園は学校として，保育所は児童福祉施設として行政上二元化された。

エ　誤り。1948(昭和23)年，文部省から「保育要領」が刊行されたが，こ

れは保育所だけでなく，幼稚園，家庭における保育の手引書であった。

オ 正しい。「就学前の子どもに関する教育，保育等の総合的な提供の推進に関する法律」が成立し，「認定こども園」が誕生することになった。

9 ⑤

解説

　保育士は，「児童福祉法」第18条の4によれば，保育士の名称を用いて，専門的知識及び技術をもって，児童の保育及び当該児童の保護者に対する保育に関する指導を行うことを業とする者を指す。保育士には，保育士資格欠格事由が存在する。同法第18条の5には，上記のほか，同法の規定その他児童の福祉に関する法律の規定であって政令で定めるものにより，罰金の刑に処せられ，その執行を終わり，または執行を受けることがなくなった日から起算して3年を経過しない者などが規定されている。さらに，「保育士の信用を傷つけるような行為」(同法第18条の21)や「正当な理由がなく，その業務に関して知り得た人の秘密を漏ら」す行為(同法第18条の22)が禁止されている。しかも，「保育士でなくなつた後においても」この禁止規定は適用される。このように責任や倫理が求められる専門職だからこそ，保育士はその名称を独占できる。同法第18条の23は，保育士でない者に「保育士又はこれに紛らわしい名称」の使用を禁止する。

10 ②

解説

　「養護とは，子どもの生命の保持及び情緒の安定を図るために保育士等が行う援助や関わり」であり，「教育とは，子どもが健やかに成長し，その活動がより豊かに展開されるための発達の援助」である(『保育所保育指針解説』)。**ア**の生命，**エ**の情緒が養護に関わる内容である。なお，正しくは「生命の保持」「情緒の安定」。保育所保育指針が示す養護に関わる内容はこの2つである。**イ**の環境，**ウ**の健康，**オ**の表現は，それぞれ教育に関わる内容である。教育に関わる内容にはこのほか，人間関係，言葉があり，合わせて5つの領域で構成される。

11 ③

解説

① 「教育の行き届いた環境の下」でなく「養護の行き届いた環境の下」である。それによって，生命の保持，情緒の安定を図る。

② 「環境を大切にする心」ではなく「人権を大切にする心」である。

③ 正しい。

④ 「コミュニケーション」でなく「言葉」である。

⑤ 「指導を通して」でなく「体験を通して」である。

　「保育所の保育」は，保育の目標として，①～⑤のほか，「健康，安全など生活に必要な基本的な習慣や態度を養い，心身の健康の基礎を培うこと」を加え，6つを目指して行うこととされている。

⑫ ⑤

解説

　いずれも「保育所保育指針解説」第1章1の(2)保育の目標からの出題。

① 適切。

② 適切。その場合，常に，子どもの最善の利益を考慮して取り組むことが必要である。

③ 適切。

④ 適切。

⑤ 適切ではない。保護者への援助に当たっては，「子どもと保育士等の関係」ではなく「子どもと保護者の関係」を軸に関係が豊かに発展していくことが望まれる。「保育所は，入所する子どもの保護者に対し，その意向を受け止め，子どもと保護者の安定した関係に配慮し，保育所の特性や保育士等の専門性を生かして，その援助に当たらなければならない」とあるように，子どもと保護者の安定した関係に配慮する必要がある。

⑬ ④

解説

ア 適切ではない。「生活時間」ではなく「生活の実態」である。生活の実態は生活時間だけからはわからない。また「保護者の思いや願い」ではなく「子どもの主体としての思いや願い」である。

イ 適切。「健康，安全で情緒の安定した生活」は養護，「自己を十分に発揮できる」は教育に主に関わってくる。

ウ 適切ではない。「一人一人の年齢差」ではなく「一人一人の発達過程」である。

エ 適切ではない。「集団における個々の活動」ではなく，「集団における活動」である。子ども相互のかかわりを重視し，集団としての成長を促

そうというものである。そして，集団の活動が個の成長を促していくこ
とになる。

オ　適切。

⑭ ④

解説

　Aには「場」が当てはまる。人とは保育士等や子どもなどの人的環境，
物は施設や遊具などの物的環境などである。さらには自然や社会の事象な
どがあり，こうした人，物，場などの環境が相互に関連し合い，子どもの
生活が豊かになるよう計画的に環境を構成していく。その留意点として4つ
あげている。Bには「環境」が当てはまる。留意点の1つは子ども自ら関わ
る環境である。Cには「安全」が当てはまる。留意点の2つ目は安全で保健
的な環境である。3つ目は暖かな雰囲気と生き生きとした活動の場(本問で
は略)。Dには「人」が当てはまる。留意点の4つ目として，人との関わり
を育む環境の重要性を指摘している。したがって解答は④である。

⑮ ①

解説

　施設長を含む保育所職員には，「子どもの最善の利益」を考慮し，「人権
に配慮した保育」を行うために，職員一人ひとりの倫理観，人間性並びに
保育所職員としての職務及び責任の理解と自覚が必要である。特に，施設
長は，保育所の役割や社会的責任を遂行するために，法令等を遵守し，保
育所を取り巻く社会情勢等をふまえ，施設長としての専門性等の向上に努
め，保育所における保育の質及び職員の専門性の向上のために必要な環境
の確保に努めなければならない。職員の研修機会を確保するために施設長
は，職場内での研修の充実を図ると同時に，外部研修への参加機会を確保
するよう努めなければならない。

⑯ ④

解説

B，E　乳児期の発達に関する基本的事項である。出題の他には，乳児期の
　　保育は愛情豊かに，応答的に行われることが特に必要であることなどに
　　留意する。

C，D　1歳以上3歳未満児の発達に関する基本的事項である。出題の他に
　　は，歩き始めから，歩く，走る，跳ぶなどへと，基本的な運動機能が次

第に発達し，排泄の自立のための身体的機能も整うようになることなど
に留意する。

A　3歳以上児の発達に関する基本的事項である。出題の他には，運動機能
の発達により，基本的な動作が一通りできるようになるとともに，基本
的な生活習慣もほぼ自立できるようになることや，理解する語彙数が急
激に増加し，知的興味や関心も高まってくることなどに留意する。

⑰ ③

解説

全体的な計画における具体的なねらいや内容は，発達過程に即して組織
する。保育所保育指針や同解説に示されている発達過程や養護及び教育の
ねらい・内容を参考にしながら，それぞれの保育所の実態に即して工夫し
て設定することが必要である。

①　全体的な計画は，保育時間の長短，在籍期間の長短に関わりなく在籍
している全ての子どもを対象とする。

②　保育所の保育時間は，1日につき8時間を原則とし，地域における乳幼
児の保護者の労働時間や家庭の状況等を考慮して，各保育所において定
める。

③　適切。

④　全体的な計画作成に当たっては，条約や関係法令のみではなく，保育
所保育指針・保育所保育指針解説の内容についても，職員間の共通理解
を図る。

⑤　全体的な計画は，保護者の思いを受け止め，全体的な計画に反映する
かどうかなど検討することが求められるが，子どもの最善の利益を第一
義にすることが前提である。

⑱ ②

解説

ア　適切。具体的には，ある時期における保育のねらいと内容，環境，そ
こで予想される子どもの活動，保育士等の援助，家族との連携等で構成
される。

イ　適切ではない。指導計画は，子どもの実態に基づいて，今育ちつつあ
る子どもの様々な資質・能力を十分に引き出すためのものである。

ウ　適切。子どもの発達を見通した長期的な指導計画と，それに関連しな

がらより具体的な短期的な指導計画を作成する。

エ 適切ではない。その期間の指導計画を見直し，次の期間の指導計画に生かしていく必要がある。

オ 適切ではない。3歳未満児は，特に心身の発育・発達が顕著な時期であると同時にその個人差も大きいため，個別的な計画が必要である。(「保育所保育指針解説」第1章3(2)指導計画の作成「3歳未満児の指導計画」)

 19 ③

解説

① 機嫌，食欲，顔色，活動性なども重要な観察事項である。

② 出生前及び出生時の健康状態や発育及び発達状態，生育環境などの影響も大きい。

③ 適切。定期的・継続的に把握することによって不適切な養育等のほかにも，慢性疾患や障害の早期発見につなげることが期待される。

④ 従来，学校保健安全法に準拠して行われていたが，保育所保育指針の改定(平成20年3月)により，新たに「保育所における感染症対策ガイドライン」が策定され(平成21年8月。30年3月改訂)，このガイドラインに基づくこととなった。なお，保育所の管轄が厚生労働省からこども家庭庁に移管されたため，こども家庭庁で修正され，2023(令和5)年5月一部改訂，10月一部修正されたものが最新である。乳幼児は学童・児童と比較して抵抗力が弱いことなどの特性を踏まえた対応が必要なためである。

⑤ 「食を楽しむ力」ではなく，「食を営む力」である。

第10章

専門試験 教育原理

⋛ POINT ⋚

1. 教育に関連する法規

　法規関係は，自治体によって出題される・されないが明確に分かれる。しかし，一般的には公立保育士は地方公務員に該当するので，試験で出題されなくても教諭・公務員として基礎的な法規は把握しておきたい。ここでは，特に重要な条文について掲載をする。

▶ 日本国憲法

(教育を受ける権利と受けさせる義務)
第26条　すべて国民は，法律の定めるところにより，その能力に応じて，ひとしく教育を受ける権利を有する。
②　すべて国民は，法律の定めるところにより，その保護する子女に普通教育を受けさせる義務を負ふ。義務教育は，これを無償とする。

　そのほか，第11条(基本的人権)，第13条(個人の尊重)，第23条(学問の自由)等は把握しておきたい。

▶ 教育基本法

(幼児期の教育)
第11条　幼児期の教育は，生涯にわたる人格形成の基礎を培う重要なものであることにかんがみ，国及び地方公共団体は，幼児の健やかな成長に資する良好な環境の整備その他適当な方法によって，その振興に努めなければならない。

　そのほか，第2条(教育の目標)，第4条(教育の機会均等)，第9条(教員)等は把握しておきたい。

▶ 学校教育法

(幼稚園の目的)
第22条　幼稚園は，義務教育及びその後の教育の基礎を培うものとして，幼児を保育し，幼児の健やかな成長のために適当な環境を与えて，その心身の発達を助長することを目的とする。
(幼稚園教育の目標)
第23条　幼稚園における教育は，前条に規定する目的を実現するため，次

に掲げる目標を達成するよう行われるものとする。

一　健康，安全で幸福な生活のために必要な基本的な習慣を養い，身体諸機能の調和的発達を図ること。

二　集団生活を通じて，喜んでこれに参加する態度を養うとともに家族や身近な人への信頼感を深め，自主，自律及び協同の精神並びに規範意識の芽生えを養うこと。

三　身近な社会生活，生命及び自然に対する興味を養い，それらに対する正しい理解と態度及び思考力の芽生えを養うこと。

四　日常の会話や，絵本，童話等に親しむことを通じて，言葉の使い方を正しく導くとともに，相手の話を理解しようとする態度を養うこと。

五　音楽，身体による表現，造形等に親しむことを通じて，豊かな感性と表現力の芽生えを養うこと。

そのほか，第11条(懲戒)，第24条(家庭・地域への教育支援)，第27条(教諭等の配置)等は把握しておきたい。

2.　教育思想

教育史に登場する代表的な人物は，保育原理同様，西洋も東洋も区別することなく把握しておきたい。「本書第9章2. 教育思想」を参照。

3.　幼稚園教育要領

各自治体の受験資格として，幼稚園教諭免許，保育士免許の両方を保持していることを条件とするところも増えてきており，保育士採用試験でも幼稚園教育要領は出題される可能性がある。ここでは一部を掲載するが，全体を通して大事なキーワードは押さえておきたい。

第1章　総則

第1　幼稚園教育の基本

幼児期の教育は，生涯にわたる人格形成の基礎を培う重要なものであり，幼稚園教育は，学校教育法に規定する目的及び目標を達成するため，幼児期の特性を踏まえ，環境を通して行うものであることを基本とする。

このため教師は，幼児との信頼関係を十分に築き，幼児が身近な環境に主体的に関わり，環境との関わり方や意味に気付き，これらを取り込もうとして，試行錯誤したり，考えたりするようになる幼児期の教育における見方・考え方を生かし，幼児と共によりよい教育環境を創造するように

努めるものとする。これらを踏まえ，次に示す事項を重視して教育を行わなければならない。

1　幼児は安定した情緒の下で自己を十分に発揮することにより発達に必要な体験を得ていくものであることを考慮して，幼児の主体的な活動を促し，幼児期にふさわしい生活が展開されるようにすること。

2　幼児の自発的な活動としての遊びは，心身の調和のとれた発達の基礎を培う重要な学習であることを考慮して，遊びを通しての指導を中心として第2章に示すねらいが総合的に達成されるようにすること。

3　幼児の発達は，心身の諸側面が相互に関連し合い，多様な経過をたどって成し遂げられていくものであること，また，幼児の生活経験がそれぞれ異なることなどを考慮して，幼児一人一人の特性に応じ，発達の課題に即した指導を行うようにすること。

その際，教師は，幼児の主体的な活動が確保されるよう幼児一人一人の行動の理解と予想に基づき，計画的に環境を構成しなければならない。この場合において，教師は，幼児と人やものとの関わりが重要であることを踏まえ，教材を工夫し，物的・空間的環境を構成しなければならない。また，幼児一人一人の活動場面に応じて，様々な役割を果たし，その活動を豊かにしなければならない。(以下略)

4.　各種答申

中央教育審議会の答申・諮問も出題される可能性がある。すべてに目を通すのは不可能であるが，代表的なもの，話題となっているものに関しては把握しておきたい。ここでは代表的な答申に関して掲載をする。

・「令和の日本型学校教育」の構築を目指して～全ての子どもたちの可能性を引き出す，個別最適な学びと，協働的な学びの実現～
・今後の学校におけるキャリア教育・職業教育の在り方について
・共生社会の形成に向けたインクルーシブ教育システム構築のための特別支援教育の推進(報告)
・子供の発達や学習者の意欲・能力等に応じた柔軟かつ効果的な教育システムの構築について
・特別支援教育を推進するための制度の在り方について
・いじめ防止等のための基本的な方針

🔍 演習問題

1 次の文は，中央教育審議会答申「子供の発達や学習者の意欲・能力等に応じた柔軟かつ効果的な教育システムの構築について（平成26年）」の一部である。（　A　）〜（　C　）にあてはまる語句の組み合わせとして適切なものを，あとの①〜⑤から1つ選びなさい。　（難易度■■■□□）

　地域コミュニティの衰退，三世代同居の減少，共働き世帯や一人親世帯の増加，世帯当たりの子供の数の減少といった様々な背景の中で，家庭や地域における子供の（　A　）育成機能が弱まっているとの指摘がある。また，少子化等に伴い，単独の小学校及び中学校では十分な集団規模を確保できない地域も多くなってきている。こうした中，（　B　）交流を活発化させたり，より多くの多様な教師が児童生徒たちに関わる体制を確保したり，地域の（　C　）を積極的に学校に取り入れることへのニーズが高まり，小中一貫教育の導入が行われている現状がある。

	A	B	C
①	社会性	異学年	活性化
②	社交性	異学年	教育力
③	社会性	異文化	教育力
④	社交性	異文化	活性化
⑤	社会性	異学年	教育力

2 次の【Ⅰ群】の記述と【Ⅱ群】の人物を結びつけた場合の正しい組み合わせを，あとの①〜⑤から1つ選びなさい。　（難易度■■□□□）

【Ⅰ群】

　A　彼女は，一般にはスウェーデンの社会評論家・女性解放論者とされているが，教育者でもあった。彼女の主著は自国のみならず，世界各国で読まれた。その中で彼女は，子どもの権利と母性の擁護を強く主張した。

　B　革命的知識人たちと交流があり，ナロードニキ・人民主義者の組織に加盟していた進歩的な思想の持ち主であった彼女の父親は，ポーランド在任時，ポーランド人やユダヤ人を専制的ツァーリ体制の迫害から護ったと言われている。

　C　彼女は，ローマのスラム街に「子どもの家」を創設し，それまで取

り組んできた障害児の治療と教育の経験を健常児の就学前の子どもたちに適用し，感覚教具や実生活の訓練として家事仕事を導入した。彼女の教育法は，当時のイタリアでは革命的であった。

【Ⅱ群】

　ア　クルプスカヤ

　イ　モンテッソーリ

　ウ　エレン・ケイ

	A	B	C
①	イ	ア	ウ
②	イ	ウ	ア
③	ウ	ア	イ
④	ウ	イ	ア
⑤	ア	ウ	イ

3 次の文は，「教育基本法」第11条である。(A)～(C)にあてはまる語句の組み合わせとして適切なものを，あとの①～⑤から1つ選びなさい。　(難易度■■■□□)

　幼児期の教育は，生涯にわたる(A)形成の基礎を培う重要なものであることにかんがみ，国及び地方公共団体は，幼児の健やかな(B)に資する良好な環境の整備その他適当な(C)によって，その振興に努めなければならない。

	A	B	C
①	人格	成長	指導
②	人間	成長	指導
③	人格	発達	方法
④	人間	発達	指導
⑤	人格	成長	方法

4 次の文は，ある学習法の説明である。その学習法の呼称として適切なものを，あとの①～⑤から1つ選びなさい。　(難易度■■■□□)

　児童の学習過程をスモール・ステップと呼ばれる細かい段階に分け，個々の段階でフィードバックを行う学習方法。

　①　バズ学習

② 問題解決学習

③ ティーム・ティーチング

④ 集団学習

⑤ プログラム学習

5 次の文は，教育思想史に関する説明である。空欄（　A　），（　B　）にあてはまる語句の組み合わせとして適切なものを，あとの①～⑤から1つ選びなさい。　　　　　　　　　　　　　　　　　　　（難易度■■■□□）

（　A　）は「子どもの教育は自然の手にゆだねよ，教訓は経験だけから学ばせるがよい」という自然主義の原理に基づく教育論を唱えたが，カントの哲学を継承する（　B　）は教育による社会改善の考えから，教育の目的は，児童の中に誤りのない，確固とした石を形成すること，つまり，児童を純粋な道義性に形成することにあるとした。

① A－コメニウス　　　　B－フィヒテ

② A－コメニウス　　　　B－ワロン

③ A－モンテスキュー　　B－デューイ

④ A－ルソー　　　　　　B－フィヒテ

⑤ A－ルソー　　　　　　B－デューイ

6 次のA～Dのうち，経験カリキュラムに関する記述として適切なものの組み合わせを，あとの①～⑤から1つ選びなさい。

（難易度■■■□□）

A　経験カリキュラムでは，個々人の可能性や興味の発達が重視され，子どもの興味・関心によって内的に動機づけられた個性的かつ積極的な学習が展開される。

B　子ども中心のカリキュラムと教科中心のカリキュラムの間に位置する経験カリキュラムの考えは，国際化，情報化，環境問題などの今日の社会の変化に対応した現代的な課題に対する子どもの主体的な態度の育成と基礎的な知識の定着の双方を補うのに有効である。

C　経験カリキュラムは，教育課程の伝統的な型であり，教育目的に応じて学問・技術・芸術などの文化的遺産のなかから主として分野別に選択され，系統的に組織された教材のまとまりを学習内容として編成しようとするものである。

251

D　知識や技術の機能的，統合的な獲得や問題解決能力の発達の重視といった特質をもつことから，総合的な学習の時間のねらいや内容の中に経験カリキュラムの志向性が見られる。

　①　B，D　　②　A，D　　③　B，C　　④　C，D　　⑤　A，B

7　現代日本の家庭や子育てを取り巻く状況に関する説明として適切でないものを，次の①〜⑤から1つ選びなさい。　　　（難易度■■■■□）

①　児童の非行問題は低年齢化・凶悪化の傾向にある。不適切な家庭環境，対人関係，本人の性格や行動傾向など，その要因は複雑に関連しており，子どもに対する地域社会全体のあり方も含めた取り組みが必要である。

②　少子化の影響は，将来的な労働力不足や経済成長の低減，社会保障や高齢者介護における負担増などを懸念させる課題となっている。

③　子どもの虐待・放任が児童相談所に通報された場合，子どもの心身への悪影響の排除が最優先の問題となるため，児童相談所は所定の手続きをとることにより，その家庭を強制的に立ち入り調査する権限をもたされている。

④　児童養護施設への入所理由では，虐待・放任が増えており，親子関係の修復，家庭復帰のための支援が重要な課題となっている。

⑤　都市部の保育所入所に関する待機児童が多いことには，幼稚園よりも子どもを預かってもらえる時間が長い保育所に子どもを入所させることで，育児から解放される時間をより長くすることを，親が願っているということが最大の要因となっている。

8　次の文は，「保育所保育指針」（平成29年3月告示）の「第2章　保育の内容」の一部である。（　A　）〜（　C　）にあてはまる語句の組み合わせとして適切なものを，あとの①〜⑤から1つ選びなさい。　　　（難易度■■□□□）

保育における「養護」とは，子どもの（　A　）の保持及び（　B　）の安定を図るために保育士等が行う援助や関わりであり，「教育」とは，子どもが健やかに成長し，その（　C　）がより豊かに展開されるための発達の援助である。

	A	B	C
①	健康	感情	行動
②	生命	情緒	活動
③	健康	情緒	活動
④	生命	感情	行動
⑤	健康	感情	活動

9 幼稚園と保育所に関する記述として適切でないものを，次の①～⑤から1つ選びなさい。　　　　　　　　　　　　　　(難易度■■■□□)

① 保育所では昼寝の時間を設けているが，幼稚園ではとくに設けていない。

② 幼稚園の設置には，市町村立・私立ともに都道府県の教育委員会への届出が必要である。

③ 保育所の設置には，市町村立は都道府県知事への届け出が，私立は都道府県知事の認可がそれぞれ必要である。

④ 保育所の対象は，保育に欠ける乳児または幼児であるが，保育を必要とするその他の児童も保育することができる。

⑤ 幼稚園の対象は，満3歳から小学校に就学する時期までの幼児である。

10 保育における留意事項に関する記述として適切なものを，次の①～⑤から1つ選びなさい。　　　　　　　　　　　　(難易度■■■■□)

① 子どもの活動に対する指導を徹底し，幼児期にふさわしい体験が得られるように遊びを通して総合的に保育を行う。

② 性別により，ある程度は固定的な役割分業意識をもたせるよう指導する。

③ 保育にあたり知りえた子どもなどに関する情報は，常に園と保護者全体で共有する。

④ 子どもの人権に配慮するとともに，文化の違いを認め，互いに尊重する心を育てるようにする。

⑤ 子どもの人格を辱めることがないように配慮しなくてはならないが，悪いことをした子どもには，少々の身体的苦痛を与えることもやむを得ない。

11 教育史に関する記述として適切なものを，次の①～⑤から1つ選びなさい。 (難易度■■■■□)

① 貝原益軒は日本で最初の体系的教育書といわれる『養生訓』を著した。

② 明治13年の改正教育令では国家の統制色が強くなり，道徳が学科目の首位に置かれ，徳育重視となった。

③ 明治19年の小学校令で尋常小学校の6年間が就学義務とされ，法令上の義務教育制度が明確になった。

④ 大正時代には，子どもの個性・自発性を尊重する児童中心主義教育の理論と実践を，倉橋惣三が指導した。

⑤ 大正7年，北原白秋が児童文学・童謡の雑誌『赤い鳥』を創刊，芸術教育運動を展開した。

12 生涯学習に関する記述として適切なものを，次の①～⑤から1つ選びなさい。 (難易度■■■□□)

① 生涯学習とは，子どもから大人まで，学びたいときに学びたいことを自分の好きな方法で学ぶことである。

② 生涯学習は，学校の教育課程ではなく，社会教育を通じて新たな知識・技能を身に付けたり，あるいは社会参加に必要な学習を行ったりするものである。

③ 生涯学習は社会の要請によって行われるものであり，教育制度や教育施策を検討する際には，学習する側に立った視点ではなく社会全体の必要性から検討することが重要である。

④ 生涯学習は，学校教育を終えた人々に対してなされ，特に企業における社員教育とは密接に関係するものである。

⑤ レクリエーションやスポーツ活動は，青少年及び成人に対して組織的に行われる社会教育活動であっても，生涯学習とはいえない。

13 生涯学習の推進に関連する次のア～エの文を，時代の古いものから順に並べたとき，正しいものはどれか。あとの①～⑤から1つ選びなさい。 (難易度■■■■■)

ア 臨時教育審議会答申において，教育改革の基本的視点として「生涯学習体系への移行」が打ち出された。

イ エドガー・フォールを委員長とするユネスコ教育開発国際委員会は，

報告書「Learning to be」をまとめた。

ウ　中央教育審議会答申「生涯学習の基盤整備について」を受けて「生涯学習の振興のための施策の推進体制等の整備に関する法律」が成立した。

エ　ユネスコ成人教育推進国際委員会でポール・ラングランは，生涯教育の考え方を提唱した。

① 　ア－イ－ウ－エ

② 　ウ－ア－イ－エ

③ 　ア－エ－イ－ウ

④ 　エ－イ－ア－ウ

⑤ 　イ－ア－ウ－エ

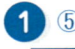
解答・解説Ａ

1 ⑤

解説

　「子供の発達や学習者の意欲・能力等に応じた柔軟かつ効果的な教育システムの構築について」(平成26年)「第1章　第1節　5　地域コミュニティの核としての学校における社会性育成機能の強化の必要性」からの出題。Aには「社会性」，Bには「異学年」，Cには「教育力」が当てはまる。各種の答申及び諮問は，毎年出題される。特に特別支援教育やいじめ関連の各種の答申及び諮問は早い時期に一度確認して，頭に入れておきたい。

2 ③

解説

　三人の女性思想家に関する問題。それぞれの人となりを改めて確認しておきたい。クルプスカヤは革命家レーニン夫人である。資本主義教育の矛盾を摘出して，労働の教育的意義を説明した。モンテッソーリは，「モンテッソリ」と表記されることもある。従来の学校教育のあり方に疑問を持ち，子どもの自由な活動こそが教育の中心になるべきだと考えた。モンテッソーリ教育は，「子どもの家」を中心とする幼児の教育実践と障害児の療育実践から生まれた。なお，哲学者ラッセルでさえわが子の教育に苦労したとき，モンテッソーリ教育を実践する学校にわが子を預けることによって，子育ての苦労から解放されたという。エレン・ケイは，『児童の世紀』(1900年)の著者。彼女の教育思想は，わが国の大正自由主義教育に影響を与えた。

3 ⑤

解説

　Aには「人格」，Bには「成長」，Cには「方法」が当てはまる。教育基本法は2006(平成18)年12月15日全面改正され，同22日に交付・施行された。特に幼児教育に関連する第1条，2条，4条，6条，10条，11条，13条などは徹底的に読み込んで理解しておきたい。

4 ⑤

解説

① 　集団学習の一種で，少人数のグループに分かれ，話し合いをするため，そのディスカッションの様子がブンブンというハチの羽音に似ているこ

とからバズ(buzz)という名称になった。

② 児童自ら問題を設定させ，探究心を養う積極的活動による学習法。

③ 2人以上の教職員が個々の子どもおよび集団の指導の展開をはかり，責任をもつ指導方法。

④ 集団のもつ相互作用を生かし，学習効果を高めようとする教育方法。グループ学習や協同学習などがある。

⑤ 適切。米国の心理学者スキナーが提唱した学習法。学習者の積極的な反応を強化することを特徴とし，学習の目標値に確実に到達できるように配慮されている。徐々に難易度の上がる例題を解き，すぐに答えの確認をさせ，学習者に達成感を味わわせ，無理なく自分のペースで着実に学習内容を習得させる。

5 ①

解説

① コメニウスは現在のチェコ共和国で，17世紀に活躍した宗教家・教育者。今日，多くの国で見られる同一年齢・同時入学・同一学年・同一教育内容・同一卒業の仕組みは，コメニウスの構想に端を発する。フィヒテはドイツの哲学者。カント哲学に影響を受けたドイツ観念論の哲学者である。教育によるドイツの再建を考え，ナポレオン軍の包囲下で行った大講演「ドイツ国民に告ぐ」が有名。彼の教育方法にはペスタロッチ主義が導入された。

②～⑤ ワロンはフランスの精神科医・心理学者・教育者。モンテスキューはフランスの哲学者・政治思想家。米国の心理学者デューイが提唱したのは，問題解決学習法。啓蒙思想家ルソーは著書『エミール』で，人為を排した自然の法則に基づく消極教育論を展開した。

6 ②

解説

経験カリキュラムとは，国語，数学，英語などの教科の枠を廃止し，子どもの興味・関心・欲求をもとにして，現実の中で問題を解決していくことで生活経験を積んでいくように構成されたカリキュラムのことである。一方，経験カリキュラムの対局に位置づけられるカリキュラムの類型として，教科カリキュラムがあげられる。教科カリキュラムとは，伝統的な学問体系を背景にして，教材を論理的な順序によって系統的に構成したもの

のことである。カリキュラムは，教科カリキュラムと経験カリキュラムを両極にして，両者のあいだに様々な統合的なカリキュラム(相関カリキュラム，融合カリキュラム，広領域カリキュラム，コア・カリキュラム)が並ぶという類型として示すことができる。以上のことを踏まえると，経験カリキュラムの説明として正しいのは，AとDであるといえる。ちなみに，Cは教科カリキュラムの内容を説明したものである。Bは「子ども中心のカリキュラム」という言葉の意味や，「今日の社会の変化に対応した現代的な課題」と経験カリキュラムがどのように結びつくのかが不明である。

7 ⑤

解説

① 適切。地域ぐるみで子どもとその保護者を見守り，支援していく必要がある。

② 適切。労働人口に比べ高齢者が増える中，社会保障の水準を維持しようとすれば，若い世代の負担は当然大きくなる。

③ 適切。通報は，保育所・幼稚園・小学校などの職員に限らず，気付いた人間は誰でもできる。

④ 適切。近年の入所理由の順位は，両親の行方不明，父母就労，父または母の入院，両親の離別に次いで放任・怠惰などとなっている。親が生存している場合の入所が増えており，家庭との関係調整は大きな課題となっている。

⑤ 適切ではない。待機児童の増加は都市部で顕著ではあるが，その原因としてあげられるべきは，母親の就労率の上昇や保育所入所の低年齢化に伴う受け入れ施設の未整備などである。

8 ②

解説

Aには「生命」，Bには「情緒」，Cには「活動」が当てはまる。「保育所保育指針」は平成29年3月改正，平成30年4月より施行された。10年ぶりの大幅な改定である。保育園の位置づけが「幼児教育を行う施設」となり，アレルギー疾患を有する子どもの保育や災害への備えなどの項目が追加された。そのほか乳幼児保育や職員の研修に関する記述など，大きく変更のあった内容については特に注意をして押さえておきたい。

②

解説

① 適切。幼稚園の教育時間の中で昼寝の時間をとるのは無理があり、夜、幼児の就寝時間が遅くなるなどの問題も懸念される。

② 適切ではない。幼稚園の設置を行う際は、公立・私立ともに、「届出」ではなく、「認可」が必要である。ただし、公立は都道府県教育委員会のものが、私立は都道府県知事のものが必要と、認可者が異なるので注意する。

③ 適切。保育所で認可・無認可が問題になるのは、私立の場合である。

④ 適切。「保育を必要とするその他の児童」、すなわち場合によっては小学生も保育所の対象となる。

⑤ 適切。学校教育法第26条に規定されている。ただし対象とすることができるのが満3歳以上の未就学児というだけで、幼稚園は必ずしも満3歳になったときからの3歳児保育を行っているわけではない。多くは満3歳になった翌4月からの入園としている。

 ④

解説

① 子どもの活動に対しては、指導を行うのではなく、その「主体的な活動」を大切にできるよう見守る(「保育所保育指針解説」 第1章 総則 1 保育所保育に関する基本原則 (3)保育の方法)。

② 子どもの性差・個人差に留意しながらも、旧来の固定的な役割分業意識を、性別によって子どもに植え付けてしまうことのないよう、十分な配慮が必要である(同解説 第2章 保育の内容 4 保育実施に関して留意すべき事項 (1)保育全般に関わる配慮事項)。

③ 子どもの病歴・家庭の経済状況など、秘密にしておかなければならない情報も多い。それらの情報は、正当な理由なく漏らすことがないようにしなくてはならない(同解説 第1章 総則 1 保育所保育に関する基本原則 (5)保育所の社会的責任)。

④ 適切(同解説 第1章 総則 1 保育所保育に関する基本原則 (5)保育所の社会的責任)。

⑤ 身体的苦痛イコール体罰であり、一切許されない。また、子どもに対する「注意」などが言葉の暴力にならないよう、保育者は留意しなくてはならない(同解説 第1章 総則 1 保育所保育に関する基本原則 (5)

保育所の社会的責任)。

⑪ ④

解説

① 貝原益軒はたしかに『養生訓』を著しているが，日本で最初の体系的教育書といわれているのは『和俗童子訓』である。同書では，子どもを溺愛することをいましめ，厳しくしつけることを説いた。

② 明治13年の改正教育令で学科目の首位に置かれたのは道徳ではなく，修身である。

③ 明治19年の小学校令では尋常小学校の4年間が就学義務とされた。6年間に延長されたのは，明治40年である。

④ 適切。庶民の子どもたちの生活に目を向けた「社会協力の訓練」を説き，倉橋惣三の児童中心主義に対し，社会中心主義といわれた城戸幡太郎も覚えておこう。

⑤ 『赤い鳥』は鈴木三重吉が北原白秋らの協力を得て赤い鳥社を設立，創刊した。

⑫ ①

解説

教育基本法第3条(生涯学習の理念)の条文「国民一人一人が，自己の人格を磨き，豊かな人生を送ることができるよう，その生涯にわたって，あらゆる機会に，あらゆる場所において学習することができ，その成果を適切に生かすことのできる社会の実現が図られなければならない」を，適切に表しているのは①である。

⑬ ④

解説

アの答申は1985年から1987年まで4次にわたる。「生涯学習体系への移行」については1986年の第2次答申で述べられた。答申をうけ，1988年には文部省(当時)の社会教育局生涯学習局に改組された。イの報告書は1972年に公刊された。「フォール報告」とも呼ばれる。ウは1990年。同年「生涯学習審議会」が設置された。エは1965年。日本では臨時教育審議会以降，「社会教育」「生涯教育」の語に代わって「生涯学習」が一般に使用されている。

第11章

専門試験
社会的養護

1. 社会的養護の意義

▶ 社会的養護とは何か

社会的養護とは

> 保護者のない児童や，保護者に監護させることが適当でない児童を，公的責任で社会的に養育し，保護するとともに，養育に大きな困難を抱える家庭への支援を行う

こと。

▶ 社会的養護の基本理念

社会的養護は「こどもの最善の利益」と「社会全体でこどもを育む」という考え方を基本理念としている。

2. 社会的養護の基本

▶ 子どもの人権擁護と社会的養護

古代や中世の社会で子どもは，大人の所有物や小さな大人などとして認知され，「安価な労働力」として扱われるなど，今日的な人権思想とはかけ離れた扱いがなされていた。その後，子どもの権利を守ろうとする国際的な動きが活発となり，1989年には国連が「児童の権利に関する条約」(子どもの権利条約)を採択している(わが国は1994年に同条約に批准)。2016年には児童福祉法が大改正され，児童の権利に関する条約との関連性が明記されるようになった。なお，児童福祉法は2024年4月に施行されたものが最新の改正となっている。子育て世帯に対する包括的な支援のための体制強化及び事業の拡充として，こども家庭センターの設置や，自立支援の強化として児童養護施設，障害児入所施設の入居者を22歳までの入所継続を可能とする他，虐待や性犯罪から児童を守るための取り組みなどがある。

今日のわが国の社会的養護では，児童の権利に関する条約に基づき，保護者に養護される権利を持つ子どもの権利が保障されない場合の代替的養護の実施など，子どもの権利が明確に示されている。虐待問題や特別なニーズ(個別のニーズ)に応じたケアや支援，家庭環境の調整など，さまざまな支援や特別な配慮に関する子どもの権利についても押さえておきたい。

▌▶ 社会的養護の基本原則

社会的養護の基本理念である「こどもの最善の利益」と「社会全体でこどもを育む」という考え方をもとに，

① 家庭的養護と個別化
② 発達の保障と自立支援
③ 回復をめざした支援
④ 家族との連携・協働
⑤ 継続的支援と連携アプローチ
⑥ ライフサイクルを見通した支援

という6つの原理が示されている。

▌▶ 社会的養護における保育士等の倫理と責務

社会的養護に携わる保育士等には，専門職としての倫理が求められる。これら倫理は，**全国保育会倫理綱領**や**全国児童養護施設協議会倫理綱領**など，各種団体の倫理綱領により定められている。

また，保育士には児童福祉法において，信用失墜行為の禁止，守秘義務，自己研鑽の努力義務などが規定されている。

3. 社会的養護の制度と実施体系施設における児童養護

▌▶ 社会的養護の制度と法体系

児童福祉法をはじめとする社会的養護の関連法規や制度は，社会的養護に関する各種の施策の実施に関する基本事項を定めている。これら基本事項の理解は社会的養護の理解のための基礎となるため，確実に押さえておきたい。

▌▶ 社会的養護の仕組みと実施体系

社会的養護の基本的な流れとして，児童相談所への相談・通告・送致から始まり，受理会議や調査，一時保護を経て施設や里親等への措置までの経緯を押さえておきたい。また，委託された子どもの支援には，アドミッションケア(施設入所前の支援)，インケア(施設入所中の支援)，リービングケア(施設退所直前の支援)，アフターケア(施設退所後の支援)といった一連の流れがあることを理解しておきたい。

4. 社会的養護の対象と形態

▮▶ 社会的養護の対象

社会的養護の対象については，その対象となる子どもや家庭等の状況から，

① 予防的支援の対象
② 在宅措置の対象
③ 代替養育の対象
④ アフターケアの対象

という4つの視点の理解が大切である。それぞれの対象についてどのような支援が行われているのかを整理しておきたい。

▮▶ 家庭養護と施設養護

わが国の社会的養護は，施設で子どもたちの養育を行う「**施設養護**」と里親等の家庭における養育である「**家庭養護**」の2つに大きく分けられる。また，児童福祉法改正後の「**新しい社会的養育ビジョン**」に基づいた取り組みが進められており，社会的養護の実施体系は

① 施設
② 良好な家庭的環境【施設(小規模型)】
③ 家庭と同様の養育環境【小規模住居型児童養育事業，里親，養子縁組】
④ 家庭【実親による養育】

の4つに整理されている(下図参照)。

社会的養育の推進に向けて(令和5年4月　こども家庭庁支援局家庭福祉課)

▮▶ 社会的養護に関わる専門職

社会的養護に関わる専門職員の職種や人員の規定は，「**児童福祉施設の設備及び運営に関する基準**」に定められている。各種資格の要件やそれぞれの専門性，また，職種間の連携の在り方等についても理解しておきたい。

5. 社会的養護の現状と課題

▐▶ 社会的養護に関する社会的状況

　社会的養護の対象となる子どもの大半は施設で生活をしている。近年は特に虐待により措置される子どもが継続して増加傾向にあり，児童養護施設を利用する子どもの約65％程度が虐待を受けた経験を有している。

▐▶ 施設等の運営管理

　社会的養護の施設は，要保護児童に対する適切な支援や援助を提供するために，子どもの人権や最善の利益を保障できる運営管理が求められている。各施設の運営管理に関する具体的な方針として，運営指針やガイドラインがこども家庭庁などにより定められているので，確実に理解しておきたい。

▐▶ 被措置児童等の虐待防止

　社会的養護の施設や里親委託先で子どもが職員(里親)から虐待を受けること(被措置児童等虐待)を防止するための取り組みとして，**第三者評価制度**や**苦情解決制度**に関して理解をしておきたい。また，「**被措置児童等虐待対応ガイドライン**」など各種指針やガイドラインについても把握しておくことが大切である。

▐▶ 社会的養護と地域福祉

　社会的養護の対象は，要保護児童や家庭に限定されるものではなく，児童相談所や施設には地域の中での子育て相談や社会的養護への理解や啓発の活動も行われている。それら取り組みについても理解しておきたい。

Q 演習問題

1 民間の児童福祉事業の代表的施設と，その創設者の組み合わせとして適切なものを，次の①～⑤から1つ選びなさい。　　（難易度■■□□□）

① 滝乃川学園——石井十次

② 家庭学校———石井亮一

③ 岡山孤児院——留岡幸助

④ 整肢療護園——柏倉松蔵

⑤ 二葉幼稚園——野口幽香

2 社会的養護の体系における施設養護として適当でないものを，次の①～⑤から1つ選びなさい。　　（難易度■■■□□）

① 乳児院

② グループホーム

③ ファミリーホーム

④ 児童自立支援施設

⑤ 児童心理治療施設

3 フォスタリング機関(里親養育包括支援機関)の業務として不適切なものを，次の①～⑤から1つ選びなさい。　　（難易度■■■□□）

① 養子縁組成立のための相談及び縁組成立後の養親と養子へのフォロー

② 里親登録の前後及び委託後における里親に対する研修

③ 子どもと里親家庭のマッチング

④ 里親養育への支援

⑤ 里親のリクルート及びアセスメント

4 施設養護の基本原理に関する記述として適切なものを，次の①～⑤から1つ選びなさい。　　（難易度■■■□□）

① 家庭復帰が実現しないまま社会復帰するケースもあるので，入所中に炊事などの生活技能訓練を行うことも必要である。

② 集団生活による施設での養護は，小集団や里親による養護と比べ，社会性を育むことが難しいとされている。

③ 施設養護のメリットとして，子どもへの援助が均一化，標準化されて

いるという点がある。

④　援助者を親とみなし，施設が本当の家庭であると感じられるように温かな環境作りを心がけるべきである。

⑤　親子関係の尊重と調整が援助の原則であり，被虐待児童においても親と子の意思を尊重し，親子のコミュニケーションの機会を多くしなければならない。

5　社会的養護の歴史に関する記述として適切なものを，次の①〜⑤から1つ選びなさい。　　　　　　　　　　　　　（難易度■■■□□）

①　明治期には，石井十次らキリスト教徒や宣教師によって，家庭的環境を重視した非行少年教育が実践された。

②　国際障害者年以降，日本では障害者のための居住施設整備が進み，障害児入所施設も増加している。

③　日本では戦後まで知的障害児のための施設は存在せず，戦後の児童福祉法成立によって初めて児童福祉施設の一つとして位置づけられた。

④　国連の「児童の権利に関する条約」への批准を受け，わが国でも特定の児童・母子を対象とするのではなく，すべての子どもの健全育成を対象とする施策へと転換が図られた。

⑤　欧米では人格形成などの観点から集団での養護が望ましいとされており，家庭養護から施設での集団的な施設養護へと移行が進んでいる。

6　児童福祉施設に関する記述として正しいものを，次の①〜⑤から1つ選びなさい。　　　　　　　　　　　　　　　（難易度■■■■□）

①　グループホームは原則6人までの少人数で，一般住宅などを利用して本来育つべき家庭や地域に近い形態で子どもを養育する家庭養護の一形態である。

②　児童養護施設で養育されるのは父母が死別，または遺棄された子どもであり，虐待を受けている子どもは母子生活支援施設で保護される。

③　乳児院では，1歳未満の乳児の養育を行い，1歳以上になった子どもは両親，里親，親戚などの元へ引き取られるか，または児童養護施設に措置変更となる。

④　児童自立支援施設は，非行児童を教護する児童福祉施設で，市区町村の決定によって措置を行っている。

⑤　福祉型障害児入所施設では，障害のある児童の保護，日常生活の指導及び独立自活に必要な知識技能の付与を目的としている。

7 児童養護施設の日常生活援助に関する記述として適切なものを，次の①～⑤から1つ選びなさい。　(難易度■■□□□)

①　子どもの社会性を育てるため，地域の子どもたちとの友達関係を大切にし，友人の家に遊びに行ったり，施設に招いたりできるよう援助していく。

②　児童養護施設では生活面や心理面の援助を行い，個別の学習指導は行わないことが原則である。

③　服装・髪型・ファッションなどは，職員が子どもに合うものや適切だと思うものを選び，買い与える。

④　食事は各自の好みや習慣を重視し，調理員が提供する。

⑤　集団生活では私物の管理についてのトラブルが起こりやすいので，貴重品などは職員が一括で管理する。

8 「児童福祉法」に関する記述として正しいものを，次の①～⑤から1つ選びなさい。　(難易度■■□□□)

①　「児童福祉法」では，児童が心身ともに健やかに生まれかつ育成されるよう努める責務はその保護者にあることを明記している。

②　「児童福祉法」には，乳児家庭全戸訪問事業についての規定が加えられている。

③　「児童福祉法」には，児童福祉施設の設備や職員配置などの最低基準が示されている。

④　「児童福祉法」は障害児を対象としておらず，その療育やサービスについての基本原則は「障害者総合支援法」に定められている。

⑤　保育所への入所要件である「保育を必要とする乳児または幼児」かどうかを決めるのは，市町村である。

9 里親制度に関する記述として正しいものを，次の①～⑤から1つ選びなさい。　(難易度■■■□□)

①　2002(平成14)年の改正で，単親でも里親として認定されることになった。

②　日本では近年，里親登録数，委託数が増加しており，里親等委託率は全国で3割程度となっている。

③　里親制度についての規定は，「児童の権利に関する条約」により定められている。

④　委託児童を養育している里親家庭が一時的な休息を必要とする場合，レスパイト・ケアの制度が利用できる。

⑤　専門里親とは，厚生労働省によって，要保護児童を養育する里親として名簿に登録された者である。

❿ 近年の社会的養護の動向として適切な記述を，次の①〜⑤から1つ選びなさい。　　　　　　　　　　　　　　　　　　　　（難易度■■■■□）

①　近年，社会的養護は里親制度から施設養護への移行が進められている。

②　保育所等訪問支援は，平成24年4月1日施行の改正児童福祉法により創設された支援である。

③　被虐待児童に対してはより専門的な処遇が必要であるとの観点から，被虐待児童は里親やファミリーホームではなく，児童養護施設に措置することが適当とされる。

④　近年は里親制度に関する改革と理解が進み，乳児院を利用する児童数は減少傾向にある。

⑤　重度障害児や知的障害児は，従来は在宅で親と一緒に暮らしている者が多かったが，社会的養護の必要性から，近年は施設での生活へと移行している。

⓫ 虐待に関する記述として正しいものを，次の①〜⑤から1つ選びなさい。　　　　　　　　　　　　　　　　　　　　（難易度■■□□□）

①　虐待を受けた子どものほとんどは，虐待を行った養育者ともう一度一緒に生活したいとは考えられず，養護施設の援助者や里親との関係に依存する傾向がある。

②　虐待を行う保護者が，保護した子どもに面会や通信を求めた場合，家庭裁判所の命令がない限り拒否することはできない。

③　子どもの前でDV行為を行うことや，放置，好ましくないしつけなどは虐待ではなく家庭環境問題として扱われる。

④　子どもの両親，家族からの暴力だけでなく，同居人や婚姻関係のないパートナーなどからの暴力も虐待通報することができる。

⑤　「小さな子どもを残して親が度々外出している」，「子どもの泣き声が頻

繁に聞こえる」などの理由だけでは，他人が関係機関や専門家に通報することはできない。

12 次の文は児童に関する法律等の成立についての記述である。(A)〜(C)に当てはまる語句の組み合わせとして正しいものを，あとの①〜⑤から1つ選びなさい。 (難易度■■□□□)

わが国では1947年に(A)が成立し，それまでの孤児の保護を中心とした対策からすべての児童を対象とする総合的な児童福祉へと概念が変更された。その後，1951(昭和26)年には(B)が国会で採択され，広く社会にその理解と実施を求めた。さらに国連は「児童権利宣言」から30年後の1989(平成元)年に(C)を採択した。

ア 「児童権利宣言」　　　イ 「児童憲章」
ウ 「児童の権利に関する条約」　エ 「児童虐待防止法」
オ 「児童福祉法」

① A−イ　　B−ウ　　C−オ
② A−オ　　B−イ　　C−ウ
③ A−ア　　B−イ　　C−ウ
④ A−イ　　B−エ　　C−ア
⑤ A−オ　　B−エ　　C−イ

13 社会的養護に関連する用語について述べた文として正しいものを，次の①〜⑤から1つ選びなさい。 (難易度■■■□□)

① パーソナルスペースとは，他人に近づかれると不快に感じる空間・対人距離のことである。近年，社会的養護関連施設における子ども間の性的問題等とも関連して，その教育・対応が重要視されている。

② スーパービジョンとは，子どもに役割を与えることで責任や達成感などを学ばせる指導法のことである。

③ ホスピタリズムとは，相手の立場に立って考え，心地よさや喜びを提供しようと努める姿勢のことである。

④ ノーマライゼーションとは，子どもの個性やニーズを認識し，個別に対応するよう心がける姿勢のことである。

⑤ アタッチメントとは，乳幼児期に関わるさまざまな養育者との間に形成される愛着関係のことである。

14 児童心理治療施設に関する記述として正しいものを，次の①〜⑤から1つ選びなさい。　　　　　　　　　　　　　　　　（難易度■■■■□）

① 児童心理治療施設は居住型のほか，自宅から通うタイプのものもあり，学校に行ける子どもは地域の学校に通いながら施設での治療を併用することもできる。

② 児童心理治療施設には心理療法を担当する職員として，児童養護の知識を有する看護師，保育士，児童指導員などを配置することができる。

③ 児童心理治療施設での心理療法はプレイセラピーや箱庭療法などが中心であり，カウンセリングの形式では行われない。

④ 児童心理治療施設では，さまざまな原因から社会不適応が起きている子どもの治療として，均等に役割が分担され，集団行動や社会性の訓練を重視する。

⑤ 児童心理治療施設のニーズは高いものの施設数は年々減少している。

15 要保護児童等の進路に関する記述として正しいものを，次の①〜⑤から1つ選びなさい。　　　　　　　　　　　　　　　　（難易度■■■■□）

① 近年は，生活技術の習得，職場体験など施設退所後の自立を念頭に置いたトレーニングや，退所後も継続的に連絡を取り，自立を助けるレスパイト・ケアが重視されている。

② 児童養護施設の児童が高校に進学する際の学費や必要経費は，奨学金やアルバイトなどによる自己負担となる。

③ 児童養護施設の入所対象は，原則として満1歳以上満18歳未満とされているが，必要に応じて満22歳に達するまで延長できる。

④ 施設を退所した自閉症児の作業活動は，生活が単調にならないよう，日ごとに多様な経験ができるようなものが望ましい。

⑤ 自立援助ホームとは，犯罪などの不良行為をしたり，またはするおそれのある児童を入所または通所させ，指導を行って自立を支援する施設である。

16 自立支援計画および子どもの権利擁護に関する記述として適切なものを，次の①〜⑤から1つ選びなさい。　　　　　　　　　　（難易度■■□□□）

① 援助者は，それぞれの子どもの重点テーマを決めて日常生活を記録し，その記録をもとに援助サービスを評価することが大切である。

271

② 子どもの権利がどのようなものかを知るために，施設の職員と保護者には子どもの権利ノートが配布される。

③ 被虐待児が「家に帰りたい」と言う場合は，親権者の状態が不安定であったり，虐待リスクが高いと考えられる場合でも面会させ，両者間で話し合わせて決めるべきである。

④ 子どもが施設での生活に慣れて自発的に努力するようになるまでは時間がかかるので，援助がうまく展開しない場合でも，最初に作成した援助計画は変更するべきではない。

⑤ 児童養護施設に入所する子どもへの援助は，個別援助が基本であり，グループワークは行われない。

⑰ 次のア～オのうち，児童福祉施設の職員構成として正しいものの組み合わせを，あとの①～⑤から1つ選びなさい。　（難易度■■■■□）

ア 乳児院－小児科の診療に相当の経験を有する医師または嘱託医，看護師，個別対応職員，家庭支援専門相談員，栄養士又は管理栄養士，調理員

イ 児童自立支援施設－児童生活支援員，児童の遊びを指導する者，嘱託医及び精神科の診療に相当の経験を有する医師または嘱託医，個別対応職員，家庭支援専門相談員，栄養士又は管理栄養士，調理員

ウ 児童養護施設－児童指導員，嘱託医，保育士，個別対応職員，家庭支援専門相談員，栄養士又は管理栄養士，調理員

エ 児童心理治療施設－医師，心理療法担当職員，児童指導員，保育士，個別対応職員，看護師，家庭支援専門相談員，栄養士又は管理栄養士，調理師

オ 主として自閉症児を入所させる医療型障害児入所施設－医療法に規定する病院として必要な職員，保育士，児童発達支援管理責任者

① ア，イ，オ　　② ア，ウ，オ　　③ イ，ウ，エ

④ ア，ウ，エ　　⑤ イ，エ，オ

⑱ 次のア～オのうち，「児童福祉法」に規定されている児童福祉施設の組み合わせとして正しいものを，あとの①～⑤から1つ選びなさい。

（難易度■■■□□）

ア 少年院　　　　　イ 特別支援学校　　ウ 助産施設

エ 児童自立支援施設　　オ 母子生活支援施設

① ア，ウ，エ　② イ，ウ，エ　③ イ，オ　④ エ，オ
⑤ ウ，エ，オ

⑲ 次のア～オのうち，「児童福祉法」に示された都道府県の業務として正しいものの組み合わせを，あとの①～⑤から1つ選びなさい。

(難易度■■■□□)

ア　児童に関する家庭その他からの相談のうち，専門的な知識及び技術を必要とするものに応ずること。

イ　児童の保健について，正しい衛生知識の普及を図ること。

ウ　児童及びその家庭につき，必要な調査並びに医学的，心理学的，教育学的，社会学的及び精神保健上の判定を行うこと。

エ　児童の一時保護を行うこと。

オ　児童の健康相談に応じ，又は健康診査を行い，必要に応じ，保健指導を行うこと。

① ア，エ　　② ウ，エ　③ ウ，オ　④ ア，イ，エ
⑤ ア，ウ，エ

解答・解説

1 ⑤

解説

① 1891(明治24)年に石井亮一によって設立された「孤女学院」(孤児のための施設)を，1897(明治30)年日本で最初の知的障害児教育の専門施設の「滝乃川学園」として改修・改称したもので日本初の知的障害者の教育施設とされている。

② 家庭学校は，不良少年の感化施設として，留岡幸助によって1899(明治32)年に東京巣鴨に設立された。今日の児童自立支援施設の先駆けである。

③ 岡山孤児院は1887(明治20)年に石井十次によって設立された，今日の児童養護施設の先駆けである。

④ 柏倉松蔵は1921(大正10)年に日本初の肢体不自由児の療育のための施設である柏学園を東京小石川に開設した。整肢療護園は1942(昭和17)年に高木憲次により開設された肢体不自由児の療育施設である。

⑤ 正しい。1900(明治33)年に野口幽香と森島峰によって，保育施設の先駆とされる二葉幼稚園(後，保育園)が東京の麹町に開設された。

2 ③

解説

　社会的養護とは，家庭で適切な養育が受けられない子どもを国や社会が養育する仕組みであり，施設養護と家庭養護の2種の類型がある。施設養護では，基本的に子どもたちは施設に入所して集団生活を送っており，そこに職員が通勤・住み込み等をする形態をとる。一方，家庭養護は養育者の住居等(養育者の生活拠点)で子どもを養育する形態をとる。なお，施設養護の中で可能な限り家庭的な環境を提供しようとする施設の分園であるグループホーム(地域小規模児童養護施設)や施設における小規模グループケアの導入をする取り組みのことを家庭的養護という。

① 乳児院は，保護者の養育を受けられない乳幼児を養育する施設。乳幼児の基本的な養育機能に加え，被虐待児・病児・障害児などに対応できる専門的養育機能も持つ。

② 児童養護施設の分園として運営されるグループホーム(地域小規模児童養護施設)はファミリーホーム(小規模住居型児童養育事業)と形態が似て

おり混同しやすいが，子どもたちが施設に居住しそこに職員が通勤・住み込みをする形態を取るので施設養護の位置づけとなる。

③　ファミリーホーム(小規模住居型児童養育事業)は，里親や児童福祉事業に携わったことのある養育者が5〜6人の子どもたちを自身の生活拠点(住居等)で養育する家庭養護で，里親を拡大・事業化したようなものと考えると理解しやすい。

④　児童自立支援施設は不良行為を行った子どもや行う恐れのある子ども，家庭の環境上の理由により生活指導などを要する子どもを対象とする施設である。

⑤　児童心理治療施設は「家庭環境，学校における交友関係その他の環境上の理由により社会生活が困難となった児童を，短期間入所させ，又は保護者の元から通わせて，社会生活に適応するために必要な心理に関する治療および生活指導を主として行う」施設である。

❸ ①

解説

②〜⑤は2018(平成30)年の厚生労働省通知の別添として示された「フォスタリング機関(里親養育包括支援機関)及びその業務に関するガイドライン」にフォスタリング業務として定義されている。

❹ ①

解説

①　適切。家庭復帰が実現されない場合，社会復帰が施設養護の最終目標となる。

②　集団生活には，子どもの人格形成に好ましく作用するような，集団ならではの力動性が期待されている。

③　メリットではなくデメリットである。援助は子どもの個性，家庭環境，生育歴などに留意し，個別的であることが望ましい。

④　温かな環境作りは大切だが，施設養護ではあくまでも子どもの親子関係を尊重し，その関係の回復を援助することが優先される。

⑤　虐待などがあり子どもの権利が守られない場合については，児童虐待防止法に基づき面会や通信の制限を行う。

5 ④

解説

① 記述は留岡幸助による家庭学校についての記述である。熱心なキリスト教徒であった石井十次は明治期に岡山孤児院を設立した。

② 国際障害者年には「障害のある人も地域であたりまえの生活を」というノーマライゼーションの理念が具現化され，日本においても施設整備中心の施策から在宅福祉施策へと転換が図られた。知的障害児施設数も年々減少している。

③ 1891(明治24)年に石井亮一によって孤女学院(孤児のための施設)を滝乃川学園と改装・改称し，知的障害児の教育施設とした。

④ 正しい。1993(平成5)年の「子どもの未来21プラン研究会報告書」で示唆された方針である。

⑤ 欧米では脱施設化やノーマライゼーションの考え方が浸透しており，養護の形は里親やグループホームなどの小規模なものが多くなっている。

6 ⑤

解説

① グループホームは2000年から制度化された児童養護施設の本体から分離した地域小規模児童養護施設の通称であり，施設養護に位置づけられる。

② 児童養護施設には虐待を理由に保育環境を得られない子どもが多く入所しており，近年は増加傾向にある。

③ 乳児院では主に1歳未満の乳児の養育を行うが，2004年の児童福祉法改正により年齢要件が変更され，必要に応じて小学校入学前の幼児も養育できることとなった。

④ 家庭裁判所などの決定により児童自立支援施設への措置を行っているのは児童相談所である。

⑤ 正しい。

7 ①

解説

① 適切。地域の人々や同年代の子どもたちと積極的に関わりを持ち，社会性を育てるよう援助していくべきである。

②　家庭環境が不安定であることから学業が不振になる子どもが多いので，学校の教員と連絡を取りながら，個別の学習指導を検討する必要がある。学生ボランティアなどによる学習指導も検討する。

③　服装や髪型などは子どもの好みや表現を尊重することが原則である。年長児は買い物を含めて自分に選択させる。

④　施設養護での食事は全員に同じ食事を調理員が調理し，提供する。

⑤　物を大切にする心を養うためにも，私物は各自で管理する。

8 ②
解説

①　保護者とともに，国及び地方公共団体にその責務があることを明記している。

②　正しい。2008(平成20)年の児童福祉法等の一部改正により，新たに乳児家庭全戸訪問事業についての規定が加わった。子育ての孤立化を防ぐ目的で，すべての乳児がいる家庭に市町村から専門の知識を有する者が訪問し，必要な支援に結び付けるサービスである。

③　児童福祉施設の設備や職員配置などの最低基準が示されているのは「児童福祉施設の設備及び運営に関する基準」である。

④　障害児も児童福祉法の対象となっている。

⑤　法改正により，保育を必要とするか否かを決めるのは市町村ではなく保護者となった。

9 ④
解説

①　単親里親制度は1987(昭和62)年の改正で認定されている。

②　社会的養護を必要とする児童のうち，ファミリーホームを含む里親等に委託された割合(里親等委託率)は23.5％(2021(令和3)年度末)であり，依然低調である。

③　「児童福祉法」第6条の4に定められている。

④　正しい。2002(平成14)年の厚生労働省通知「里親の一時的な休息のための援助の実施について」により，レスパイト・ケアが制度化されている。なお，同通知は2012(平成24)年3月の改正により「里親の一時的な休息のための援助(レスパイト・ケア)実施要綱」と改題されている。レスパイト・ケアは，年7日以内とされていたが，改正により都道府県が必

要と認める日数，委託児童を児童養護施設や他の里親に再委託すること
ができるようになった。

⑤　厚生労働省ではなく，都道府県知事が正しい。

10 ②
解説

①　国の方針として，施設養護から里親制度やファミリーホームなど，よ
り本来の家庭に近い養護への移行が図られている。

②　適切。「児童福祉法」第6条の2の2第5項に規定されている。

③　被虐待児童にはより個別的で専門的な処遇が必要であるとの観点から，
里親制度やファミリーホームでの処遇が重要であると指摘されている。

④　里親制度に対する理解は十分ではなく，乳児院を利用する児童数も増
加傾向にある。

⑤　地域移行とそのための支援が重要視されており，重度障害児や知的障
害児は在宅者の割合が高く，近年はさらに増加傾向にある。

11 ④
解説

①　ほとんどの子どもは虐待さえなければ本来の養育者と一緒に生活した
いと望む。援助者は子どもと養育者が関係を修復できるよう支援してい
くべきである。

②　子どもの意に反したり，子どもの権利が守られない場合は，親の同意
を得て保護した場合でも面会や通信の拒否を行うことができる。

③　子どもの前でのDV(ドメスティック・バイオレンス)行為や放置，好ま
しくないしつけも児童虐待である。

④　正しい。同居人からの虐待や，それを知りながら放置することも児童
虐待に含まれる。

⑤　保護者が子どもの監護を著しく怠る行為は虐待とされる。それらの徴
候に気付いた者は，虐待が事実か確認できなくても，児童相談所や市区
町村の関係機関などに通報する義務がある。

12 ②
解説

Aにはオの「児童福祉法」，Bにはイの「児童憲章」が入る。Cにはウの
「児童の権利に関する条約」が入る。1959(昭和34)年に国連総会で採択され

た「児童権利宣言」の30周年に合わせ，1989(昭和64)年に「児童の権利に関する条約」が採択されている。この国際条約は，日本では1994(平成6)年に批准，翌年発効されている。したがって解答は②である。なお，エの「児童虐待防止法」は，正式名称を「児童虐待の防止等に関する法律」といい，2000(平成12)年に制定されている。

13 ①

解説

① 正しい。

② スーパービジョンとは，対人援助職において指導的立場にある者(スーパーバイザー)から援助者(スーパーバイジー)がスキル向上等のために指導してもらうこと。

③ ホスピタリズムは施設で育った子どもが母親との接触や愛情関係を得られなかったために発育の遅れや情緒不安定などの症状を示し，成熟した後も人格の発達が不完全である状態のこと。施設症とも呼ばれる。

④ ノーマライゼーションとは，障害を持っている人も健常者と均等に，当たり前に生活するという福祉の理念である。

⑤ アタッチメントとは，乳幼児期に特定の養育者との間に形成される愛着関係のこと。

14 ①

解説

① 正しい。児童心理治療施設の利用には入所と通所があり，児童相談所が決定し措置する。

② 心理療法を担当する職員は，「児童福祉施設の設備及び運営に関する基準」に学校教育法の規定による大学(短期大学を除く。以下この項において同じ。)若しくは大学院において，心理学を専修する学科，研究科若しくはこれに相当する課程を修めて卒業した者又は同法の規定による大学において，心理学に関する科目の単位を優秀な成績で修得したことにより，同法第102条第2項の規定により大学院への入学を認められた者であつて，個人及び集団心理療法の技術を有し，かつ，心理療法に関する一年以上の経験を有するものでなければならない。」と定められている。

③ ある程度年長の子どもにはカウンセリングも行われる。

④ 児童心理治療施設では軽度の情緒障害児の社会的適応を図ることを目

的とし，集団生活をしながら，一人一人の状況に合った個別の治療が行われる。

⑤ 厚生労働省は児童心理治療施設を各都道府県に1施設以上設置することを求めており，施設数は年々増加している。全国に53施設(2024年)となっている。

⑮ ③
解説

① 記述はリービングケア(退所準備)およびアフターケア(退所後のケア)についての説明である。レスパイト・ケアは里親が一時的に休息を必要とする場合，施設や他の里親に児童を再委託できる制度。

② 児童福祉施設入所児や里親委託児が高校進学を希望する際は，国から特別育成費が支給される。

③ 正しい。大学への進学や，障害があることによりすぐに自立ができないなど特別な理由がある場合は満22歳まで延長できる。

④ 自閉症児はやり方を変更せず継続的に行えるような作業活動に適性があるとされる。

⑤ 記述は児童自立支援施設についての説明である。自立援助ホームは，義務教育終了後，他の社会的養護(児童養護施設，里親，児童自立支援施設など)の措置を解除された15歳から20歳未満(状況によっては22歳になる年度の末まで)の者に対して，共同生活を営む住居においての相談，その他の日常生活の援助，生活指導，就業の支援等を行う事業のことである。

⑯ ①
解説

① 適切。数人がチームを組んで援助する際，子どもの本来の姿を把握するためにも記録は大切である。また，援助サービスを記録に基づいて評価することは，サービスを向上させていくために不可欠である。

② 子どもの権利ノートは，施設での意志表明権や知る権利などについて知るために子ども自身に配布される。

③ 子どもの心身の安全が優先され，客観的に判断されなければならない。児童相談所が，家族分離が必要と判断した場合は措置や面会・通信の制限ができる。

④　実践したプログラムの評価を必ず行い，うまく展開しないときには問題点を明確化し，展開のしかたを点検し，変更していく。

⑤　グループワークも行われる。一人一人のニーズに応じた援助が基本であるが，集団がもつ力動性，ピアカウンセリングの機能，社会性獲得のための集団遊びなどの役割も大きい。

 ④

解説

イの児童自立支援施設には児童の遊びを指導する者ではなく児童自立支援専門員を，**オ**の主として自閉症児を入所させる医療型障害児入所施設には児童指導員も配置しなければならない。したがって解答は**ア**，**ウ**，**エ**の④である。

 ⑤

解説

アの少年院は少年院法，**イ**の特別支援学校は学校教育法に規定されている。**ウ**，**エ**，**オ**は児童福祉法で規定されている。助産施設は保健上必要があるにもかかわらず，経済的理由により入院助産を受けることができない妊産婦を入所させて，助産を受けさせることを目的とする。児童自立支援施設は不良行為をなし，又はなすおそれのある児童及び家庭環境その他の環境上の理由により生活指導等を要する児童を入所させ，又は保護者の下から通わせて，個々の児童の状況に応じて必要な指導を行いその自立を支援し，あわせて退所した者について相談その他の援助を行うことを目的とする。母子生活支援施設は母子家庭の母と子を入所させ，これらの者を保護するとともに，自立の促進のためにその生活を支援し，あわせて退所した者には相談その他の援助を行う施設である。したがって解答は⑤である。

19 ⑤

解説

ア，**ウ**，**エ**は，児童福祉法第11条第二号に規定されている。**イ**，**オ**は児童福祉法第12条の6に保健所の業務として示されている。

第12章

専門試験
保育実習理論

1. 保育所・児童福祉施設における保育

▶ 保育所における保育

　保育所における保育は,「**保育所保育指針**」についてよく理解しておく必要がある。各年齢の発達や発達に応じたねらいなどは特にしっかり覚えておきたい。それぞれの違いや使用している言葉の違い(例えば,「特定の保育士」と「担当の保育士」)など細かな点にも注意をしたい。

▶ 児童福祉施設における保育

　児童福祉施設における保育は,「**児童福祉施設の設備及び運営に関する基準**」や「**児童養護施設運営指針**」についてよく理解しておく必要がある。それぞれの施設の運営指針や特徴をしっかりと押さえておきたい。幼稚園と保育所の違いはもちろんのこと,認定こども園や子育て支援などについても確実に覚えておきたい。

2. 保育と実習

　指定保育士養成施設では,原則在学中に三回実習をすることになる。ただし,養成施設による名称と位置づけの違いもあるので注意したい。

一回目　必修の保育所
二回目　必修の施設
(二度の実習は順序が反対でも構わない。)
三回目　保育所か施設を選択

▶ 保育実習

　保育所での実習に臨む際は,実習生も保育者と同様に子どもの人権や子どもの最善の利益に配慮することが求められる。また,**プライバシー**などに留意して,**守秘義務**を守ることも求められる。

　実際には,実習先で実習生にできることは限られている,下記のようなことに注意をしながら実習に臨むことが大切である。

① 　常に保育者と連携を取り,子どもに関する情報は必ず報告,共有するようにする。

② 実習日誌(「実習ノート」「実習録」など，養成校によってその呼称は異なる)を記入する際は，実習の段階にふさわしい目標を設定し，記録をしていく。

③ 実習日誌に記録される所見を参考にし，日々の実習に役立てていく。

▶ 施設実習

　保育所以外の児童福祉施設(具体的には，乳児院，母子生活支援施設，児童養護施設など)，あるいはその他の障害者支援施設の中から施設実習先を選ぶことになる。どの実習先を選んでも，下記のようなことに注意をしながら，実習に臨むことが大切である。

① どの施設であろうと，児童との信頼関係を築き，児童にとって最も信頼できる存在になれるよう努める。

② 自分自身が配属された施設を含む，各種の施設実習先についてその法的根拠を確認しておく。

③ 実習日誌をまとめる際，当該施設に係る最低設置基準にも注意しておく。

3. 保育実技

▶ 音楽

　音楽は，子どもたちに音楽の楽しさを伝えると同時に，子どもたちの想像力や表現力の向上，他の友達と共有することの楽しさなど，さまざまな効果をもたらすことができる。どのような出題がされても対応できるよう下記のこと等に注意をしておきたい。

・楽譜に示された反復記号を見落とさないように気を付けたい。

・移調は音程を理解すれば確実に解くことができる問題である。楽譜で示された音符と鍵盤の位置が一致することも大切である。移調の方法とともに，音階やコードについても確認しておきたい。

・楽譜の「調」を確認できるよう，調号の数が3つまでの調名と主音は覚えておきたい。

・楽語(音楽用語)は基本的にイタリア語が用いられる。速度記号や発想記号などの用語の他，強弱記号や臨時記号は頭に入れておきたい。

▶ 造形

造形は音楽同様，子どもたちの自由な想像力や表現力，五感の育成，感性の発達など，さまざまな効果をもたらすことができる。また，描画表現と発育の順序など，実際に保育を行う上で覚えておくとよい事項も多い。どのような出題がされても対応できるよう下記のこと等に注意をしておきたい。

・描画表現の発達段階の名称とその時期の特徴は覚えておきたい。
・画材や用具の種類とその安全管理についてはしっかりと理解しておきたい。
・色の相関と補色，明度や彩度に関しては頭に入れておきたい。

Q 演習問題

1 次の楽譜を演奏すると何小節になるか，あとの①～⑤から1つ選びなさい。 (難易度■■□□□)

① 16　② 17　③ 18　④ 19　⑤ 20

2 次の表は，保育所・幼稚園・認定こども園の特徴をまとめたものである。この表を完成させるのにア～オに当てはまる語句を以下のA～Hから選ぶとき，適切な組み合わせを，あとの①～⑤から1つ選びなさい。 (難易度■■■■□)

	保育所	幼稚園	認定こども園
対象者	保育を必要とする乳児・幼児	満3歳から小学校就学の始期に達するまでの幼児	ア
目的	イ	幼児を保育し，適当な環境を与えて，心身の発達を助長する	ウ
一日の保育時間	エ	4時間を標準とする	オ

A　保育を必要とする乳児・幼児

B　満3歳から小学校就学の始期に達するまでの幼児

C　0歳児から満6歳の小学校就学の始期に達するまでの乳幼児

D　幼児教育と保育を一貫して行う

   E　保育を必要とする乳児，幼児を保育する

   F　原則8時間

   G　4時間を標準とする

   H　実態に応じて

①	ア－A	イ－E	ウ－D	エ－F	オ－H
②	ア－B	イ－D	ウ－E	エ－G	オ－H
③	ア－B	イ－E	ウ－D	エ－F	オ－G
④	ア－C	イ－D	ウ－E	エ－G	オ－H
⑤	ア－C	イ－E	ウ－D	エ－F	オ－H

❸ 次の文は，粘土に関する説明である。（　A　）～（　D　）に当てはまる適切な語句の組み合わせを，あとの①～⑤から1つ選びなさい。

(難易度■■■□□)

（　A　）…乾燥するとかたくなり，水を加えるとやわらかくなるが，乾燥が速いので，ビニール袋にくるむか，ポリバケツに入れて保存する。焼きものにでき，その場合は着色も可能。

油粘土…乾燥しないで何度でも使えるが（　B　）によってかたさが変わる。保存は粘土ケースを使う。（　C　）をはじくので，着色は不可能である。

（　D　）…1～数時間のうちに表面がかたくなり，着色ができるようになる。芯材に牛乳瓶，空き缶など身近なものが使える。ぬれぶきんか，ビニール袋に入れて保存する。

①	A－紙粘土	B－湿度	C－油	D－油粘土
②	A－紙粘土	B－温度	C－水	D－小麦粉粘土
③	A－土粘土	B－温度	C－水	D－紙粘土
④	A－小麦粉粘土	B－湿度	C－水	D－紙粘土
⑤	A－土粘土	B－湿度	C－油	D－油粘土

❹ 次の文は，「保育所保育指針」（平成29年3月）の一部である。（　A　）～（　D　）に当てはまる語句の組み合わせとして適切なものを，あとの①～⑤から1つ選びなさい。　**(難易度■■■□□)**

・（　A　）に基づき，（　B　）な保育が適切に展開されるよう，子どもの生活や発達を見通した長期的な指導計画と，それに関連しながら，より（　B　）な子どもの日々の生活に即した短期的な指導計画を作成しなけれ

ばならない。

・指導計画の作成に当たっては，子ども一人一人の発達過程や(C)を十分に踏まえること。

・保育所の生活における子どもの発達過程を見通し，生活の連続性，季節の変化などを考慮し，子どもの(D)に即した(B)なねらい及び内容を設定すること。

① A－全体的な計画　B－総合的　C－様子　D－状況

② A－全体的な計画　B－具体的　C－状況　D－実態

③ A－全体的な計画　B－明快　C－必要　D－家庭環境

④ A－包括的な計画　B－総合的　C－様子　D－実態

⑤ A－包括的な計画　B－具体的　C－状況　D－家庭環境

5 次のア～オを対人関係の発達段階が早い順に並べたものとして適切なものを，あとの①～⑤から1つ選びなさい。　(難易度■■■□□)

ア　養育者に対する反応を示すようになる。

イ　物の取り合いなどの原因でケンカをするようになる。

ウ　ほかの子どもに対する反応を示すようになる。

エ　友だちとの遊びを喜ぶようになる。

オ　自分で物を扱いながら遊べるようになる。

① ア－イ－ウ－オ－エ

② ア－ウ－オ－イ－エ

③ ウ－ア－イ－オ－エ

④ ウ－オ－ア－イ－エ

⑤ ウ－ア－オ－エ－イ

6 保育士と子どもとのかかわりに関する記述として適切でないものを，次の①～⑤から1つ選びなさい。　(難易度■■■□□)

① 6か月未満児とのかかわりにおいては，愛情深い信頼関係を築くため，特定の保育士が担当する。

② 保育士は，愛情・知性・技術をもって子どもに接し，同時にこちらから積極的に働きかけ，一般的な基準に合うように子どもを指導していく。

③ 6か月から1歳3か月未満児とのかかわりにおいては，子どもひとりひとりの欲求に応え，愛情をこめて，応答的にかかわる。

④ 1歳3か月から2歳未満児とのかかわりにおいては，子どもの生活の安定を図りつつ，子どもの何でも自分でしようとする気持ちを尊重する。

⑤ 保育士は，人間を尊重する心，人格を尊重することなどに留意する。また，保育士には守秘義務がある。

7 次の文は，障害児への接し方に関する説明である。空欄(A)〜(D)に入る語句の組み合わせとして適切なものを，あとの①〜⑤から1つ選びなさい。　　　　　　　　　　　　　　　（難易度■■■□□）

・肢体不自由児には，可能な限り，(A)ようにする。

・知的障害児には，可能な限り(B)に関する指導を第一にする。

・目の不自由な幼児は，手をつなぐか，腕を軽くつかんで，その子どもの(C)を歩くようにする。

・耳の不自由な幼児には，(D)が見えやすい位置に立つ。

　① A−自分でできる　　B−身辺的自立　　C−半歩前　　D−口元
　② A−自分でできる　　B−認知能力　　　C−右側　　　D−指
　③ A−手伝う　　　　　B−身辺的自立　　C−半歩後ろ　D−口元
　④ A−手伝う　　　　　B−身辺的自立　　C−半歩前　　D−指
　⑤ A−手伝う　　　　　B−認知能力　　　C−右側　　　D−口元

8 言葉を育てる保育活動に関する記述として適切でないものを，次の①〜⑤から1つ選びなさい。　　　　　　　　　　　　　　　（難易度■■■□□）

① ストーリーテリングはいわゆる「おはなし」。テキストを覚えた保育士が子どもたちの前で語るというものである。

② パネルシアターは，ホワイトボードに水性マーカーで描いた絵やマグネットで貼った絵にお話をつけていくもので，保育士と子どもたちの共同作業で行われる。

③ 言葉遊びは，しりとり遊びや早口ことば，伝言遊びなどがある。絵カードや人形を併用すると言語活動がより活発になる。

④ ペープサートは，絵に棒をつけて固定したものを上下左右に動かして用いる。絵は裏表で別の絵を貼ることで，4場面の操作もできる。

⑤ 絵本は保育士が絵を子どもに見せ，文字を読んで聞かせる。別の世界への冒険や追体験も可能である。

9 幼児に話を聞かせるときの配慮として適切なものを，次の①〜⑤から1つ選びなさい。　　　　　　　　　　　　　　（難易度■■■□□）

①　きちんと聞かせるために，発音・発声に気をつかい，部屋の広さにかかわらず，できる限り大きな声で話すようにする。

②　一度聞かせた話をくり返すことは避け，新しい話を次々に聞かせる。

③　わざとらしい身振りや言葉使いは避け，素直で自然な話し方を心がける。

④　お話や語りをおこなうとき，その登場人物になりきることがよい表現なので，保育士は本気でキャラクタリゼーションを行う。

⑤　話を聞かせた後は，幼児が内容をどのくらい理解できたか必ず確かめる。

10 次の曲を4歳児クラスで歌ってみたところ，全体的に音が低く子どもたちが歌いにくそうであった。そこで長3度上の調に移調することにした。その場合，A，B，Cの音は，鍵盤の①から㉔のどこを弾くか，あとの①〜⑤から正しい組み合わせを1つ選びなさい。　　　　　（難易度■■■■□）

①　A－③　　B－⑪　　C－⑮

②　A－⑬　　B－⑫　　C－⑰

③　A－⑭　　B－⑫　　C－⑰

④　A－⑭　　B－⑬　　C－⑱

⑤　A－⑮　　B－⑬　　C－⑲

11 音楽分野の教育に関する記述として適切なものを，次の①〜⑤から1つ選びなさい。 (難易度■■■□□)

① 声域は，幼児期にあっても一人ひとり違うので，全員で斉唱することは避ける。

② 動きのリズムの楽しみ方を教えるため，教師がまず動きの手本を示す。

③ 幼児に音楽を聞かせるときは，いわゆる幼児向けの歌やにぎやかな曲だけを選ぶ。

④ 楽器の音色の美しさを楽しませるとともに，楽器をていねいに扱うことも教えなければならない。

⑤ リズミカルな集団遊びには，「ずいずいずっころばし」など，わらべ歌の遊びもあるが，その遊び方は昔ながらのものを教えなければならない。

12 次のA〜Dの美術用語とそれに関連した記述である以下のア〜オの組み合わせとして正しいものを，あとの①〜⑤から1つ選びなさい。

(難易度■■■□□)

A　フロッタージュ　　B　コラージュ　　C　マーブリング

D　バチック

ア　外からは見えないものを描く表現

イ　紙や布を切り抜いて組み合わせた絵の画法

ウ　木目など凸凹のあるものに紙を当て，その上からクレヨンや色鉛筆などでこすり，その凸凹を写し取る方法

エ　クレヨンで描いた上に絵の具を重ねる画法

オ　水面に墨汁や絵の具を溶いた液を浮かべ，そこに紙を伏せてマーブル(大理石)のような模様を写し取る技法

　　① A－ウ　　B－イ　　C－オ　　D－エ

　　② A－エ　　B－イ　　C－オ　　D－ア

　　③ A－イ　　B－ウ　　C－エ　　D－ア

　　④ A－ウ　　B－エ　　C－イ　　D－オ

　　⑤ A－エ　　B－ア　　C－イ　　D－オ

⑬ 次のア～オの速度記号を遅い順に並べたものとして正しいものを，あと
の①～⑤から1つ選びなさい。　(難易度■■□□□)

ア　Allegro
イ　Andante
ウ　Presto
エ　Moderato
オ　Largo

① オ，エ，イ，ウ，ア
② イ，エ，ア，ウ，オ
③ ウ，オ，エ，イ，ア
④ エ，イ，ア，オ，ウ
⑤ オ，イ，エ，ア，ウ

⑭ 次のA～Cは，ある曲の歌いはじめの部分である。歌とその歌の内容の
組み合わせとして適切なものを，あとの①～⑤から1つ選びなさい。　(難易
度■■■■□)

ア　星に関連した歌　　　　　イ　生物をテーマにした歌
ウ　春をテーマにした歌　　　エ　植物をテーマにした歌
オ　年の瀬の行事に関連した歌

① A－ア　　B－イ　　C－オ
② A－イ　　B－エ　　C－ウ
③ A－ウ　　B－オ　　C－イ
④ A－エ　　B－イ　　C－ア
⑤ A－オ　　B－ア　　C－イ

⓯ 次の文は幼児の造形活動の発達段階を示した説明である。空欄(A)〜
(E)に当てはまる言葉を以下の語群から選ぶとき，組み合わせとして適
切なものを，あとの①〜⑤から1つ選びなさい。

(難易度■■■□□)

・誕生〜1歳ごろ－(A)：幼児が周囲にあるものを手あたり次第いじっ
ていく自発的活動の時期。こうした活動が後の造形活動の土台となる。

・2〜3歳ごろ－(B)：表現が記号として意味をもつ以前の段階で，手の
運動で不定形の線を描く。絵としての意味はもたない線がきである。

・3〜4歳ごろ－命名期，象徴期：(C)

・5〜6歳ごろ－(D)：多少なりとも，それらしく描くようになり，並べ
描き，重ね描きもしばしば行われる。

・5〜6，7歳ごろ－図式期：(E)

〔語群〕

ア　乱画期，なぐりがき期　　イ　前図式期

ウ　写実期　　　　　　　　　エ　いじくり期

オ　表現が記号としての意味を持ち，できあがった作品に何らかの意味
づけを行う。

カ　表現がしだいに実物に近づくが，あくまでも思ったまま，知ったま
まを絵にする時期である。

キ　表現しようとする対象とその表現が一致してくる。

① A－ア　　B－エ　　C－オ　　D－イ　　E－キ

② A－エ　　B－ア　　C－オ　　D－ウ　　E－カ

③ A－エ　　B－ウ　　C－キ　　D－ア　　E－オ

④ A－イ　　B－ア　　C－カ　　D－エ　　E－キ

⑤ A－エ　　B－ア　　C－オ　　D－イ　　E－カ

⓰ 次のア〜オの記述のうち，正しいものの組み合わせを，あとの①〜⑤か
ら1つ選びなさい。 (難易度■■■□□)

ア　補色は互いの色を混ぜ合わせると，有彩色になる。

イ　色の三要素とは，色相，彩度，明度のことをいう。

ウ　色の膨張・収縮は色相に関連している。

エ　色の三原色を混ぜると無彩色の黒に，光の三原色を混ぜるとやはり無
彩色の白色になる。

オ　標準12色相環図のうち，中性色は黄緑，緑，赤紫，紫の4色である。

① ア，ウ，オ　　② ア，イ，エ　　③ イ，エ，オ

④ イ，ウ，エ　　⑤ ウ，エ，オ

⑰ 次の文は，音楽の3要素に関する説明である。空欄（　A　）〜（　C　）に当てはまる三つの言葉(順不同)の組み合わせとして適切なものを，あとの①〜⑤から1つ選びなさい。　　　　　　　　(難易度■■□□□)

音声言語表現を構成する基本的な要素には，強弱，（　A　），明暗，（　B　），リズム，テンポ，（　C　）の7つがある。

① アクセント，高低，間

② 高低，早遅，間

③ 高低，抑揚，声質

④ フレーズ，早遅，声質

⑤ 強調，アクセント，間

⑱ バイステックのケースワークの原則に関する記述として不適切なものを，次の①〜⑤から1つ選びなさい。　　　　　　　　(難易度■■■□□)

① クライエントは，ケース，典型例，あるいはある範疇に属する者などとして対応されることを望まない。彼らは一人の個人として迎えられ，対応してほしいと望んでいる。

② クライエントは，否定的な感情と肯定的な感情，そのどちらをも表現する必要性を持っている。これらの感情には，恐れ，不安，怒り，憎しみ，自分の権利が侵害されているという感情などが含まれる。

③ クライエントは，依存しなければならない状態に陥ったり，弱さや欠点をもっていたり，失敗を経験しているとしても，一人の価値ある人間として，あるいは生まれながらに尊厳を持つ人間として受けとめられたいというニーズを持っている。

④ クライエントは，彼らの感情表現に対して，ケースワーカーから共感的な理解と適切な反応を得たいと望んでいる。

⑤ クライエントは，自分の人生に関する選択と決定を誰かに代行してもらいたいとするニーズを持っている。彼らは，ケースワーカーから援助されたいのではなく，命令を求めている。

解 答・解 説

1 ④

解説

　縦線を使った反復記号のほか，ダルセーニョ(*D.S.*)，コーダ(Coda)の記号が正しく読み取れるかを問う問題。‖: と :‖，𝄋 と *D.S.*は，基本的に起点と終点を示す記号のセットで，終点まで演奏したら，対になっている起点まで戻って演奏する。縦線を使った反復記号にはこの問題のようにかっこ1とかっこ2が書き添えられている場合があるが，かっこ1の小節は反復の1回目のみ，かっこ2の小節は反復の2回目のみ演奏する。楽譜どおりに演奏すると，「1，2，3，4，5，6，7，8，9，4，5，6，7，10，4，5，6，11，12」の順の19小節となる。

2 ⑤

解説

　保育所・幼稚園・認定こども園の差異に関しては，設問のほかにも，関係法，管轄庁，設置者，保育内容の基準について確認しておきたい。認定こども園に関する記述の選択に迷ったときは，認定こども園は保育園・幼稚園のいいところだけを取り入れたようなものを選べばよい。**ア**の設問なら，保育の必要のあるなしにかかわらず，乳児も幼児も対象者とする**C**が正しい。また，「目的」と「対象者」は密接な関係にあり，**イ**は**E**，**ウ**は**D**となる。一日の保育時間は，保育所が原則8時間，認定こども園が「実態に応じて」となっており，仕事を持つ保護者の勤務中，子どもを保育することが考慮されている(2015年度より児童福祉法施行規則の一部改正により，「保育に欠ける」は「保育を必要とする」という表現で運用されている)。

3 ③

解説

　上から順に，土粘土，油粘土，紙粘土に関する記述である。土粘土は，形を作るのが比較的難しいので，幼児が使うのは油粘土や，芯材の使える紙粘土が多い。また，着色するかどうかもポイントで，何度も作り直して遊ぶだけで着色はしないなら油粘土，何らかの形を作って着色するなら紙粘土と，その特性に応じて使い分けるようにするとよい。紙粘土の場合，ニスやラッカーで仕上げることもできる。保存に使うのは，土粘土がビニール袋かポリバケツ，油粘土が粘土ケース(油を吸う紙などでくるまない

ように注意)，紙粘土がぬれぶきんかビニール袋である。なお，ぽろぽろになってしまうので，土粘土と紙粘土は凍結させないように注意する。

 ②

解説

問題文は「保育所保育指針」の「第1章　総則」の「3　(2)　指導計画の作成」の抜粋。

A　従前では「保育課程」に基づくとされていたが，平成29年3月に告示されたものより「全体的な計画」に基づくとされている。

B　指導計画は具体的に示すことが大切である。

C　指導計画の作成に当たっては，子どもの発達過程や状況が一人一人異なることに十分に配慮しなくてはならない。

D　子どもの実態に即していなければ，指導計画は意味をもたなくなってしまう。

以上の点に留意して，保育計画は，すべての子どもが，入所している間，常に適切な養護と教育を受けつつ，子どもとしての安定した生活を送り，なおかつ充実した活動ができるように，柔軟性と発展性のあるものとしなければならない。また，それと同時に，保育計画は一貫性のあるものとなるように配慮することが重要である。

 ②

解説

標準的な発達をしている子どもの場合，生後2か月でア，10か月でウ，1歳でオ，3歳でイ，4歳でエの行動が見られる。ほかの子どもと仲良く遊べるような社会性が身につくまでには，他者を認識するようになる→自分のものと他人のものの区別がつき，自己主張をするようになる→他者との折り合いをつけられるようになるといった段階を通る。その点，3歳児クラスなどで物の取り合いなどでケンカが起きるのは，幼児の発達段階からして仕方のないことではあるが，ケンカがエスカレートして互いに傷つけ合うことのないよう，さらに，親同士の対立にまでつながることのないよう，保育士は子どもたちを見守り，状況に応じて声をかけるようにしなくてはならない。

6 ②

解説

① 適切。この時期は特定の保育士とのかかわりが基本的な信頼関係の礎となるので，担当制の導入などによる工夫が必要。

② 適切ではない。一般的な基準に子どもを合わせるために働きかけるのではなく，発達の個人差を理解し，子ども自身が自発的かつ能動的に活動できるよう支援するのが保育である。

③，④ ともに適切。この時期はまだ安定してかかわれる大人を必要とするので，特定の保育士とのかかわりは大切である。また，気持ちをうまく伝えられない，思い通りにいかないなどのことで子どもは大人が困るようなことをすることもあるが，それも発育過程のひとつと理解する。

⑤ 適切。保育士には守秘義務があり，それは保育士でなくなった後も同様である。

7 ①
解説

A 肢体不自由だからとすべて手伝うのではなく，不自由でない部分を使って，自分でできるよう指導する。

B 排泄，食事など知的障害児の身辺的自立は，本人にとっても，保護者など周囲の人間にとっても，大きな価値がある。

C からだが接触するぐらいの距離を保ちつつ，障害児の半歩前に立って，行き先を案内するようにすると，障害児は安心感が得られる。

D 何かを言おうとしていることが耳の不自由な子どもに伝わるのを第一とする。指が見えるようにすれば手話を理解しやすいと考えがちだが，手話は身振りも含めたものであり，指が見えやすければいいというものではない。また，幼児が手話を理解できるとは限らない。

8 ②

解説

① 適切。絵が言葉のイメージを補ってくれるものと違い，想像力を育てるといわれている。

② 適切ではない。パネルシアターはパネルをはった板に専用の不織布で作った人形などを置いたり取り除いたりしてストーリーを展開させる。歌を楽しむこともでき，類似のものにエプロンシアターがある。

③ 適切。言葉遊びは思考力を高める方法でもある。他の教材も活用し，子どもたちに言葉への関心興味を持たせるようにする。

④ 適切。ペープサートは英語のpaper puppet theaterを縮めた言い方で，紙人形劇のこと。絵は自分で描くほか，不要になった絵本などを再利用することもできる。子どもも製作段階から参加でき，興味を持つ教材である。

⑤ 適切。ただし，絵本は発達段階に応じたものの選択が大切である。

 ③

解説

① 部屋の広さと子どもの人数に合った音量で話すのが望ましい。人間の体自体が音を吸収することも計算に入れる。

② 子どもは気に入った話を何度でもせがむが，丁寧に応じるのが望ましい。

③ 適切。保育士は通常の自分の声に自信をもって話し，作り声や，妙にゆったりした話し方など，わざとらしい演出は避けるべきである。

④ 大人が本気でキャラクタリゼーションを行うと，子どもには異常なものや怖いものに映ることがある。

⑤ 話を聞かせることは，子どもたちが楽しめることを主眼とする。上記のほかにも，お話をするには，「話の長さを，そのときの幼児の状態を見て加減する」「話を選ぶときは，内容が単純で面白く，筋が反復するものを選ぶ」ことが求められる。

10 ③
解説

ピアノの白鍵だけで考えた場合，二音間に半音(ミファ，シド)が一つ含まれる3度が短3度，含まれない3度が長3度となる。二音間の高さの隔たりは半音(ミファ，シド)が一つ含まれる「短」の方が「長」よりも狭くなることを覚えておきたい。長3度上の調に移調したいときは，それぞれの音符を3度高い音(鍵盤上で右のほう)に移動してから変化記号(♯，♭等)のことを考えると分かりやすい。**A**のレの音は3度高い音に移動すると「レミファでファ」となるが，レ〜ファの間に半音のミファが含まれるので短3度でまだ狭い。長3度上の音にするには，ファに♯をつけて半音一つ分右のほうに広げればよい。よって，長3度上の音は「♯ファ」で⑭となる。**B**のドは

「ド～ミ」が長3度となるため「ミ」の音を指す⑫，Cのファは「ファ～ラ」が長3度となるため「ラ」の音を指す⑰となる。

⑪ ④

解説

① 幼児が無理なく歌えるように，極端な高音域や低音域が含まれる歌は避けなくてはならないが，斉唱すること自体に問題はない。

② 子どもは先生と同じ動きをしたがるものである。動きのリズムには，いろいろな楽しみ方があってよいので，見本を最初に示すことは慎む。

③ 将来，様々な音楽を楽しめるようになるよう，聞かせる音楽には極力バラエティをもたせる。

④ 正しい。楽器の片付け方なども徐々に教えていくとよい。

⑤ わらべ歌の遊び方は，地域などによっても違う。いろいろな遊び方があってよい。幼児教育においては，音楽はその発達段階に応じて自由に楽しむのを主眼とする。画一的な楽しみ方を押し付けたりするのは禁物である。

⑫ ①

解説

正解は①だが，基本的な美術用語は自分なりにまとめておきたい。正答に使われなかった選択肢アは，レントゲン表現と呼ばれるもので，幼児の描いた絵に多く見られ，車の中やポケットの中など，物理的には見えないものが描かれる。また，Aのフロッタージュには「こすりだし」，Dのバチックには「はじき絵」という別称があるので，注意しよう。このほか頻出用語として，色の三属性(明度，彩度，色相，色の三要素ともいう)，補色，光の三原色，モンタージュ(写真を使った貼り絵)，スクラッチ技法(紙を明るい色のクレヨンで塗り分け，その上を黒のクレヨンで塗りつぶし，あとから釘などとがったもので引っかいて〈スクラッチ〉，下のクレヨンの色を生かしながら絵を描く技法)などがある。

⑬ ⑤

解説

ア～オの選択肢は，それぞれ次の意味である。

ア Allegro「アレグロ：快速に」

イ Andante「アンダンテ：ゆっくりと歩くような速さで」

ウ　Presto「プレスト：急速に」

エ　Moderato「モデラート：中くらいの速さで」

オ　Largo「ラルゴ：幅広く，ゆっくりと」

　音楽の発想記号はイタリア語で書かれているが，速度記号に関してはこの問題を機会に整理しておきたい。ここに選択肢として取り上げられなかったものでは，Grave「グラーベ：荘重に，ゆっくりと」，Lento「レント：ゆるやかに」，Adagio「アダージョ：ゆるやかに」，Allegretto「アレグレット：やや速く」，Vivace「ビバーチェ：活発に〈極めて速く〉」などがある。

 ④

解説

　幼児がよく歌う歌は，楽譜を見てどの曲かわかるようにしておきたい。

A　「どんぐりころころ」(青木存義作詞・梁田貞作曲)はどんぐりがテーマの歌。ストーリー性があり，一年中歌われるが，特に，どんぐりの実がとれる秋に，可愛らしいどんぐりの絵を掲示しながら取り上げるとよい。

B　「かたつむり」は文部省唱歌。梅雨の雨降りとアジサイなど，季節感を感じさせるものとともに取り上げる。

C　「きらきら星」(武鹿悦子作詞・フランス民謡)は夜空の星を取り上げた歌。一年中とりあげることができ，音域もあまり広くなく，リズムパターンも簡単で，幼児には歌いやすい。リズムパターンを様々に変えて歌い，リズム遊びに誘導することもできる。そのほか，簡単な手の動きで星の瞬きを表現するのもよい。

 ⑤

解説

A　誕生から1歳ごろまではいじくり期と呼ばれる。「幼児が周囲にあるものを手あたり次第いじる」ということは，「何でも口にいれてみる」ということにつながるので，口に入れると危険なものは幼児の周囲からなくしておく配慮も必要である。

B　2〜3歳ごろは乱画期，なぐりがき期と呼ばれる。

C　3〜4歳ごろの命名期，象徴期には，表現が記号としての意味を持ち，子どもは自分の作品に何らかの意味づけを行う。

D，E　5〜6歳ごろは前図式期と呼ばれ，7歳ごろの子どもまでが含まれる図式期には表現がしだいに実物に近づくが，あくまでも思ったまま，

知ったままを絵にする時期でもある。学齢期に入って，写実期を迎え表現しようとする対象とその表現が一致してくる。

16 ③
【解説】

ア　誤り。補色同士を混ぜると無彩色になる。補色は標準12色相環の向かい合う色の組み合わせをいう。この組み合わせは赤と青緑など，並べるともっとも目立つ配色となる。

イ　正しい。三属性ともいう。

ウ　誤り。色相に関連しているのではなく，明度と彩度に関連している。膨張色は膨らんで見える色，収縮色は小さく縮んで見える色である。暖色系の色は膨張色，寒色系の色は収縮色となる。ただし，同じ色の場合は，明度と彩度が高ければ膨張色，低ければ収縮色となる。

エ　正しい。色の三原色は赤，黄，青である。この三色は混ぜると黒になる。光の三原色は赤，緑，青であり，混ぜると白になる。

オ　正しい。標準12色相環には，中性色のほかに暖色と寒色がある。

17 ②
【解説】

音声言語表現を構成する7つの要素とは，以下のものである。

(1)強弱：声・言葉の強さと弱さ。

(2)高低：声の音程による高い声，低い声。

(3)明暗：声のムードがもたらす明るい言葉と暗い言葉。同じ言葉でも明るい声か，暗い声かで伝わり方は変わる。

(4)早遅：言葉を早く言うか，遅く言うか。緊迫感やゆったりした感じを聞き手に与える。

(5)リズム：言葉やフレーズのリズム感をいう。頭韻や脚韻による言葉遊びなどはここに含まれる。

(6)テンポ：言葉のテンポ感，あるいはフレーズのテンポ感も音声言語表現を左右する。

(7)間：無音による表現。間が短い・長いが意味を持つ。

18 ⑤
【解説】

バイステック(Felix Biestek)が提唱した7原則は，施設における支援者の

302

基本である。「クライエントは，自分の人生に関する選択と決定を自ら行いたいとするニーズを持っている。彼らは，ケースワーカーから命令されたいのではなく，援助を求めている」が適切な第6原則である。なお，第5原則では「クライエントを一方的に非難しない」，第7原則では「秘密を保持して信頼感を醸成する」ことが求められる。

第13章

専門試験 保育内容

≧ POINT ≦

1. 保育所保育における保育

　平成29年に告示された保育所保育指針では，第1章「総則」の中で，「1　保育所保育に関する基本原則」，「2　養護に関する基本的事項」，「3　保育の計画及び評価」「4　幼児教育を行う施設として共有すべき事項」について記述されている。

　第2章以降の内容はすべて第1章を基礎として記述されているため，第1章は保育所保育指針の核となる箇所である。特に下線部分は，保育所保育指針内で何度も説明される内容であるので，要点を押さえておきたい。

保育所保育指針(抜粋)

1　保育所保育に関する基本原則

(1)保育所の役割

ア　保育所は，児童福祉法(昭和22年法律第164号)第39条の規定に基づき，①保育を必要とする子どもの保育を行い，その健全な心身の発達を図ることを目的とする児童福祉施設であり，入所する子どもの最善の利益を考慮し，その福祉を積極的に増進することに最もふさわしい生活の場でなければならない。

イ　保育所は，その目的を達成するために，保育に関する専門性を有する職員が，②家庭との緊密な連携の下に，子どもの状況や発達過程を踏まえ，保育所における環境を通して，③養護及び教育を一体的に行うことを特性としている。

ウ　保育所は，入所する子どもを保育するとともに，家庭や地域の様々な社会資源との連携を図りながら，入所する子どもの保護者に対する支援及び④地域の子育て家庭に対する支援等を行う役割を担うものである。

エ　保育所における保育士は，児童福祉法第18条の4の規定を踏まえ，保育所の役割及び機能が適切に発揮されるように，⑤倫理観に裏付けられた専門的知識，技術及び判断をもって，子どもを保育するとともに，子どもの②保護者に対する保育に関する指導を行うものであり，その職責を遂行するための専門性の向上に絶えず努めなければならない。

　近年の保育の背景では，下線①から⑤の部分に特に注目が集まっている。

〈保育を必要とする子どもの保育(①)〉

　「保育を必要とする子どもの保育」を行うことが保育所の目的と記述されているが，改定前は「保育に欠ける子どもの保育」という表現であった。これは共働きなどの家庭の子どもを指すが，共働きでなくても「保育が必要」である子どもであれば誰でも保育を受ける権利があるという視点に変化した。質の高い乳幼児保育・教育が，子どもの将来に良い影響を及ぼすという国内外の様々な研究結果の成果でもある。

〈家庭との緊密な連携(②)〉

　乳幼児への虐待などの不適切な養育をする保護者や子育ての技術が未熟である家庭に対し，保育所が家庭と共に子育てをし，保護者自身が子育ての喜びを感じられるように支援することが重要視されている。

〈養護及び教育を一体的に行う(③)〉

　養護については今まで通りであるが，教育については保育所も幼稚園と同様に「幼児教育を行う施設」として位置付けられ，さらに養護と教育が一体となって保育が展開されていることを理解しておきたい。

〈地域の子育て家庭に対する支援等(④)〉

　在園児の保護者だけでなく，在園外の地域の子育て支援をすることが保育所の役割となっている。保育所は地域の子育て支援の拠点となることが重要であり，地域の子育て家庭を園に招いて一緒に行事を楽しんだり，近隣の公園で出前保育を行い，地域の子育て家庭と一緒に遊びを楽しんだり，相談にのったりする活動等がなされている。

〈倫理観に裏付けられた専門的知識，技術及び判断(⑤)〉

　社会福祉法人全国社会福祉協議会・全国保育協議会・全国保育士会の「全国保育士会倫理綱領　プライバシーの保護」で「私たちは，一人ひとりのプライバシーを保護するため，保育を通して知り得た個人の情報や秘密を守ります」と示されている。特に，個人情報の扱い方には細かい配慮が必要であるため，専門職としての知識や判断も重要である。

2. 保育の内容

　保育所保育指針では，乳児保育，1歳以上3歳未満児，3歳以上児の保育の3つに分けて子どもの発達に裏付けられた保育内容を記述している。また，それぞれの「ねらい及び内容」については，乳児保育では3つの視点としてまとめられ，1歳以上3歳未満児，3歳以上児の保育では5領域としてまとめられている。それぞれの関連性，発展性は以下の図の通りである。視点，領域が個々に独立しているわけではなく，それぞれが関連し合い，発展しながら学びとなり，子どもの生活や遊びを支えているのである。養護については，「生命の保持」と「情緒の安定」を図るために保育士等が行う援助や関わりのことであり，教育は5領域に関連する側面を扱っているが，実際の保育では養護と教育が一体となって展開されている。

「保育所保育指針の改定について」(平成29年7月　厚生労働省　子ども家庭局　保育課)

3. 保育の内容における5領域

　1歳以上3歳未満児，3歳以上児の保育では5領域として保育の内容が保育所保育指針にまとめられている。

２　1歳以上3歳未満児の保育に関わるねらい及び内容

(1)基本的事項

イ　本項においては，この時期の発達の特徴を踏まえ，保育の「ねらい」及び「内容」について，心身の健康に関する領域「健康」，人との関わりに関する領域「人間関係」，身近な環境との関わりに関する領域「環境」，言葉の獲得に関する領域「言葉」及び感性と表現に関する領域「表現」としてまとめ，示している。

また，5領域内のねらいや内容の関係については，以下の通りである。

第2章　保育の内容

　この章に示す「ねらい」は，第1章の1の(2)に示された保育の目標をより具体化したものであり，子どもが保育所において，安定した生活を送り，充実した活動ができるように，保育を通じて育みたい資質・能力を，子どもの生活する姿から捉えたものである。また，「内容」は，「ねらい」を達成するために，子どもの生活やその状況に応じて保育士等が適切に行う事項と，保育士等が援助して子どもが環境に関わって経験する事項を示したものである。

　内容はねらいを達成するために保育士等が行う事項等のことである。さらにそれぞれについて「内容の取扱い」という項目があり，細かい留意点が記述されている。

Q 演習問題

1 「保育所保育指針」(平成29年3月)の「第1章　総則」の「1　保育所保育に関する基本原則」に関する記述として，適切でないものを，次の①〜⑤から1つ選びなさい。　　　　　　　　　　　　　　　(難易度■□□□□)

①　一人一人の子どもの状況や家庭及び地域社会での生活の実態を把握するとともに，子どもが安心感と信頼感をもって活動できるよう，子どもの主体としての思いや願いを受け止めること。

②　子どもの発達について理解し，一人一人の発達過程に応じて保育すること。その際，子どもの生命の保持に十分配慮すること。

③　子どもが自発的・意欲的に関われるような環境を構成し，子どもの主体的な活動や子ども相互の関わりを大切にすること。特に，乳幼児期にふさわしい体験が得られるように，生活や遊びを通して総合的に保育すること。

④　子ども相互の関係づくりや互いに尊重する心を大切にし，集団における活動を効果あるものにするよう援助すること。

⑤　一人一人の保護者の状況やその意向を理解，受容し，それぞれの親子関係や家庭生活等に配慮しながら，様々な機会をとらえ，適切に援助すること。

2 次のA〜Dの文のうち，「保育所保育指針」(平成29年3月)の「第1章　総則」の「1　保育所保育に関する基本原則」に関する記述として，適切な記述を○，不適切な記述を×とした場合の正しい組み合わせを，あとの①〜⑤から1つ選びなさい。　　　　　　　　　　　　(難易度■■■■■)

A　十分に養護の行き届いた環境の下に，くつろいだ雰囲気の中で子どもの様々な欲求を満たし，基本的信頼感を形成すること。

B　様々な体験を通して，豊かな感性や表現力を育み，創造性の芽生えを培うこと。

C　生命，自然及び社会の事象についての興味や関心を育て，それらに対する好奇心や探究心の芽生えを培うこと。

D　人との関わりの中で，人に対する愛情と信頼感，そして人権を大切にする心を育てるとともに，自主，自立及び協調の態度を養い，道徳性の芽生えを培うこと。

```
    A  B  C  D
①  ○  ×  ×  ×
②  ○  ×  ○  ○
③  ×  ○  ○  ○
④  ×  ×  ○  ○
⑤  ×  ○  ×  ○
```

3 次のア〜オの文のうち，「保育所保育指針」（平成29年3月）の「第1章 総則」の「3 保育の計画及び評価」の「(1)全体的な計画の作成」に関する記述として，正しいものの組み合わせを，あとの①〜⑤から1つ選びなさい。　　　　　　　　　　　　　　　　　　（難易度■■■□□）

ア　保育所は，保育の目標を達成するために，各保育所の保育の方針や目標に基づき，子どもの発達過程を踏まえて，保育の内容が組織的・計画的に構成され，保育所の生活の全体を通して，総合的に展開されるよう，全体的な計画を作成しなければならない。

イ　保育所は，保育の目標を達成するために，保育の基本となる「保育課程」を編成するとともに，これを具体化した「指導計画」を作成しなければならない。

ウ　全体的な計画は，子どもや家庭の状況，地域の実態，保育時間などを考慮し，子どもの育ちに関する長期的見通しをもって適切に作成されなければならない。

エ　保育課程に基づき，子どもの生活や発達を見通した長期的な指導計画と，それに関連しながら，より具体的な子どもの日々の生活に即した短期的な指導計画を作成しなければならない。

オ　全体的な計画は，保育所保育の全体像を包括的に示すものとし，これに基づく指導計画，保健計画，食育計画等を通じて，各保育所が創意工夫して保育できるよう，作成されなければならない。

①　ア，イ，ウ，オ　　②　ア，ウ，オ　　③　イ，ウ，オ
④　イ，エ　　　　　　⑤　ウ，エ，オ

4 「保育所保育指針」（平成29年3月）の「第1章 総則」の「4 幼児教育を行う施設として共有すべき事項」では，10項目の幼児期の終わりまでに育ってほしい姿をあげている。次のア〜コのうち，その内容として誤って

いるものの組み合わせを，あとの①〜⑤から1つ選びなさい。

(難易度■■■■□)

ア	健康な心と体	イ	自立心
ウ	協調性	エ	学び・意識向上の芽生え
オ	社会生活との関わり	カ	思考力の芽生え

キ　自然との関わり・生命尊重

ク　数量や図形，標識や文字などへの関心・感覚

ケ　表現力による伝え合い　　　コ　豊かな感性と表現

① ア，イ，ウ　　② ウ，エ，カ　　③ カ，キ，ク

④ ウ，エ，ケ　　⑤ キ，ケ，コ

5 次の(a)〜(d)の下線部のうち，「保育所保育指針」(平成29年3月)の「第1章　総則」の「1　保育所保育に関する基本原則」の「(4)保育の環境」に関する記述として，正しいものを○，誤ったものを×とした場合の正しい組み合わせを，あとの①〜⑤から1つ選びなさい。

(難易度■■□□□)

保育の環境には，保育士等や子どもなどの人的環境，施設や遊具などの物的環境，更には(a)自然や社会の事象などがある。保育所は，こうした人，物，場などの環境が相互に関連し合い，子どもの(b)生活が豊かなものとなるよう，次の事項に留意しつつ，(c)総合的に環境を構成し，(d)安全に保育しなければならない。

	(a)	(b)	(c)	(d)
①	○	○	×	×
②	○	×	○	○
③	×	○	○	×
④	○	×	○	×
⑤	×	○	×	○

6 「保育所保育指針」(平成29年3月)の「養護に関わるねらい及び内容」のうち，生命の保持のねらいとして適切でないものを，次の①〜⑤から1つ選びなさい。

(難易度■□□□□)

① 一人一人の子どもが，快適に生活できるようにする。

② 一人一人の子どもが，健康で安全に過ごせるようにする。

③ 一人一人の子どもの生理的欲求が，十分に満たされるようにする。

④ 一人一人の子どもの健康増進が，積極的に図られるようにする。

⑤ 一人一人の子どもの心身の疲れが癒されるようにする。

7 次の(a)〜(d)の下線部のうち，「保育所保育指針」（平成29年3月）の「第1章　総則」の「1　保育所保育に関する基本原則」の「(5)保育所の社会的責任」として，正しいものを○，誤ったものを×とした場合の正しい組み合わせを，あとの①〜⑤から1つ選びなさい。　　　（難易度■■□□□）

ア　保育所は，(a)子どもの発達に十分配慮するとともに，子ども一人一人の人格を尊重して保育を行わなければならない。

イ　保育所は，(b)地域社会との交流や連携を図り，保護者や地域社会に，当該保育所が行う保育の内容を適切に説明するよう努めなければならない。

ウ　保育所は，入所する子ども等の(c)プライバシーを適切に取り扱うとともに，(d)保護者の苦情などに対し，その解決を図るよう努めなければならない。

	(a)	(b)	(c)	(d)
①	○	○	×	×
②	○	×	○	○
③	○	○	○	×
④	×	×	○	○
⑤	×	○	×	○

8 「保育所保育指針」（平成29年3月）の「第2章　保育の内容」の「3　3歳以上児の保育に関するねらい及び内容」の「(2)ねらい及び内容　イ　人間関係」の内容に関する記述として適切でないものを，次の①〜⑤から1つ選びなさい。　　　（難易度■■■■■）

① 自分で考え，自分で行動する。

② 自分でできることは自分でする。

③ よいことや悪いことがあることに気付き，考えながら行動する。

④ 保育士等や友達と触れ合い，安定感をもって行動する。

⑤ 共同の遊具や用具を大切にし，皆で使う。

9 次のA～Dの文のうち，「保育所保育指針」（平成29年3月）の「第2章 保育の内容」の「3　3歳以上児の保育に関するねらい及び内容」の「(2) ねらい及び内容　エ　言葉」に関する記述として，適切な記述を○，不適切な記述を×とした場合の正しい組み合わせを，あとの①～⑤から1つ選びなさい。　　　　　　　　　　　　　　　　　　（難易度■■■■□）

A　子どもが自分の思いを言葉で伝えるとともに，他の子どもの話などを聞くことを通して，次第に話を理解し，言葉による伝え合いができるようになるよう，気持ちや経験等の言語化を行うことを援助するなど，子ども同士の関わりの仲立ちを行うようにすること。

B　身近な人に親しみをもって接し，自分の感情などを伝え，それに相手が応答し，その言葉を聞くことを通して，次第に言葉が獲得されていくものであることを考慮して，楽しい雰囲気の中で保育士等との言葉のやり取りができるようにすること。

C　絵本や物語などで，その内容と自分の経験とを結び付けたり，想像を巡らせたりするなど，楽しみを十分に味わうことによって，次第に豊かなイメージをもち，言葉に対する感覚が養われるようにすること。

D　子どもが日常生活の中で，文字などを使いながら思ったことや考えたことを伝える喜びや楽しさを味わい，文字に対する興味や関心をもつようにすること。

	A	B	C	D
①	○	○	×	○
②	○	×	○	○
③	×	○	○	×
④	×	×	○	○
⑤	×	×	○	×

10 次の(a)～(d)の下線部のうち，「保育所保育指針」（平成29年3月）の「第2章　保育の内容」の「3　3歳以上児の保育に関するねらい及び内容」の「(2)ねらい及び内容　ウ　環境」として，正しいものを○，誤ったものを×とした場合の正しい組み合わせを，あとの①～⑤から1つ選びなさい。

（難易度■■■□□）

ア　身近な環境に親しみ，(a)動植物と触れ合う中で様々な事象に興味や関心をもつ。

314

イ 身近な環境に自分から関わり，発見を楽しんだり，考えたりし，それを(b)遊びに取り入れようとする。

ウ 身近な事象を見たり，考えたり，扱ったりする中で，(c)物の性質や数量，文字などに対する(d)知識を豊かにする。

	(a)	(b)	(c)	(d)
①	×	○	×	×
②	×	○	○	○
③	×	×	○	×
④	○	×	○	○
⑤	○	×	×	○

11 次のＡ～Ｄの文のうち，「保育所保育指針」（平成29年3月）の「第2章 保育の内容」の「3 3歳以上児の保育に関するねらい及び内容」の「(2) ねらい及び内容 オ 表現」に関する記述として，適切な記述を○，不適切な記述を×とした場合の正しい組み合わせを，あとの①～⑤から1つ選びなさい。 **（難易度■■■■■）**

Ａ 生活の中で様々な音，形，色，手触り，動きなどに気付いたり，感じたりするなどして楽しむ。

Ｂ 友達同士で表現する過程を楽しんだりし，表現する喜びを味わい，意欲をもつようになる。

Ｃ 音楽に親しみ，歌を歌ったり，簡単なリズム楽器を使ったりなどする楽しさを味わう。

Ｄ 自分のイメージを動きや言葉などで表現したり，演じて遊んだりするなどの楽しさを味わう。

	A	B	C	D
①	○	○	×	○
②	○	×	○	○
③	○	○	○	×
④	×	○	×	×
⑤	×	×	○	×

12 「保育所保育指針」(平成29年3月)の「第2章　保育の内容」の「2　1歳以上3歳未満児の保育に関わるねらい及び内容」の「(2)ねらい及び内容　ア　健康」の内容に関する記述として，適切でないものを，次の①〜⑤から1つ選びなさい。　　　　　　　　　　　　　　　　　(難易度■■□□□)

① 食事や午睡，遊びと休息など，保育所における生活のリズムが形成される。

② 走る，跳ぶ，登る，押す，引っ張るなど全身を使う遊びを楽しむ。

③ 個人差に応じて授乳を行い，離乳を進めていく中で，様々な食品に少しずつ慣れ，食べることを楽しむ。

④ 保育士等の助けを借りながら，衣類の着脱を自分でしようとする。

⑤ 便器での排泄(せつ)に慣れ，自分で排泄(せつ)ができるようになる。

13 次の(a)〜(d)の下線部のうち，「保育所保育指針」(平成29年3月)の「第2章　保育の内容」の「4　保育の実施に関して留意すべき事項」として，正しいものを○，誤ったものを×とした場合の正しい組み合わせを，あとの①〜⑤から1つ選びなさい。　　　　　　　　　　　(難易度■■■□□)

子どもの生活の(a)重要性を踏まえ，家庭及び地域社会と(b)協力して保育が展開されるよう配慮すること。その際，家庭や地域の機関及び団体の協力を得て，(c)地域の自然，(d)外国籍や地域の子ども等を含む人材，行事，施設等の地域の資源を積極的に活用し，豊かな生活体験をはじめ保育内容の充実が図られるよう配慮すること。

	(a)	(b)	(c)	(d)
①	×	×	○	×
②	×	○	○	○
③	○	○	×	×
④	○	×	○	○
⑤	○	×	×	○

解答・解説

1 ②

解説

① 適切。安心感と信頼感とは基本的信頼感のことである。これが基盤となり，子どもの主体的な活動へつながっていく。

② 不適切。子どもの生命の保持ではなく，「子どもの個人差」である。生命の保持とは，養護の概念の中に含まれる内容である。

③ 適切。それぞれの発達段階を踏まえた保育が必要である。生活に必要な習慣や態度を身に付けながら，安定感をもって遊ぶことが重要である。

④ 適切。人間関係領域では，1歳以上3歳未満児は保育士等の仲立ちにより他の子どもと関わりながら遊ぶこと，3歳以上児では，集団的で協同的な活動の中で遊ぶことが記述されている。

⑤ 適切。保護者がそれぞれ抱えている背景に配慮し，適切に援助することが重要である。

2 ⑤

解説

A 不適切。基本的信頼感を形成することではなく，「生命の保持及び情緒の安定を図ること」である。

B 適切。5領域のうちの表現領域に関する記述である。

C 不適切。好奇心や探究心ではなく，「豊かな心情や思考力」である。好奇心や探究心は，「幼児期の終わりまでに育ってほしい姿」の「キ　自然との関わり・生命尊重」に記述されている。

D 適切。「保育の目標」の前文に，生涯にわたる人間形成にとって極めて重要な時期であることが記述されている。乳幼児期に人との関わり方の基礎を培い，のぞましい未来をつくり出す力へつなげていく。

3 ②

解説

　イ，エはともに従前の「保育所保育指針」(平成20年3月)に含まれているものである。

4 ④

解説

ウは「協調性」ではなく「協同性」，エは「学び・意識向上」ではなく「道徳性・規範意識の芽生え」，ケは「表現力による伝え合い」ではなく「言葉による伝え合い」である。

5 ①
解説

(a) 正しい。保育環境は3つに分類されている。人的環境，物的環境，自然や社会の事象である。

(b) 正しい。イの記述に「子どもの活動が豊かに展開されるよう，保育所の設備や環境を整え，保育所の保健的環境や安全の確保などに努めること」とあるように，すべての環境が子どもの生活に影響していると考えられている。

(c) 誤り。正しくは「計画的に」である。「3 保育の計画及び評価」では「保育の内容が組織的・計画的に構成され，保育所の生活の全体を通して，総合的に展開されるよう，全体的な計画を作成しなければならない」と記述されている。計画的に環境を構成し，総合的な保育へつなげていくということである。

(d) 誤り。正しくは「工夫して」である。(b)の引用にあるように，保健や安全の確保にも記述があるが，そのことだけにはとどまらない。

6 ⑤
解説

①〜④は「子どもの命を守り，一人一人の子どもが快適に，そして健康で安全にすごせるようにするとともに，その生理的欲求が十分に満たされ，健康増進が積極的に図られるようにすることは一人一人の子どもの生存権を保障する」ことでもある。　⑤は「情緒の安定」のねらいの1つである。

7 ⑤
解説

(a) 誤り。正しくは「子どもの人権」である。第5章「職員の資質向上」では，保育所職員の専門性として，「子どもの最善の利益を考慮し，人権に配慮した保育を行う」ために倫理観等が基盤となることが記述されている。

(b) 正しい。家庭及び地域社会との連携は保育所保育指針の中で重要とされている。

(c) 誤り。正しくは「個人情報」である。プライバシーについては第4章

「子育て支援」で「子どもの利益に反しない限りにおいて，保護者や子どものプライバシーを保護し，知り得た事柄の秘密を保持すること」と記述されている。

(d) 正しい。「苦情」という言葉が出てくるのは，この文だけである。

8 ④

解説

①，② 適切。人間領域では人々と支え合って生活するために，自立心を育てることをねらいとしている。

③，⑤ 適切。社会生活における望ましい習慣や態度を身に付けることがねらいとされている。

④ 不適切。健康領域の内容である。しなやかな心と体の発達を促すことが，健康領域の内容の取扱いで記述されている。

9 ④

解説

A，B 不適切。この文は「1歳以上3歳未満児の保育に関わるねらい及び内容」の記述である。

C，D 適切。絵本や物語，文字などへの記述は3歳以上児の保育で初めて示されている。

10 ③

解説

(a) 不適切。正しくは「自然」である。環境領域では，自然と動植物への親しみや感動などが大切にされている。

(b) 不適切。正しくは「生活」である。「生活や遊び」と並列で記述されることが多いが，ここでの「生活」は，遊びを含んだ子どもの日常生活全般を指す。

(c) 適切。幼児期の終わりまでに育ってほしい姿にも数量などに対する記述がある。

(d) 不適切。正しくは「感覚」である。「育みたい資質・能力」のひとつに「知識及び技能の基礎」と記述されているが，それらを身につけさせることは体験を通した感覚である。

②

解説

A　適切。表現領域の「内容」①における記述である。このために遊具や用具などを整えることが大切である。

B　不適切。「幼児期の終わりまでに育ってほしい姿」の「コ　豊かな感性と表現」における記述の一部である。

C　適切。Aと同様の⑥における記述である。乳児保育以外では表現領域に「音楽」に関連する記述が見られ，乳児保育では「歌やリズム」と限定的な表現になっている。

D　適切。Aと同様⑧における記述である。「演じる」ことについての記述はこの部分だけであるが，3歳児以下の保育でも演じる経験，何かを模倣する経験は大切にされている。

 ③

解説

①　適切。健康領域の「内容」②における記述である。乳児保育では「生活のリズムの感覚が芽生える」とされ，1歳以上児の保育ではこのような記述となっている。

②　適切。「内容」③における記述である。この時期の運動発達での特徴は歩行の完成である。また手指の細かい動きも可能となってくる。

③　不適切。この記述は，乳児保育での「健やかに伸び伸びと育つ」視点での記述である。離乳は生後5か月前後からスタートする。

④　適切。領域の「内容」⑥における記述である。手指の動きが発達してくる時期なので，ボタンはめなどもできるようになる。

⑤　適切。領域の「内容」⑦における記述である。おむつがはずれる時期は個人差があるが，この時期には排尿感覚がわかるようになり，また「おしっこ出た」など言語での伝達も可能となる。

 ①

解説

(a)　不適切。正しくは「連続性」である。連続性とは長期的スパンでの時間的経過を指しているが，乳児期から幼児期，児童期以降への切れ目のない保育・教育が重要とされている。

(b)　不適切。正しくは「連携」である。協力は力を合わせることである

が，連携は連絡提携の意味を持ち，こまめに連絡を取り合いながら一緒に物事を進めていくことである。

(c)　適切。

(d)　不適切。正しくは，「高齢者や異年齢の子ども」である。外国籍の子どもに対しては，第4章「子育て支援」で個別配慮の対象として記述されている。

第14章

専門試験
保育の現状

1. 少子化問題・対策

▶ 少子化問題・対策

　日本の合計特殊出生率は，第1次ベビーブーム期には4.3を超えていたが，1950年以降急激に低下し，2005年には過去最低である1.26まで落ち込んだ。その後，2015年には1.45まで上昇したものの，2023年は1.20と8年連続で前の年を下回り，過去最低となった。

　少子化の背景には，核家族化の進展など家族を取り巻く環境の多様化や，個々人の結婚や出産，子育ての希望の実現を阻む様々な要因が絡み合っている。

▶ 新たな「少子化社会対策大綱」

　新たな「少子化社会対策大綱」が2020年5月29日に閣議決定された。基本的な目標として「希望出生率1.8」の実現を掲げ，目標実現のための具体的な道筋を示すことがねらいである。

【新たな「少子化社会対策大綱」のポイント】

(1) 結婚支援

　地方公共団体が行う総合的な結婚支援の取組を一層支援し，結婚に伴う新生活のスタートアップに係る経済的負担を軽減

(2) 妊娠・出産への支援

〈不妊治療〉不妊治療の費用助成を行うとともに，適応症と効果が明らかな治療には広く医療保険の適用を検討し，支援を拡充

〈切れ目のない支援〉産後ケア事業の充実等

(3) 仕事と子育ての両立

〈男性の家事・育児参画促進〉男性の育休取得率30％を目標に向けた総合的な取組の推進

〈育児休業給付〉上記取組の推進状況を踏まえ，中長期的な観点からその充実を含め，効果的な制度の在り方を総合的に検討

〈待機児童解消〉保育の受け皿確保

(4) 地域・社会による子育て支援

　保護者の就業の有無等にかかわらず多様なニーズに応じて，全ての子育て家庭がそれぞれが必要とする支援にアクセスでき，安全かつ安心して子供を育てられる環境を整備

(5) 経済的支援

〈児童手当〉財源確保の具体的な方策と併せて，子供の数や所得水準に応じた効果的な給付の在り方を検討

〈高等教育の修学支援〉多子世帯に更に配慮した制度の充実を検討

〈幼児教育・保育の無償化〉2019年からの無償化を着実に実施

2．認可保育所と認可外保育所

認可保育所とは，児童福祉法に基づき都道府県または政令指定都市または中核市が設置を認可した施設をいう。児童福祉法上の保育所に該当するが認可を受けていない保育施設は，「認可外保育施設」または「認可外保育所」と呼ばれ，設置は届出制である。

令和5年度の認可保育所数は30,520か所であり，利用児童は2,543,370人である(令和5年社会福祉施設等調査の概況)。また，認可外保育所数は19,955か所であり，利用児童数は226,985人である(令和4年度 認可外保育施設の現況取りまとめ)。

「新子育て安心プラン」では，さらに保育の受け皿の整備を行うとし，幼稚園の空きスペースやベビーシッター(認可外の居宅訪問型保育事業)を含めた地域のあらゆる子育て資源を活用するとしている。

3．多様な保育サービスと支援

子どもを取り巻く環境は多様になってきている。子どもの貧困，虐待，外国籍，ひとり親など子どもの成長・発達にネガティブな影響を与えると考えられている要因が数多く存在し，それぞれの家庭の背景に応じて，多様なサービスを用意し，必要な支援をしていく必要がある。

保育所保育指針「第4章　子育て支援」では，「保育所における保護者に対する子育て支援は，全ての子どもの健やかな育ちを実現することができるよう，第1章及び第2章等の関連する事項を踏まえ，子どもの育ちを家庭と連携して支援していくとともに，保護者及び地域が有する子育てを自ら実践する力の向上に資するよう，次の事項に留意するものとする」と記載されている。その中でも「2　保育所を利用している保護者に対する子育て支援」で病児保育，障害や発達上の課題，外国籍家庭，育児不安，不適切な養育，虐待など配慮が必要な家庭への支援について次のように記載されている。

(2) 保護者の状況に配慮した個別の支援

ア　保護者の就労と子育ての両立等を支援するため，保護者の多様化した保育の需要に応じ，病児保育事業など多様な事業を実施する場合には，保護者の状況に配慮するとともに，子どもの福祉が尊重されるよう努め，子どもの生活の連続性を考慮すること。

イ　子どもに障害や発達上の課題が見られる場合には，市町村や関係機関と連携及び協力を図りつつ，保護者に対する個別の支援を行うよう努めること。

ウ　外国籍家庭など，特別な配慮を必要とする家庭の場合には，状況等に応じて個別の支援を行うよう努めること。

(3) 不適切な養育等が疑われる家庭への支援

ア　保護者に育児不安等が見られる場合には，保護者の希望に応じて個別の支援を行うよう努めること。

イ　保護者に不適切な養育等が疑われる場合には，市町村や関係機関と連携し，要保護児童対策地域協議会で検討するなど適切な対応を図ること。また，虐待が疑われる場合には，速やかに市町村又は児童相談所に通告し，適切な対応を図ること。

4. 保育の課題と対策

▶ 少子化対策

　少子化対策の一環として，結婚支援，妊娠・出産への支援，男女共に仕事と子育てを両立できる環境の整備，地域・社会による子育て支援，経済的な支援等，ライフステージに応じた総合的な少子化対策を推進している。2023(令和5)年12月22日に閣議決定された「こども未来戦略」で2026年度までの3年間を集中取組期間と位置付け，その期間に実施する具体的な政策を「こども・子育て加速化プラン」として示している。「こども・子育て加速化プラン」には4つの柱があり，①経済的支援の強化，②全てのこども・子育て世帯への支援，③共働き・共育ての推進，④こども・子育てにやさしい社会づくりのための意識改革となっている。

こども未来戦略 「加速化プラン」施策のポイント

参考資料1

注）上記項目のうち、法律改正が必要な事項は、所要の法案を本通常国会に提出。1

▶ 子ども虐待

　子ども虐待による死亡事例等の検証結果等について(第20次報告，厚生労働省)では，虐待死亡事例の半数近くが0歳児であることからも，子どもが低年齢・未就園である場合や離婚・未婚等によりひとり親である場合に，特に注意して対応する必要がある。

Q 演習問題

1 日本の戦後の出生数及び合計特殊出生率について述べた文として適切でないものを，次の①～⑤から1つ選びなさい。　(難易度■■■□□)

① 合計特殊出生率とは，一人の女性が一生の間に産むとした子供の数の平均を示す。

② 第1次ベビーブーム期の1949年は，戦後最高の出生数であった。

③ 1966年のひのえうまの年は，前年より合計特殊出生率が下がった。

④ 2023年は，過去最低の合計特殊出生率であった。

⑤ 2015年からは，毎年合計特殊出生率が上がり続けている。

2 少子化に関する記述として適切なものを，次の①～⑤から1つ選びなさい。
(難易度■■■□□)

① 人口が長期的・安定的に維持される合計特殊出生率を人口置換水準というが，国際連合は人口置換水準が2.1となった場合，少子化傾向にあるとしている。

② 欧米ではわが国にさきがけて1960年代から少子化傾向が見られるようになったが，その後，わが国の合計特殊出生率が急激に下がったため，1980年代には同水準となった。

③ 少子化は先進国共通の問題であり，アジアで少子化が深刻な社会問題となっているのはわが国だけであって，その他のアジア諸国はむしろ多産社会となっている。

④ 1989(平成元)年の人口動態統計で合計特殊出生率が1.57となり，1966(昭和41)年の1.58を下回ったため，「1.57ショック」として少子化問題が社会的な関心を集めた。

⑤ わが国の合計特殊出生率は，2005(平成17)年の国勢調査による確定値で同年は1.26と過去最低を記録，その後も横ばい状態が続いている。

3 次のA～Dの文のうち，少子高齢化に関する2023年の国民生活基礎調査の結果の概要の記述として，適切な記述を○，不適切な記述を×とした場合の正しい組み合わせを，あとの①～⑤から1つ選びなさい。
(難易度■■□□□)

A 65歳以上の高齢者が単独で生活している世帯は855万世帯(31.7％)と

なっている。

B　児童のいる世帯は全世帯の18.1％となっており，児童が1人いる世帯は児童のいる世帯の48.6％となっている。

C　1986年の調査では，1〜3人以上の児童がいる世帯は46.2％であったが，年々減少し，2023年では18.1％となっている。

D　少子高齢化になり，高齢者と児童が共に生活する三世代世帯は増加傾向にある。

	A	B	C	D
①	○	○	○	×
②	○	×	×	×
③	○	×	×	○
④	×	×	○	○
⑤	×	○	○	○

4 次の(a)〜(d)の下線部のうち，令和3年度出生に関する統計の概況における国際比較の内容として，正しいものを○，誤ったものを×とした場合の正しい組み合わせを，あとの①〜⑤から1つ選びなさい。

(難易度■■■■□)

韓国，シンガポール，フランス，ドイツ，イタリア，スウェーデン，イギリス及びアメリカについて合計特殊出生率の年次推移をみると，ヨーロッパの5か国は，1960年代後半から1970年代前半にかけて(a)上昇傾向がみられた後，フランス，スウェーデン及びイギリスは上下変動しながらも2000年から2010年頃まで(b)上昇したものの，その後(c)低下している。一方，(d)アメリカ及びシンガポールは，時期に差があるものの，合計特殊出生率3〜4という高い水準からの急激な低下がみられた後，1に近い水準で推移している。

	(a)	(b)	(c)	(d)
①	○	○	×	×
②	○	×	○	○
③	×	○	○	×
④	○	×	○	×
⑤	×	○	×	○

5 令和5年12月22日閣議決定された「こども大綱」に示されているこども施策に関する基本的な方針として該当しないものを，次の①〜⑤から1つ選びなさい。　　　　　　　　　　　　　　　　　（難易度■■■□□）

① こども・若者を権利の主体として認識し，こども・若者の今とこれからの最善の利益を図る。

② こどもや若者，子育て当事者の視点を尊重し，その意見を聴き，対話しながら，ともに進めていく。

③ こどもや若者，子育て当事者のライフステージに応じて切れ目なく対応し，十分に支援する。

④ 良好な成育環境を確保し，貧困と格差の解消を図り，全てのこども・若者が幸せな状態で成長できるようにする。

⑤ 科学技術の成果など新たなリソースを積極的に活用していく。

6 認定こども園に関する記述として不適切なものを，次の①〜⑤から1つ選びなさい。　　　　　　　　　　　　　　　　　　　　（難易度■■□□□）

① 認定こども園は，教育・保育を一体的に行う施設で，幼稚園と保育所の両方の良さを併せ持っている施設である。

② 認定こども園には，幼保連携型，幼稚園型，保育所型，地方裁量型の4つのタイプが認められている。

③ すべてのタイプの認定こども園における必要な職員資格は，幼稚園教諭免許である。

④ 2011年には認定こども園数は762であったが，2024年には10,483に増加した。

⑤ 幼稚園型の認定こども園は，認可幼稚園が，保育が必要な子どものための保育時間を確保するなど，保育所的な機能を備えて認定こども園としての機能を果たすタイプである。

7 待機児童に関する記述として適切なものを，次の①〜⑤から1つ選びなさい。　　　　　　　　　　　　　　　　　　　　　　（難易度■■■■□）

① 待機児童とは，保育を必要とする保育所入所申請をしているにもかかわらず，保育所の施設定員超過などの理由で入所できない状態，またはその状態にある児童のことをいう。

② 1994年の「エンゼルプラン」を契機に保育所の新設が例年実施されて

きたが，待機児童の数は増える一方となっている。

③　待機児童は都市部よりも，認可保育所の数が少ない地方，特に過疎地域に多く見られるという現象が起きている。

④　待機児童を3歳児以上と3歳児未満で区分した場合，3歳児未満が減少しているのに対し，3歳児以上の待機児童は1999(平成11)年以降，右肩上がりに増えている。

⑤　待機児童の解消を目指し，女性の就業率の上昇を踏まえた保育の受け皿整備，地域の子育て資源の活用を進めるため，「子育て安心プラン」が2020(令和2)年に策定された。

8 次の【Ⅰ群】の記述と【Ⅱ群】の語句を結びつけた場合の正しい組み合わせを，あとの①〜⑤から1つ選びなさい。　　　　　　　(難易度■■■■□)

【Ⅰ群】

A　すべての子どもは，豊かな愛情のなかで心身ともに健やかに育てられ，自ら伸びていく無限の可能性を持っています。

B　全て児童は，児童の権利に関する条約の精神にのっとり，適切に養育されること，その生活を保障されること，愛され，保護されること，その心身の健やかな成長及び発達並びにその自立が図られることその他の福祉を等しく保障される権利を有する。

C　保育所は，児童福祉法(昭和22年法律第164号)第39条の規定に基づき，保育を必要とする子どもの保育を行い，その健全な心身の発達を図ることを目的とする児童福祉施設であり，入所する子どもの最善の利益を考慮し，その福祉を積極的に増進することに最もふさわしい生活の場でなければならない。

【Ⅱ群】

　　ア　保育所保育指針

　　イ　児童福祉法

　　ウ　児童憲章

　　エ　全国保育士会倫理綱領

	A	B	C
①	ウ	イ	ア
②	エ	イ	ア
③	ウ	ア	イ
④	エ	ウ	イ
⑤	イ	ウ	ア

9 次のA〜Dの文のうち，幼児教育・保育の無償化に関する令和6年版「こども白書」の記述として，適切な記述を○，不適切な記述を×とした場合の正しい組み合わせを，あとの①〜⑤から1つ選びなさい。

(難易度■■■■■)

A　令和元年10月より，3歳から5歳までの子供及び0歳から2歳までの住民税非課税世帯の子供についての幼稚園，保育所，認定こども園等の費用が無償化された。

B　若い世代が理想の子供数を持たない理由は，晩婚化や晩産化であり，子育ての負担軽減措置を講じることは，重要な少子化対策の一つとなるものである。

C　幼児教育・保育の無償化の他，教育支援として，生活困窮者自立支援制度，子どもの学習支援・生活支援事業，ひとり親家庭及び低所得子育て世帯のこどもの学習支援も貧困対策として実施している。

D　就学前の障害児の発達支援については，無償化する措置を講じていない。

	A	B	C	D
①	○	○	○	×
②	○	×	○	×
③	○	×	×	○
④	×	×	×	○
⑤	×	○	○	○

10 次の表は，1998年から2022年4月1日時点までの貧困率の推移を示したものである。この表を説明した記述として誤っているものを，あとの①〜⑤から1つ選びなさい。　(難易度■■■■□)

こどもの貧困率／ひとり親世帯の貧困率

(出典) 厚生労働省「国民生活基礎調査」、総務省「全国家計構造調査(旧全国消費実態調査)」を基に作成。
(注)「国民生活基礎調査」における「新基準」の2018年及び2021年の数値は、2015年に改定されたOECDの所得定義の新たな基準で
算定した数値。それ以外は当該改定前の旧基準に基づく数値。
「全国家計構造調査」における「新基準」の2019年の数値は、2015年に改定されたOECDの所得定義の新たな基準で算定した数値。
それ以外は当該改定前の旧基準に基づく数値。

(令和6年版　こども白書)

① 国民生活基礎調査における子供の貧困率は，2012年をピークに減少している。

② 国民生活基礎調査におけるひとり親世帯の貧困率は，近年減少している。

③ 全国家計構造調査におけるひとり親世帯の貧困率は，全体のおよそ半数に及び，高い水準にある。

④ 国民生活基礎調査における子供の貧困率は，2015年よりも2018年の方が0.4％減少している。

⑤ 子供がいる現役世帯のうち大人一人の世帯の貧困率は，全国消費実態調査では，2009年が最も低い値である。

⑪ 次の【Ⅰ群】の記述と【Ⅱ群】の語句を結びつけた場合の正しい組み合わせを，あとの①～⑤から1つ選びなさい。　　(難易度■■■□□)

【Ⅰ群】

A 子どもの人格や才能などを伸ばし，社会において自律した生活を送れるようにすることなどの目的から，子どもをサポートして社会性を育む行為である。

B 子どもの身体に何らかの苦痛を引き起こし，または不快感を意図的にもたらす行為(罰)である。

C 大人と同様に子どももまた，尊厳を有する人権の主体であり，叩く等の行為は人権侵害として許されない。

【Ⅱ群】

ア 子どもの権利侵害　　イ 体罰

333

ウ　しつけ　　　　　エ　暴力

オ　教育

	A	B	C
①	ウ	イ	ア
②	ウ	エ	オ
③	ウ	イ	エ
④	オ	エ	ウ
⑤	オ	イ	ア

12 次のA〜Dの文のうち，ヤングケアラーに関する記述として適切な記述を○，不適切な記述を×とした場合の正しい組み合わせを，あとの①〜⑤から1つ選びなさい。　（難易度■■■□□）

A　令和4年の調査報告で「ヤングケアラー」と思われる子どもがいるかわからないと回答した学校に理由をきいたところ，「家族内のことで問題が表に出にくく，子どものヤングケアラーとしての状況の把握が難しい」という回答が85％以上あった。

B　令和4年の調査報告では，ヤングケアラーと思われる子どもの状況については，「きょうだいの世話」が最も高く，80％近くを占めている。

C　「ヤングケアラー」とは，本来大人が担うと想定されているような家事や家族の世話などを時々行っている18歳未満の子どものことを指す。

D　「ヤングケアラー」はその責任や負担の重さにより，学業や友人関係などに影響が出てしまうことがあるので，周囲の人々の気付きや支援が必要である。

	A	B	C	D
①	○	○	×	○
②	○	×	○	×
③	×	○	×	○
④	○	×	○	○
⑤	×	○	○	×

13 次のネグレクトに関する記述のうち，【Ⅰ群】の記述と【Ⅱ群】の語句を結びつけた場合の正しい組み合わせを，あとの①〜⑤から1つ選びなさい。

（難易度■■■■■）

【Ⅰ群】

A 本人・家族に寄り添った支援を継続することに加え，母本人への早期のアプローチとして，母の生活圏において妊娠期や周産期に関する情報を容易に取得・相談等ができる支援体制の整備等，中心となって進めていく必要がある。

B 0日児死亡事例の母は，社会的孤立が顕著で，助産師などの立ち会いなしに自宅等で出産した事例が多いと考えられるため，把握が難しい。

C 一定程度のリスクを有する母や妊婦の情報を把握した場合は，ネグレクトが生じる可能性のある事例として関係者間で共有するなどし，その家庭を見守り，慎重に対応していくことが重要である。

【Ⅱ群】

ア 地方自治体　　イ 児童相談所　　ウ 医療機関　　エ 家族

	A	B	C
①	ウ	イ	ア
②	エ	イ	ウ
③	ウ	エ	イ
④	ア	ウ	イ
⑤	イ	ウ	ア

⑭ 次の(a)～(d)の下線部のうち，保育所の状況における内容として，正しいものを○，誤ったものを×とした場合の正しい組み合わせを，あとの①～⑤から1つ選びなさい。　　　　　　　　　(難易度■■□□□)

「保育所等関連状況取りまとめ(令和6年4月1日)」によると，保育所等利用定員は304万人であり，前年比0.6万人の(a)減少となっている。また，保育所等を利用する児童の数は271万人であり，前年比1.2万人の(b)増加である。年齢区分別待機児童数を見てみると，(c)3歳未満児が全体の91.1%を占める。そのうち，特に(d)0・1歳児(2,178人(84.8%))が多い。

	(a)	(b)	(c)	(d)
①	○	×	○	×
②	○	×	○	○
③	×	○	○	×
④	○	×	×	○
⑤	×	○	×	○

15 認可保育所に関する記述として適切なものを，次の①～⑤から1つ選びなさい。　　　　　　　　　　　　　　　　　　　　（難易度■□□□□）

① 保育所，幼稚園ともに児童福祉施設である。

② 対象児童は保育所が0歳から就学前の保育を必要とする児童であるのに対し，幼稚園は満3歳から就学前の幼児である。

③ 入所は保育所，幼稚園とも市町村と保護者との契約によって決定する。

④ 幼稚園には春，夏，冬休みがあるが，保育所の休みとなるのは基本的に祝祭日に限られている。

⑤ 保育所や認定こども園を管轄するのは厚生労働省，幼稚園を管轄するのは文部科学省である。

16 児童福祉施設の設備及び運営に関する基準に規定された保育所の設備の基準として適切なものを，次の①～⑤から1つ選びなさい。

（難易度■■□□□）

① 乳児又は満2歳に満たない幼児を入所させる保育所には，乳児室，医務室，調理室及び便所を設けること。

② 乳児室の面積は，乳児又は満2歳に満たない幼児1人につき3.3平方メートル以上であること。

③ 満2歳以上の幼児を入所させる保育所には，保育室又は遊戯室，屋外遊戯場，調理室及び便所を設けること。

④ 保育室又は遊戯室の面積は満2歳以上の幼児1人につき，3.3平方メートル以上であること。

⑤ 保育室には，保育に必要な用具を備えること。

17 次の(a)～(d)の下線部のうち，医療的ケア児における状況として，正しいものを○，誤ったものを×とした場合の正しい組み合わせを，あとの①

～⑤から1つ選びなさい。

医療的ケア児とは，医学の進歩を背景として，NICU等に長期入院した後，引き続き人工呼吸器や胃ろう等を使用し，たんの吸引や経管栄養などの医療的ケアが(a)日常的に必要な児童のことである。全国の医療的ケア児(在宅)は推計約2万人とされている。医療的ケア児の支援に向けた主な取組としては，医療的ケア児(b)保育支援事業があげられる。保育所等において医療的ケアを必要とする子どもの受入体制の整備を推進するため，(c)医師等の配置や(d)看護師等の喀たん吸引等に係る研修の受講等への支援を実施する。

	(a)	(b)	(c)	(d)
①	○	×	○	×
②	○	○	×	×
③	×	×	○	×
④	○	○	×	○
⑤	×	○	×	○

18 次のA～Dの文のうち，多様な保育状況に関する記述として，適切な記述を○，不適切な記述を×とした場合の正しい組み合わせを，あとの①～⑤から1つ選びなさい。

A　夜間保育は，夜間，保護者の就労等により保育に欠ける児童の保育を実施することであり，おおよそ午後10時までとされている。

B　延長保育事業は，就労形態の多様化等に伴い，やむを得ない理由により，保育時間を延長するものであり，年々実施か所は増加している。

C　病児保育事業は，子どもが病気で自宅での保育が困難な場合に，病院や保育所等で病気の児童を一時的に保育する事業である。

D　障害児保育は，平成22年には13,950か所で行われており，令和4年度には21,874か所で行われ，増加している。

	A	B	C	D
①	○	○	×	○
②	○	×	○	×
③	×	○	×	○
④	○	×	○	○
⑤	×	○	○	×

19 次の(a)～(d)の下線部のうち，外国籍の子どもの状況に関する記述として，正しいものを○，誤ったものを×とした場合の正しい組み合わせを，あとの①～⑤から1つ選びなさい。　(難易度■■■■□)

　近年，日本に在留する外国人の増加に伴い，外国籍の乳幼児数が増加している。そのため，保育所等においても外国にルーツを持つ子どもの受入れが増加し，(a)英語が通じないことによるコミュニケーションの問題や(b)文化の違いに起因するトラブル，子どもの(c)行動発達の課題など様々な困難に直面する可能性があることが明らかになっている。

　　(a)　(b)　(c)
①　×　×　○
②　○　×　○
③　×　○　○
④　○　×　×
⑤　×　○　×

20 「保育政策の新たな方向性」に関する記述として適切なものを，次の①～⑤から1つ選びなさい。　(難易度■■■■□)
①　待機児童の解消を目指し，保育の受け皿を整備する「保育政策の新たな方向性」が令和7年度にスタートした。
②　待機児童問題の早期解消を目指し，待機児童数50名以上の自治体数を令和7年度に0にする。
③　令和6年度に「こども未来戦略」(加速化プラン)に基づき，4・5歳児の職員配置基準を20：1に改善を図った。今後，1歳児の職員配置の改善も進める。
④　全ての子育て家庭に対して多様な働き方やライフスタイルにかかわらない形での支援を強化するため，こども誰でも通園制度を創設し，令和7年度から制度化，令和8年度から本格実施する。
⑤　保育現場では手書きやアナログの業務が存続しているが，手続きや管理上ICT化が難しいため，これまで同様にICTの導入は限定的に留める。

21 次のA～Dの文のうち，保育士のキャリアアップに関する記述として，適切な記述を○，不適切な記述を×とした場合の正しい組み合わせを，あとの①～⑤から1つ選びなさい。　(難易度■■■□□)

A　保育士等キャリアアップ研修とは，保育現場におけるリーダー的職員の育成に関する研修である。

B　研修時間は，1分野15時間以上とされており，研修終了後には，修了証が交付される。

C　研修実施機関は各園であり，園内研修などが含まれる。

D　専門分野別研修・マネジメント研修・保育実践研修の3つの研修分野があり，すべてを受講しなければいけない。

	A	B	C	D
①	○	○	×	○
②	○	×	○	×
③	×	○	×	○
④	×	×	○	○
⑤	○	○	×	×

㉒ 子どもや家族を支える施設や機関，法律等として適切でないものを，次の①〜⑤から1つ選びなさい。 (難易度■■□□□)

①　各市町村などに設置されている子育て支援センターでは，子育て中の親が集う場を提供したり，様々な相談活動などを実施したりしている。

②　子育てを巡る様々な課題を解決するために，「子ども・子育て支援法」という法律が平成24年に公布された。

③　幼稚園と保育所は，厚生労働省所管の児童福祉施設である。

④　保護者が労働等により昼間家庭にいない児童(小学生)が，放課後に小学校の余裕教室，児童館等で過ごすことができるようにしている取組として，放課後児童クラブがある。

⑤　認定こども園とは，保育所と幼稚園の機能を併せ持つ施設である。0歳から就学前までのすべての乳幼児が対象となる。

㉓ 次の(a)〜(d)の下線部のうち，認可外保育施設における状況に関する記述として，正しいものを○，誤ったものを×とした場合の正しい組み合わせを，あとの①〜⑤から1つ選びなさい。 (難易度■■■■□)

「認可外保育施設」とは，児童福祉法に基づく認可を受けていない(a)ベビーホテルなどの保育施設のことである。届出対象の認可外保育施設数は令和5年3月現在全国に19,955か所あり，前年の令和4年度よりも(b)減少して

339

いる。就学前入所児童数は226,985人であり，その他に両親が夜間働いているなどの理由で認可外保育施設を利用している(c)幼児も8,842人いる。最も多く認可外保育施設が設置されている都道府県は(d)神奈川県である。

(a)　(b)　(c)　(d)

① ○　×　○　×
② ○　○　×　×
③ ×　×　○　×
④ ○　○　×　○
⑤ ×　○　×　○

24 次のア〜オの文のうち，「少子化社会対策大綱〜新しい令和の時代にふさわしい少子化対策へ〜」(令和2年5月29日閣議決定)で示されている基本的な考え方に関する記述として，正しい記述の組み合わせを，あとの①〜⑤から1つ選びなさい。　　　　　　　　　　(難易度■■■□□)

ア　結婚・子育て世代が将来にわたる展望を描ける環境をつくる
イ　多様化する子育て家庭の様々なニーズに応える
ウ　家庭内の事情に応じたきめ細かな取組を進める
エ　結婚，妊娠・出産，子供・子育てに温かい社会をつくる
オ　特別給付金制度など新たなリソースを積極的に活用する

　　① ア，イ，エ　　② ア，ウ，オ　　③ イ，ウ　　④ イ，エ，オ
　　⑤ ウ，オ

解答・解説

1 ⑤

解説

　2006年から合計特殊出生率の上昇傾向が続き，2015年は1.46で上昇傾向が続いていたが，2023年は1.20で8年連続で下がり続け過去最低となっている。晩産化や結婚をしない人が増えている影響が大きいとされている。

2 ④

解説

① 人口が長期的・安定的に維持される人口置換水準が2.1であり，それを合計特殊出生率が相当長期間下回っている状態を少子化という。

② 1960年代は，日本より欧米のほうが合計特殊出生率は高かった。1970年代に急激に低下し，1980年代前半にほぼ日本と同水準となった。

③ 韓国，台湾，シンガポールなどのNIESでも少子化が問題となっている。むしろ日本より急激な少子化傾向にある。

④ 適切。1966(昭和41)年は丙午にあたっていたため，出産抑制がおきた。それを下回ったため，「1.57ショック」といわれた。

⑤ 過去最低を記録したのち，やや増加に転じ，2010(平成22)年，2015(平成27)年は1.46まで上昇したが翌年から減少し続けている。

3 ①

解説

A 適切。夫婦のみの世帯は863万5千世帯(65歳以上の者のいる世帯の32.0％)で最も多い。

B 適切。児童のいる世帯18.1％のうち，一人っ子が最も多く8.8％，2人が7.2％，3人以上が2.1％である。

C 適切。2023年では8割以上が児童のいない世帯である。

D 不適切。児童が生活する三世代世帯は，1986年では468万8千世帯(27.0％)，2023年では110万5千世帯(同11.2％)となっており，減少している。

4 ③

解説

(a) 誤り。正しくは「低下傾向」である。

(b), (c) 正しい。上昇した理由には，保育サービスの充実や子育て・就労に関する選択肢の増加などが原因として考えられるが，根本的な解決にはならなかった。

(d) 誤り。正しくは，「韓国」である。シンガポールは1970年には4を超えていたが，2020年は1.10である。また韓国は，1975年に3.3程度であったが，2020年には0.84であり，世界で最速で0人台になった。これはOECD加盟の38か国でも韓国だけである。

5 ①

解説

2019年の出生数が90万人を割り込み，「86万ショック」とも呼ぶべき危機的な少子化の進展が浮き彫りになった。深刻さを増す少子化の問題は，社会経済に多大な影響を及ぼし，新型コロナウイルス感染症を乗り越えた先にも存在し続ける国民共通の困難である。この困難に真正面から立ち向かい，子供や家族が大事にされる社会への転換が急務となっている。こうした少子化の問題に取り組むための基本方針として，2020年5月29日に新たな少子化社会対策大綱が閣議決定された。新たな大綱では，基本的な目標として「希望出生率1.8」の実現に向け，令和の時代にふさわしい環境を整備し，国民が結婚，妊娠，出産，子育てに希望を見出せるとともに，男女が互いの生き方を尊重し，主体的な選択により，希望する時期に結婚でき，かつ，希望するタイミングで希望する数の子どもを持てる社会をつくることを掲げている。基本的な考え方の残り1つは「結婚・子育て世代が将来にわたる展望を描ける環境をつくる」である。

6 ③

解説

① 適切。子ども・子育て支援新制度の中で，地域の実情に応じて設置される幼稚園・保育所の両方の機能を併せ持った施設である。

② 適切。もっとも多く設置されているタイプは幼保連携型であり，令和4年まででは全体のおよそ70％以上を占める。ついで，保育所型，幼稚園型，地方裁量型である。

③ 不適切。幼保連携型では保育士資格と幼稚園教諭免許の併有が求められているが，一定の経過措置がある。他のタイプでは満3歳児未満の保育には保育士資格が必要とされている。

④　適切。認定こども園の数は，令和元年7,208，令和2年8,016，令和3年8,585，令和4年9,220，令和5年9,822，令和6年10,483と増加を続けている。

⑤　適切。保育所型は，「保育が必要な子ども以外の子どもも受け入れるなど，幼稚園的な機能を備えることで認定こども園としての機能を果たすタイプ」である。

7 ①
解説

①　適切。ただし，入所可能な保育所があるにもかかわらず，第1志望の保育所に入所するため待機している児童などはあてはまらない。

②　エンゼルプランの策定後も様々な対策が継続的に講じられ，待機児童数は増減している。2010(平成22)年に「子ども・子育てビジョン」が制定された後，待機児童は2011(平成23)年から2014(平成26)年にかけて減少した。2015(平成27)年以降待機児童数は増加していたが，2017年(平成29年)をピークに減少している。

③　待機児童は都市部に多く見られる状況にあり，全体の約6割を占めている。

④　待機児童は1・2歳児に多く全体の85.1％を占めており，1・2歳児の受け皿拡大を中心に対策を進めていく方針である。

⑤　2020(令和2)年に策定されたのは「新・子育て安心プラン」，「子育て安心プラン」は2017(平成29)年に策定。

8 ②
解説

A　全国保育士倫理綱領の一部である。

B　児童福祉法「第1章　総則」の第1条である。

C　保育所保育指針「第1章　総則」の「1　保育所保育に関する基本原則」の「(1)保育所の役割」である。

9 ②
解説

A　適切。これまで段階的に推進してきた取組を一気に加速し，令和元年通常国会(第198回国会)において，「子ども・子育て支援法の一部を改正する法律(令和元年法律第7号)」が成立した。これを受けて，令和元年10月の消費税率引上げによる財源を活用することにより，幼児教育・保育

の無償化が実現した。

B　不適切。20歳代や30歳代の若い世代が理想の子供数を持たない理由は，「子育てや教育にお金がかかり過ぎるから」という経済的理由が最大の理由である。

C　適切。

D　不適切。障害児の発達支援も無償化となった。

10 ⑤

子供がいる現役世帯のうち大人一人の世帯の貧困率は，2009年が最も「高い値」である。問題文グラフ(2)のひとり親家庭の平均所得は，他の世帯と比べて大きく下回っており，子供の大学進学率も低い状況にある(全世帯が73.0%であるのに対し，ひとり親家庭は58.5%)。家庭の経済状況等によって，進路の選択肢が限定されることのないように様々な支援が求められている。

11 ①
解説

令和元年6月に成立した児童福祉法等の改正法において，体罰が許されないものであることが法定化され，令和2年4月から施行された。

A　しつけについての説明である。

B　体罰についての説明である。保護者が「しつけ」と称して暴力・虐待を行い，子どもの死亡に至る等の重篤なケースにつながるという背景から，両者の定義が明確にされた。

C　子どもの権利侵害についての説明である。すべての子どもが健やかに成長・発達し，その自立が図られる権利が保障されている。また，保護者は子どもを心身ともに健やかに育成することについて，第一義的責任を負うことが平成28年の児童福祉法の改正によって明確になっている。

12 ①
解説

A，B　適切。子ども自身も家庭も「ヤングケアラー」だという自覚がない場合もあり，その把握は困難である。

C　不適切。正しくは，「日常的に」である。

D　適切。障害のある家族に代わり家事をしたり，幼いきょうだいや障害

児者の身の回りの世話を日常的にしているため，学業や友人関係に使える時間が少なくなっている。

⓭ ④

解説

A　地方自治体についての説明である。そのほかにも，「妊娠・出産や避妊に関する知識の提供，内容及びそれら知識を獲得できる機会の充実等」があげられている。

B　医療機関についての説明である。同居中の祖父母を含め，周囲に妊娠を告げることが少ないため，把握が難しい。

C　児童相談所についての説明である。担当者がネグレクトに関する正しい知識を持ち，正しくアセスメントを行うことが支援の第一歩として重要である。

⓮ ①

解説

(a)　適切。

(b)　不適切。正しくは「減少」である。

(c)　適切。

(d)　不適切。正しくは「1・2歳児」である。

⓯ ②

解説

①　保育所は児童福祉施設だが，幼稚園は学校教育法に位置づけられており，学校という扱いになる。

②　適切。保育所が「保育を必要とする児童」すなわち，親の就労など入所に条件があるのに対し，幼稚園や認定こども園は誰でも利用できる。

③　保育所は市町村と保護者との契約だが，幼稚園は幼稚園と保護者の契約による。②の解説でも述べたとおり，保育所への入所は条件があるが，幼稚園はだれでも入れるので，希望する幼稚園と保護者が直接契約すればよい。

④　保育所は「保育を必要とする児童」を預かる施設なので，春，夏，冬休みがないだけでなく，休日，祝祭日にも対応する。

⑤　2023年3月まで，認定こども園は内閣府，保育所は厚生労働省，幼稚園は文部科学省の管轄であった。2023年4月のこども家庭庁創設にともな

い，認定こども園と保育所はこども家庭庁の成育部門に移管された。

16 ③

解説

① 「乳児室」ではなく，「乳児室又はほふく室」である。児童福祉施設の設備及び運営に関する基準第32条第一号に規定されている。

② 「3.3平方メートル」ではなく，「1.65平方メートル」。同条第二号に規定されている。なお，「3.3平方メートル」はほふく室についての基準で，同条第三号に規定されている。

③ 適切。同条第五号に規定されている。なお，屋外遊戯場には，保育所付近にある屋外遊技場に代わるべき場所を含む。

④ 同条第六号の規定で，「保育室又は遊戯室の面積は，前号の幼児1人につき1.98平方メートル以上，屋外遊戯場の面積は，前号の幼児1人につき3.3平方メートル以上であること」となっている。

⑤ 「保育室」ではなく，「保育室又は遊戯室」。同条第七号に規定されている。

17 ②

解説

(a) 適切。日常的なケアを医療機関から在宅へ，そして保育の場でも支援する。

(b) 適切。乳幼児期にはこのほかにも，「医療的ケア児支援センター」の設置などの医療的ケア児総合支援事業や妊娠期から子育て期にわたる切れ目のない支援のための子育て世代包括支援センターなどがある。

(c) 不適切。正しくは看護師である。

(d) 不適切。正しくは保育士である。

18 ④

解説

A 適切。令和5年度では，全国73か所の保育所で夜間保育が実施されている。

B 不適切。実施か所数は令和元年度29,463か所，令和2年度28,425か所，令和3年度29,277か所，令和4年度29,535か所で実施されている。

C 適切。

D 適切。多様な保育は，このほかにも医療的ケア児の保育や一時預かり

事業がある。

 ⑤
解説

(a) 不適切。正しくは「言語が通じないことによるコミュニケーション」である。英語だけにはとどまらない。

(b) 適切。宗教や食文化，保育や教育に対する考え方などがあげられる。

(c) 不適切。正しくは「言語発達」である。家庭では外国にルーツをもつ言語，保育所では日本語を主として使用するため，子どもの言語発達への課題がある。

 ④
解説

① 「保育政策の新たな方向性」は，待機児童対策を中心とした「保育の量の拡大」から，「地域のニーズに対応した質の高い保育の確保・充実」と，「全てのこどもの育ちと子育て家庭を支援する取組の推進」に政策の軸を転換した。

② 正しくは「令和8年度」に0自治体にすることを目指している。

③ 正しくは「25：1」。従前の基準が「30：1」だったものを「25：1」とした。

④ 適切。

⑤ 保育DXの推進による業務改善を掲げており，保育現場におけるICT(保育に関する計画・記録や保護者との連絡，こどもの登降園管理等の業務，実費徴収等のキャッシュレス決済)や，こどもの安全対策に資する設備(午睡センサー・AI見守りカメラ)等の導入を推進する。

 ⑤
解説

A 適切。保育現場では，初任後から中堅までの職員が，多様な課題への対応や若手の指導等を行うリーダー的な役割を果たしており，こうした職務内容に応じた専門性の向上を図るための研修機会である。

B 適切。指定保育士養成施設の教員又は研修内容に関して，十分な知識及び経験を有すると都道府県知事が認める者が講師として配置される。

C 不適切。都道府県又は都道府県知事の指定した研修実施機関が実施できる。

D　不適切。専門分野研修はリーダー的職員育成のため，マネジメント研修はミドルリーダーを担う保育士の育成のため，保育実践研修は実習経験の少ない者や潜在保育士が対象になっている。

㉒ ③

解説

③が誤りであり，幼稚園は文部科学省の管轄，保育園は厚生労働省の管轄である。②に関して，平成24年「子ども・子育て支援法」によって，「認定こども園」が開設された。更に平成27年4月，内閣府は「子ども・子育て支援新制度」を立ち上げ，認定こども園の改善や居宅訪問型保育，家庭的保育，小規模保育，事業所内保育の地域型保育事業を創設した。

㉓ ②

解説

(a)　適切。ベビーホテルの他に，院内保育施設を含む事業所内保育施設，ベビーシッターなどの認可外の居宅訪問型保育事業等である。

(b)　適切。令和4年度20,058か所であり，103か所減少している。

(c)　不適切。正しくは「小学校就学児」である。

(d)　不適切。正しくは「東京都」である。東京都の認可外保育施設数は3,586か所，次いで千葉県が592か所，埼玉県が484か所である。しかし，指定都市別では神奈川県横浜市が最も多く751か所である。

㉔ ①

解説

「少子化社会対策大綱」は，少子化社会対策基本法に基づく総合的かつ長期的な少子化に対処するための施策の指針で，2004年，2010年，2015年に続く第4次の大綱である。基本的な目標として，「希望出生率1.8」の実現に向け，令和の時代にふさわしい環境を整備し，国民が結婚，妊娠・出産，子育てに希望を見出せるとともに，男女が互いの生き方を尊重しつつ，主体的な選択により，希望する時期に結婚でき，かつ，希望するタイミングで希望する数の子供を持てる社会をつくる。結婚，妊娠・出産，子育ては個人の自由な意思決定に基づくものであり，個々人の決定に特定の価値観を押し付けたり，プレッシャーを与えたりすることがあってはならないことに十分留意する。**ウ**は「家庭内の事情」ではなく「地域の実情」，**オ**は「特別給付金制度」ではなく「科学技術の成果」である。

●書籍内容の訂正等について

　弊社では教員採用試験対策シリーズ(参考書，過去問，全国まるごと過去問題集)，公務員採用試験対策シリーズ，公立幼稚園教諭・保育士採用試験対策シリーズ，会社別就職試験対策シリーズについて，正誤表をホームページ(https://www.kyodo-s.jp)に掲載いたします。内容に訂正等，疑問点がございましたら，まずホームページをご確認ください。もし，正誤表に掲載されていない訂正等，疑問点がございましたら，下記項目をご記入の上，以下の送付先までお送りいただくようお願いいたします。

> ① **書籍名，都道府県・市町村名，区分，年度**
> 　(例：公立幼稚園教諭・保育士採用試験対策シリーズ　秋田市の公立保育士
> 　　2026年度版)
> ② **ページ数**(書籍に記載されているページ数をご記入ください。)
> ③ **訂正等，疑問点**(内容は具体的にご記入ください。)
> 　(例：問題文では"ア～オの中から選べ"とあるが，選択肢はエまでしかない)

〔ご注意〕
○ 電話での質問や相談等につきましては，受付けておりません。ご注意ください。
○ 正誤表の更新は適宜行います。
○ いただいた疑問点につきましては，当社編集制作部で検討の上，正誤表への反映を決定させていただきます(個別回答は，原則行いませんのであしからずご了承ください)。

●情報提供のお願い

　協同教育研究会では，これから公立幼稚園教諭・保育士採用試験を受験される方々に，より正確な問題を，より多くご提供できるよう情報の収集を行っております。つきましては，公立幼稚園教諭・保育士採用試験に関する次の項目の情報を，以下の送付先までお送りいただけますと幸いでございます。お送りいただきました方には謝礼を差し上げます。
(情報量があまりに少ない場合は，謝礼をご用意できかねる場合があります。)
◆あなたの受験された専門試験，面接試験，論作文試験の実施方法や試験内容
◆公立幼稚園教諭・保育士採用試験の受験体験記

送付先	○電子メール：edit@kyodo-s.jp ○FAX：03－3233－1233(協同出版株式会社　編集制作部 行) ○郵送：〒101－0054　東京都千代田区神田錦町2－5 　　　　　　協同出版株式会社　編集制作部 行 ○HP：https://kyodo-s.jp/provision(右記のQRコードからもアクセスできます)	

※謝礼をお送りする関係から，いずれの方法でお送りいただく際にも，「お名前」「ご住所」は，必ず明記いただきますよう，よろしくお願い申し上げます。

【編集協力者】

阿部 真美子	聖徳大学	教育学部児童学科	教授
小田桐 忍	聖徳大学	教育学部児童学科	教授
齋藤 有	聖徳大学	教育学部児童学科	准教授
作道 訓子	聖徳大学	実習支援課 専門課長	
杉浦 誠	常葉大学	保育学部保育学科	准教授
田中 真紀子	聖徳大学	教育学部教育学科	准教授
西園 政史	聖徳大学	教育学部教育学科	准教授
初鹿 静江	聖徳大学	教育学部児童学科	准教授
深津 さよこ	聖徳大学	教育学部児童学科	准教授

公立幼稚園教諭・保育士採用試験対策シリーズ
中央市・南アルプス市・甲斐市・韮崎市の公立保育士

編　集	©協同教育研究会
発　行	令和7年5月25日
発行者	小貫　輝雄
発行所	協同出版株式会社
	〒101-0054　東京都千代田区神田錦町2‑5
	TEL.03-3295-1341
	http://www.kyodo-s.jp
	振替　東京00190-4-94061
	印刷・製本　協同出版・POD工場